일본 문헌
　　　속의
한일 고대사

일본 문헌 속의 한일 고대사

최종만 지음

한강

책머리에

　필자는 2001년에 국무총리실 외교안보심의관으로 재직하면서 한일역사공동연구위원회의 한국 연구진 지원 업무를 담당하는 책임자였다. 당시에는 일본의 역사 교과서가 새로 검정을 받는 과정에서 기존의 기술을 크게 왜곡하는 내용들이 등장하는 경향이 있었다. 한국에서는 일본 내 우익 성향 세력의 역사 왜곡이라며 이의 개정을 강력히 요구하였다. 그러나 일본은 출판사 개별적인 견해라는 구실을 내세우면서 이를 외면해 왔다. 이러한 자세는 월드컵도 함께 치르는 그 시점에서의 한일 관계에 이롭지 못한 영향을 미쳤다.

　마침내 김대중 대통령과 고이즈미(小泉純一郎) 일본 총리는 수습책을 마련한다. 양국의 저명한 역사학자들이 공동 연구를 통해 이 고질적인 불화 요인을 불식하자는 데에 합의하였고, 그 방법으로 양국의 총리 산하에 한일역사공동연구위원회를 설치하는 것이었다.

　그러나 아직도 밝혀지지 않는 사실(史實)들이 많다. 특히 고대사가 그렇다. 그리고 양국의 자존심이 걸린 이런 문제들을 과연 학자들의 연구를 통해 얼마나 해결 아니 합의를 볼 수 있을 것이냐, 견해차를 좁힐 수 있을 것이냐는 처음부터 의문이었다.

당시에 문제가 되는 일본의 교과서 출판사는 후소사(扶桑社)를 위시해서 총 8사였다. 그 안에서 문제로 부각한 내용이 임나일본부설 등 25개 항목 정도였다. 중앙 일간지의 한 면을 한국의 지적과 일본의 변명이 깨알 같은 글자 크기로 보도되었다. 어떻게 보면 지금보다 해결 의지는 더 적극적이었다.

제1차 회의는 한국에서 있었고, 제2차 회의가 도쿄 중심부에 있는 제국호텔에서 개최되었다. 이 두 번의 회의에 참관한 필자는 회의장 분위기가 묵직함에 우선 질렸다. 물론 양쪽 모두 논의 사항과 서로의 입장을 설명하고 이를 확인하는 단계에 머물러 있었으나, 왠지 한국 측은 서두르고 일본 측은 느긋하게 버티는 것처럼 느껴졌다.

사실 필자가 한일 교류사에 관심을 가지기 시작한 것은 유학 시절에 『일본의 자치체 개혁』(나남출판, 1998)을 출판하고, 이를 기초로 〈한국과 일본의 지자체 개혁 비교 연구〉라는 논문으로 도쿄의 센슈(專修)대학에서 박사학위를 받았을 때부터였다. 중앙과 지방 간의 권한 관계의 변천 과정을 알아보기 위해서는 일본 근현대 정치사를 파악해 두어야 했기 때문이었다.

하지만 필자의 이 위원회에의 관여는 오래가지 못했다. 양국 전문가가 모이는 회의도 1, 2차까지만 참석하였고, 근무 부처의 이동으로 이 업무에서 멀어졌다. 그리고 나서는 이 유별난 국제 연구 모임의 결말에 대해서는 자세히 알 수 없었다. 사실 양국의 전문가나 여론 모두 크게 기대하는 분위기도 아니었다. 그렇지만 공동연구위원회의 이슈가 되었던 역사 문제, 특히 고대사 부분에 대하여 남다른 관심을 갖지 않을 수 없었다. 그것은 이 분야에 대한 나름의 계획으로 관련 일본 문헌들을 수집하고 탐독하는 작업을 이미 진행하고 있었기에 더욱 그랬다.

그리고 공직을 명예퇴직하고 아시아문화개발원의 원장으로 취임하여 개원을 준비하는 시기에, 오사카에 있는 일본 국립민족학박물관을 공식 방문한 적이 있었다. 이때에 관장실의 한쪽 벽 서가를 가득 채운 그들의 연구 논문을 보면서 적지 않는 충격을 받았다. 아시아를 주로 대상으로 하는 이런 성과물들은 역사를 규명하는 차원을 넘어 창조하는 위험성까지 내포하고 있다는 생각이 문득 들어서였다. 같이 연구하지 않으면 그들의 독무대가 되기 마련이다.

한국과 일본 간의 역사 문제라는 이 해묵은 난제는, 어쩌면 양국을 가로막는 장벽으로 영원히 남을지 모른다. 이로 인한 불신과 오해는 별도의 국가라는 체제를 취하는 한 어쩔 수 없다고 생각할 수도 있다. 그런데 문제는 정치이다. 이 문제가 정치에 이용되면 불이 끝없이 타오르고 진실은 뒷전으로 밀린다. 그러나 그것까지 거론하지는 말자.

다만 한국인들이 일본 내에서도 여러 가지 주장들이 혼재되어 있다는 것만이라도 알았으면 한다. 특히 최근에는 일본이 과거와 달리 모든 면에서 많이 어려워졌다는 것도 조금은 고려할 필요가 있다. 그런 하향 국면에서는 극우 국수적 성향의 정치인과 단체의 목소리가 커진다. 혐한파까지 등장하고 그들이 쏟아내는 배설물이 일본 서점가에 즐비하다. 그렇지만 이들과 정반대의 주장을 하는 학자들도 일본에는 오히려 많다. 향토사가나 아마추어 연구가, 역사 소설가들의 저서에도 흥미롭거나 귀담아들을 내용들이 의외로 많다. 이들의 연구 성과를 우리 한국인들에게 소개하는 것도 의미가 있다고 생각하였다.

그러다 보니 "일본 문헌 속의 한일 고대사"가 전체 타이틀로서, 일종의 '글 모음' 즉 췌편(萃編)처럼 되었다. 관련 저서의 내용을 소개하는 것에 주된 목적이 있는 만큼, 원문을 요약 인용한 부분이 비교적 많은 점은 미리 이해를 구한다.

또 한 가지 첨언하고 싶은 것은 통합체제론적 관점(integrated systems perspective)에서 접근하였다는 것이다. 일본과 영국의 개혁에 관한 두 번의 졸저에서도 모두 이런 연구 방법을 사용하였다. 이번에도 한일 고대사를 인종·민족 편, 유물·유적 편, 신화·사서 편, 언어·문화 편의 4편으로 나누어 종합적으로 살펴볼 것이다.

이 책이 나오기까지 협력해 주신 광주상공회의소 임직원 및 회원 여러분과 한강출판사 관계자 여러분, 그리고 일본 문헌 수집과 연구에 도움을 주신 후루카와 준(古川純), 코바야시 히로가즈(小林弘和) 센슈대학 교수님 두 분과 타카모토 노리마사(高本範正) 회장님께 감사를 드린다.

곧 태어날 손녀를 생각하며 이 글을 썼다.

2023년 12월
최종만

차 례

□ 책머리에

제1장 인종·민족 편

1. 인류의 진화와 이동   18
   인류의 진화 학설 | 호모 사피엔스의 확산
2. 고대 인류 분석 방법의 발전 추이   23
   문헌과 언어에 의한 원류 규명 | 인골 분석 방법 | 혈액형, 단백질 | 감염병 | 인간 DNA 분석 방법 | 탄소연대법
3. 유전자 분석 이전의 일본 학계 동향   30
   인골 분석 결과—치환설, 혼혈설, 변형설 | 이중구조 모델 | 백만인 도래설 | 일본인 단일민족설 | 도래인 인구 폭발론과 감염병설 | ALT 바이러스와 치아, 귀지 단백질 분석 결과
4. 유전자 분석 방법의 발전과 일본인 혼혈 실태   41
   미토콘드리아 DNA와 Y염색체 연구 | 핵게놈에 의한 이중구조 모델 입증 | 지역별 혼혈 시기
5. 인종적 분석의 결론   50
   조몬인은 현대 인류 이전의 특이한 존재 | 츠다 소키치와 에가미 나미오 | 일본인의 주류는 한반도 도래인

〈1차 중간 마무리〉   53

제2장 유물·유적 편

1. 일본의 고대사 시대 구분 ... 58
   토기 등에 따른 시대 구분 | 역사 교과서상의 시대 구분
2. 구석기 유물 ... 60
   최초의 발견자 아이자와 타다히로 | 세리자와, 스기하라, 야마우치 | 유물 날조 사건의 발각 | 날조 유적에 대한 재점검과 사후 처리 | 날조 사건의 원인과 평가
3. 토기 ... 68
   조몬 시대에 대한 견해차 | 조몬토기 | 야요이토기 | 동삼동 패총과 늑도 유적 | 하지키와 스에키
4. 도작 유적 ... 89
   도작의 일본 전파 루트 | 이타츠케 유적과 나바타케 유적 | 수도냐 육도냐 | 벼 종류에 따른 분석 | 벼 재배의 한국 기원설
5. 청동기와 철기 ... 101
   청동기 문화 | 북규슈 등 서일본 출토 청동기 | 이즈모의 청동기 | 동탁의 기원과 기능 | 동탁에서 동경으로 | 철의 수입과 철기의 제조 | 신무 동정과 철기의 파급 | 킨키의 철기 세력 | 옥 | 마구 | 배(선박)
6. 고분 ... 120
   고분 시대의 등장 | 고분 시대의 극치 전방후원분 | 한반도의 전방후원분 | 횡혈식 석실과 횡구식 석곽, 그리고 다카마쓰총 | 고분 시대의 종언 – 고분에서 사찰 건립으로

7. 연대측정법의 정확성 문제 … 128
지층연대측정법 | 탄소연대법의 원리 | 탄소연대법의 보정과 문제점 | 탄소연대법에 의한 대혼란 | 플랜트오팔분석법

〈2차 중간 마무리〉 … 142

제3장 신화·사서 편

1. 강림 신화 속의 한반도 기원 … 149
기기 신화의 역사성 | 창조와 추방 | 다른 신화와의 유사성과 대가야의 시조 이진아시 | 타카마가하라(高天原) 한반도설 | 2계통의 왕조 건국 신화 | 천손 강림의 주재자 타카미무스비 | 천손족의 북규슈 도착 시기와 장소 | 천손족의 오키섬 경유 | 또 다른 아마쿠다리 | 한반도의 소국가들 | 히무카 출발 전후 | 해인족과의 결합 | 신무 동정의 이유와 경로

2. 소왕국 간의 쟁투 – 이즈모 왕국과 시모노세키 왕국 … 166
이즈모 신화는 가공의 이야기인가 | 오오쿠니누시와 조력자들 | 소국 이즈모 왕국의 존속 | 이츠츠히코의 시모노세키 왕국 | 아메노히보코 | 천(天)이라는 관(冠)의 의미 | 이즈모 왕국의 붕괴 | 이즈모 양도의 뒷이야기

3. 야마토 통일 왕조의 성립 과정 … 179
신무 야마토 왕조의 출발 | 모노베씨 | 숭신천황의 확장 | 쓰루가와 아라시토 | 2개의 왕국의 공존 | 시모노세키 왕

국의 신라 침공 | 국제 결혼에 의한 평화 | 가야와 야마토 왕조의 교섭 | 346년 전투의 내막 | 시모노세키 왕국의 강복과 중애천황 | 신공황후 | 복속의식과 3종의 신기

4. 한반도 분쟁 개입　　　　　　　　　　　　　　　195
　　백제와 왜의 연합 성립 | 364년 전후의 전투 | 칠지도 | 신라의 해상 능력과 신라구 | 382년 왜의 가야 침공 | 야마토 평정과 응신천황 | 고구려의 남하와 393년 전후의 전투 | 광개토왕비문과 400년 전후의 전투 | 강국 신라의 흥기 | 왜의 한반도 전쟁 개입은 사실인가

5. 평화 시대의 내부 투쟁과 율령국가의 수립　　　215
　　외교의 시대와 인덕천황 | 6세기 이후의 한일 관계 변화 | 모노베씨에서 소가씨로 | 쇼토쿠태자 | 소가씨에서 후지와라씨로 | 율령제 완성과 후지와라 후히토

6. 기기 편찬에 의한 역사 위조와 한국 경시 문제　　225
　　역사서의 편찬 | 기기 신화의 픽션설 | 기기의 역사 위조 | 조선 경시 풍조의 태동 | 민중들의 조선관 | 근대 사가·정치인들의 악용 | 현대의 공정한 견해들

〈3차 중간 마무리〉　　　　　　　　　　　　　　　241

제4장 언어·문화 편

1. 한일 문화 교류의 개관　　　　　　　　　　　　245
2. 언어와 문자　　　　　　　　　　　　　　　　　251
　　한국어 변천 개요 | 표기 문자로서의 한자 | 한글의 제작 |

한국어 연구의 시작 | 일본어의 변천 | 언어 비교방법의 문제 | 한국어의 특질과 계통 | 일본어의 계통 | 한국어와 일본어 비교 사례 | 만엽가나와 이두

3. 신사와 신도　　　　　　　　　　　　　　　　　　279
　　신사의 기원과 현황 | 신사 관련 제도 | 한반도 유사 유적과의 관계 | 도래인 신사 | 이즈모대사와 진혼제 | 신도

4. 불교와 유교　　　　　　　　　　　　　　　　　　294
　　일본의 불교 | 한반도 불교와의 관계 | 일본의 유교와 국학 | 한국 유교와의 관계 | 조선통신사와의 유교 논쟁

5. 건축, 미술, 공예　　　　　　　　　　　　　　　　307
　　건축·토목 기술 | 미술 | 공예·조각 | 금세공

6. 문학·출판, 음악, 무용　　　　　　　　　　　　　316
　　문학·출판 | 음악 | 무용 | 복장

7. 고대 일본 문화를 만든 도래인　　　　　　　　　　323
　　일본의 성씨 | 도래인의 시기·출신별 구분 | 도래인 지역 | 와니씨, 오키나가씨, 미오씨 | 아야씨와 하타씨 | 도래인의 규모와 종언

〈최종 마무리〉　　　　　　　　　　　　　　　　　　339

　□ 참고문헌 및 표지 인물명　　　　　　　　　　　　342

제1장

인종·민족 편

1. 인류의 진화와 이동
2. 고대 인류 분석 방법의 발전 추이
3. 유전자 분석 이전의 일본 학계 동향
4. 유전자 분석 방법의 발전과 일본인 혼혈 실태
5. 인종적 분석의 결론
1차 중간 마무리

제1장 인종·민족 편
— 일본인의 원류는 누구인가

　한일 고대사를 인종·민족 편에서부터 시작하는 것은, 일본인의 뿌리 즉 원류를 한국인과 관련하여 알아보는 것이 고대사의 시대 순서상 맞을 것 같아서이다. 주로 유골이나 유전자처럼 사람에 대한 분석을 통해 일본인의 원류를 추적하는 연구가 어떻게 진행되었고, 이런 동향을 일본의 문헌들은 어떻게 기술하고 있는가를 알아보는 것이다. 과연 일본인과 한국인은 인종적으로 얼마나 같고 또 다를까.

• 인종과 민족의 정의

　그런데 본격적으로 기술하기 전에 인종과 민족에 대한 정의부터 분명히 할 필요가 있다고 본다. 물론 아주 태곳적 인류 진화에서부터 시작할 것이므로, 현재 남아 있는 인류의 분류·구분을 어떻게 하느냐에 중점을 두는 인종이나 민족과는 뉘앙스에서 약간의 차이가 있을 수 있다. 그러나 과거의 축적이 현재에 남아 있는 것이므로 먼저 이 두 용어를 정리해 놓고자 한다.

인터넷 자료(나무위키)에서는 "인종(人種, race)이란, 인류 가운데 신체적·사회적·문화적 특성을 들어 차이가 있다고 인식되는 인구 집단을 임의로 나누어 분류하는 개념이다."라고 정의하고 있다. 인종의 구분에 인골이나 유전자 등의 외형적, 생물학적 특성만이 아니라, 문화, 관습, 종교 등의 요소도 고려한다는 것이다.

같은 자료에서 인종을 부시맨(Bushman)으로 알려진 카포이드(코이산족), 아프리카 흑인(니그로이드), 백인인 코카소이드, 동아시아인(몽골로이드), 아메리카 원주민, 오스트랄로이드 등으로 나누고 있다. 여기서 오스트랄로이드는 인종 분화를 거친 흑인, 백인, 동아시아인 등이 세계 각지로 퍼지기 전에 지구 곳곳에 살고 있던 구시대 인종을 말한다. 다만 피부색에 의한 구분은 생물학적인 구분이라고 볼 수 없다고 말해진다.

그리고 다른 자료(위키백과)에서 "민족(民族, ethnic group)은 종족(種族) 혹은 족군(族群)이라고도 하는데, 인종, 문화, 언어, 역사 또는 종교와 같은 전통으로서 정체성을 가지게 되는 인간 집단을 말한다."라고 정의하고 있다. 유전자가 같더라도 이동 경로나 소속된 국가가 어디냐에 따라 민족의식이 다르게 된다는 것이다. 심지어는 같은 민족이라도 유전적으로 다를 수도 있다.

• 일본인이라는 용어의 정리

한편 앞으로 자주 사용하는 일본인이란 정의도 미리 분명히 해놓을 필요가 있다고 생각한다. 앞으로 설명할 여러 학자들의 견해를 종합하면 다음과 같다.

일본이란 국호는 7세기에 야마토(大和) 조정에서 만들었으므로 이때 일본인이란 용어가 생겼다고 말해진다. 반면에 왜인은 기원전 5세기경에 중국에서 붙인 용어이다. 그래서 그 이전의 선사 시대를 포함하는 용어로는 이 두 단어 모두 적당하지 않다. 그래서 일본 열도에 살거나 살았던 사람들이란 뜻으로 '일본 열도인'이란 용어를 사용하는 견해가 있다. 필자도 이에 동의한다. 다만 고대의 일본인이라고 하면 보통 이 일본 열도인을 뜻한다고 이해해 주면 되겠다.

한편 남북으로 길게 뻗어 있는 일본 열도의 특성상 이를 단일 지역으로 보고 설명하기 어렵다. 이 일본 열도를 남부(남서제도)와 북부(북해도 이북), 그리고 나머지를 중앙부로 구분하는 방법을 따르기로 한다. 남부 사람은 오키나와인, 북부는 아이누인, 중앙부는 야마토인 또는 본토 일본인으로 지칭하는 경우가 많다.

한 가지 더 미리 파악해 두어야 할 사전 지식이 '일본에서는 과거 선사시대를 어떻게 구분하고 있는가'이다. 그것은 일본이 특이하게도 토기에 따라 시대를 구분하고 있기 때문이다. 이런 시대 구분은 그 시대에 일본 열도에 살았던 사람들은 어떻게 호칭하느냐와 관련이 있다.

먼저 1만 6000년 전 무렵의 조몬(繩文)식 토기가 출현하기 이전을 일본에서는 구석기 시대라 한다. 그 이후부터 야요이(彌生)식 토기가 출현하기 전까지, 즉 조몬토기가 성행했던 1만 6000년 전부터 3000년 전까지의 기간을 조몬 시대라 한다. 그리고 하지키(土師器)와 스에기(須惠器)가 사용되기 전까지, 즉 야요이토기가 성행했던 3000년 전부터 서기 3세기까지의 기간을 야요이 시대라고 구분하고 있다.

그리고 이어지는 시대가 고분(古墳) 시대, 아스카(飛鳥) 시대, 나라(奈

良) 시대, 헤이안(平安) 시대로서, 제2장 이후에서 주로 다루어질 것이다.

따라서 일본인의 원류를 규명하려는 데 있어, 조몬 시대에 살았던 사람들은 조몬인, 야요이 시대에 살았던 사람들은 야요이인이라고 일반적으로 부른다.

그럼 이제부터는 전 세계적으로 인류의 진화에 관한 연구가 어떤 단계에 와 있는지를 알아보고, 다음으로 그런 연구에 동원된 분석 방법으로 어떠한 것들이 있는지를 정리해 보겠다. 그리고 이러한 연구들이 일본에서는 어떻게 진행되었는가를 관련 서적들을 통해 유전자 DNA 분석 방법이 동원되기 이전과 이후를 기점으로 나누어서 살펴보도록 하겠다.

1. 인류의 진화와 이동

• 인류의 진화 학설

인류의 진화에 관한 전 세계적인 연구로서 어떤 학설이 있고, 그 내용은 어떠한지를 사이토 나루야(斎藤成也)의 저서 『핵DNA 해석으로 살펴보는 일본인의 원류』(동경:河出書房新社, 2017)에서 나오는 내용을 먼저 요약해서 소개하겠다. 사이토는 일본의 국립유전학연구소의 교수이고 동경대학 생물과학 전공 교수도 겸임하고 있다.

현재까지 밝혀진 인류의 진화 과정을 보면, 먼저 약 700만 년 전에 원숭이 원자를 쓰는 원인(猿人)이 등장하는 데서부터 시작한다. 그리고 300만 년 전에 근원 원자를 쓰는 원인(原人)이 등장하는데, 양자는 뇌용량의 증가로 구분된다. 전자는 아프리카에서만 존재했고, 후자는 유라시아로 확산하였다. 후자는 각자 화석이 발견된 위치에 따라 자바원인, 플로레스원인, 북경원인 등으로 구분하고 있다.

여기에서 50만 년 전경에 구인(舊人)이 출현한다. 그 일부가 유라시아에 이동한 게 네안데르탈인이고, 남시베리아의 데니소바(Denisova) 동굴에서 발견된 데니소바인도 이러한 구인에 해당된다. 이들의 미토콘트리아 DNA가 현대인과 확실히 다르다는 것이 1997년에 증명되었다.

그리고 20만에서 30만 년 전에 아프리카 어디선가의 구인 중에서 신인(新人)이 출현한다. 이 출현지가 그동안 동아프리카라고 생각되어 왔으나 최근 서아프리카 유적에서도 신인의 화석이 발견되었다. 이들이 유라시아로 확산하고, 오랜 세월의 이주를 거듭해 오늘날 거의 전 지구에 존재하는 인간 즉 생물학적으로 호모 사피엔스의 선조가 된다. 여기서 라틴어로 호모는 인간을, 사피엔스는 '현명하다'를 뜻한다(사이토 나루야, 전게서[1], pp.18~22).

인류의 진화를 猿人 → 原人 → 舊人 → 新人으로 정리한 것이 알아보기에 쉽다. 다른 책들을 보면 '오스트랄로피테쿠스 → 호모 루돌펜시스 → 호모 에르가스테르 → 호모 하이델베르겐시스, 호모 네안데르탈렌시스, 호모 사피엔스'라고 하는 등 좀처럼 머리에 잘 들어오지 않는 용어들을 사용하는데, 역시 같은 한자 문화권이라 그런지 한자를 사용하니 이해하기가 용이하다. 다만 한글로는 '猿人'과 '原人'의 발음이 같아서 혼동할 수 있는데, 원숭이 '원(猿)' 자를 쓰는 猿人은 좀처럼 언급되는 경우가 없으니 별도 한자 구분이 없는 한 원인을 근원 '원(原)' 자를 쓰

---

[1] "사이토 나루야, 전게서," 이후 "사이토"로 명기함

는 原人이라고 이해하면 되겠다.

  그런데 구인과 신인의 능력 차가 크다고 생각되어 왔으나 인간에게만 존재한다는 언어 능력을 구인도 갖고 있다는 설 등을 근거로 광의의 호모 사피엔스 정의에 이 구인도 넣고 있다. 그러다 보니 신인을 '호모 사피엔스 사피엔스'라고 사피엔스를 반복하여 구분하기도 한다. 그렇지만 현대인의 유전자는 20만 년 전에 아프리카에서 출현한 신인으로부터 전해져 왔다는 아프리카 단일기원설이 소수의 예외를 제외하고는 정설이 되고 있다고 보면 되겠다(사이토 p.23).

  그 소수의 예외에 대한 사이토의 기술 내용을 요약하면 다음과 같다(사이토 pp.47~50).

  21세기에 인간 게놈의 염기 배열이 결정되면서 아주 적은 1~3% 정도이지만 아프리카 이외의 현대인에게도 네안데르탈인의 게놈이 전해져 오고 있다는 연구 결과가 나왔다. 신인과 구인 사이에 혼혈의 가능성이 있다는 것이다.

  한편 남시베리아의 데니소바 동굴에서 발견된 손뼈에서 알아낸 게놈 배열은 유럽의 네안데르탈인과 가까운 편이다. 데니소바인과 네안데르탈인의 유전적 차이는 현대의 아프리카인과 유럽 사람과의 차이 정도라고 한다. 이들 게놈은 멜라네시아 즉 미크로네시아의 남쪽, 폴리네시아의 서쪽, 인도네시아의 동쪽, 호주의 동북쪽에 있는 지역 등에도 전해졌다. 그리고 필리핀 루손섬의 소수 민족 네그리토(Negrito)인에게도 어느 정도 이들의 게놈이 전해진 것이 최근 확인되었다.

  원인의 게놈도 현대인에게 소수지만 전해져 오고 있을 가능성도 나오고 있다. 데니소바인은 구인으로 분류하지만 같은 구인인 네안데르탈인과는 달리 그보다 더 앞선 원인의 일종으로부터 게놈을 전해 받았고, 이들을 통해 그 게놈이 현대인의 일부에 전해졌다는 것이다.

이러한 원인은 인간과 동속이고, 아프리카는 물론 세계 곳곳에 이들의 화석이 발견되고 있다. 스페인 북부의 30만 년 전 유적에서 발견된 원인 단계의 호모 하이델베르겐시스의 뼈에서 나온 미토콘트리아 DNA의 염기 배열이 데니소바인의 것과 계통적으로 가까운 것으로 나왔기에 양자가 선조를 공유하거나 유전적으로 교류했을 가능성이 있다는 것이다. 2016년에 발표된 논문에 의하면 네안데르탈인도 데니소바인도 아닌 모르는 계통의 인류 게놈이 인도인의 일부에 전해진 것으로 추정되고 있다.

또한 자바원인이 100만 년 전부터 동남아시아에 거주하다 사라졌고, 최후까지 살아남은 인도네시아 플로레스(Flores)섬의 플로레스원인은 1만 년 전에 절멸하였다. 이 플로레스원인의 성인 신장이 100cm 정도로 작은데, 이들 계통이 어딘가에서 데니소바인과 교배했을지도 모른다는 것이다.

• 호모 사피엔스의 확산

어쨌든 20만 년 전에 아프리카에 나타난 신인이 현대인의 조상인데, 그 이전의 구인이나 원인의 게놈도 극소수이지만 일부 남아 있다는 것이다. 그럼 그 후 신인은 어떻게 되었을까.

사이토는 신인이 아프리카를 나온 것은 7만에서 8만 년 전과 6만에서 7만 년 전의 2회로 보고 있다. 먼저 나온 집단이 중근동을 거쳐 서유라시아 쪽으로 가고, 후에 나온 집단이 중동을 거쳐 동유라시아 쪽으로 갔다. 1만 년 정도 차이가 있었다는 것이다.

이 동유라시아 쪽으로 나온 신인 중에 해안선을 따라 동쪽으로 온 그룹은 남아시아를 거쳐 동남아시아에 도착한다. 그 일부가 더 남하하여 순다랜드(Sundaland)로, 나아가 사훌(Sahul)대륙으로 가고, 다른 일부는 북상하여 동아시아로 가 정착한다. 이 동아시아 계통 중의 일부가 더욱 북상하여 북부 스텝을 거쳐 온 서유라시아인과 혼혈하기도 하고, 또 다른 일부가 1만 5천 년 전에 베링해협을 건너가서 전 아메리카 대륙으로 퍼진다. 그래서 인류 진화의 핵심 갈래가 동남아시아로부터라는 말이 나온다는 것이다(사이토 p.39, p.52).

여기서 말하는 순다랜드는 마지막 빙하기에 해수면이 지금보다 100m 이상 낮아져서 수마트라섬, 자바섬, 보르네오섬 등이 말레이시아반도와 연결되어 만들어졌던 큰 대륙을 가리킨다. 여기에 거주했던 최초의 사람들이 현재에도 일부 존재하고 있다. 필리핀제도에 사는 네그리토 원주민 등이 그 예라고 사이토는 기술하였다(사이토 pp.52~53)

그리고 사훌(Sahul)대륙은 현재의 뉴기니섬, 오스트레일리아, 태즈메이니아섬이 하나로 연결된 대륙이었다.

이러한 인류의 진화 과정에 큰 영향을 미친 요인 중의 하나로 약 7만 4천 년 전에 인도네시아에서 터진 토바(Toba) 화산이 인터넷 자료 등에 등장하고 있다. 개략적인 내용은 다음과 같다.

화산폭발지수(VEI, Volcanic Explosivity Index)가 8급이면 지구 전체가 멸망하는 수준인데, 토바 화산이 7급으로 터졌다는 것이다. 그로 인해 고대 인류를 포함하여 많은 생물이 멸종하였고, 1000년 동안 햇볕이 가려져 매우 추운 시기를 보내게 되었다. 그때 아프리카도 상당한 피해를 받았지만 비교적 약한 영향을 미쳐 인류가 온존할 수 있었다. 여기서 신인이 등장하여 유라시아에 다시 퍼지기 시작했다. 화산 폭발로 마지막 빙하기가 왔었고, 해수면이 내려가면서 순다랜드와 사훌대륙이 생겼으며, 연결된 베링해협을 통해 아메리카 대륙까지 신인이 퍼질 수 있었다는 얘기가 된다.

문제는 일본인의 태곳적 조상, 일본 열도에 살았던 사람들이 빙하기에 이어진 섬들을 따라 동남아시아로부터 직접 온 것이냐, 아니면 대륙과 한반도를 거쳐 넘어온 것이냐이다. 문제가 더 복잡해지는 것은, 이런 신인보다 더 이전의 구인 또는 원인이 다 멸절되지 않고 일본에 남아 있었을 가능성이 있다는 점이다. 실제 황국신민 어쩌고 하여 이를 강조하는 주장들도 있다. 이럴 때의 일본 민족이라고 하면 민족을 넘어 인종의 문제까지 되는 것이다.

2. 고대 인류 분석 방법의 발전 추이

여기서 일본인의 원류 즉 인종적 분류에 대한 견해들을 살펴보기 전에, 고대 인류의 계통과 이동을 연구하고 분석하는 방법에 대해서 그 전문적인 지식을 좀 알아볼 필요가 있다고 생각한다. 먼저 각종 사서(史書) 즉 문헌에 기록된 신화나 전승, 그리고 발굴 등을 통해 나온 각종 유물·유적, 또는 언어 등을 통해 추정하는 등의 전통적인 방법이 있다. 거기에다가 과학적 방법으로서 인골비교법에 탄소연대법이 나오고, 최근에는 미토콘드리아 DNA에다 핵게놈 분석까지 등장하였다.

• 문헌과 언어에 의한 원류 규명

어떤 민족의 원류 즉 인종의 문제를 문헌으로 연구한다는 것에는 한계가 있다. 언어도 이를 사용하는 민족 간의 계통 분석에 사용되고 있지만 아주 태곳적 얘기를 할 때는 적합하지 않다. 우선 분석할 대상이나 자료가 없기 마련이다. 그러나 일본의 경우는 조금 특별하다. 일본인이 어느 시기에 '외부 세력에 의해 정복' 되었다는 논지를 세울 때는 문헌이나 언어가 아주 유용한 분석 수단이 될 수 있기 때문이다.

다만 이런 외부 정복설을 부정하는 나가하마 히로아끼(長浜浩明) 같은 경우는 생각이 다르다. 그는 동경공업대학 환경공학석사 과정을 졸업하고, 건축설계 관련 분야에 근무하면서도 『한국인은 어디에서 왔는가』 등의 저서를 통해 고고학 및 인류학 분야에도 연구를 꾸준히 해 온 경력을 가지고 있다. 그의 저서 『일본인 루트의 수수께끼를 푼다-조몬인은 일본인과 한국인의 선조였다』(동경:展転社, 2010)에서 다음과 같이 문헌에 의한 분석 방법을 비판하였다.

"일본의 본토에는 본토인도 아이누인도 아닌 조몬인(縄文人)이 살고 있었고, 이들은 현재의 일본인의 선조가 아니다. 일본의 역사서인 『고사기(古事記)』나 『일본서기(日本書紀)』에 신화적인 요소가 다분히 가미되어 나라의 탄생, 천손(天孫) 강림, 신무천황(神武天皇, 진무덴노)의 동정(東征) 등이 기록되어 있는데, 이 이야기들은 천황의 선조가 도래하여 선주민을 정복하였다는 것을 말한다. 이런 주장이 명치·대정기에 고용된 외국인에 의해 제기되어 거의 통설적인 위치를 차지하였다. 즉 과학적인 방법이 아닌 문헌에 기록된 신화나 전승만을 가지고 섣불리 단정한 것이다. 일본인의 원류를 규명하는데 처음부터 레일이 잘못 깔렸다(나가하마 히로아끼, 전게서[2], p.22)."

---

[2] "나가하마 히로야끼, 전게서", 이후 "나가하마"로 명기함

• 인골 분석 방법

　그러한 문헌 조사나 언어 분석을 통한 연구 결과는 제3장에서 다루기로 하고, 여기서는 과학적 방법이 동원되는 사람에 관한 연구로서 가장 먼저 인골 분석 방법에 대하여 살펴보도록 하겠다.

　선사 시대의 유적지를 발굴해 보면 석기나 토기, 농기구 등의 유물과 함께 인골이 나온다. 그 인골의 형태로부터 신장의 전체적인 크기나 부분별 비율, 두개골의 형태나 용량 등을 조사하여 그 인골의 계통과 살았던 시대를 구분하는 것이다. 유적들의 시대에 따라 번성했던 종족을 밝히고, 그 변화를 통해 완전히 다른 계통으로 치환되었는지, 혼혈이 어느 정도 이루어졌는지, 아니면 기존의 종족이 자연환경이나 사회 문화 및 경제적인 여건에 따라 변형했는지를 추정하는 방법이다. 물론 그 기준을 잡기 위해 현대인의 인골도 조사하여 지역별 분포도 등을 분석하기도 한다.

　치아를 분석하는 방법도 있다. 유적에서 나온 과거인의 치아나 현대인의 치아를 비교 분석하는 것이다. 치아는 신체조직 중에서 가장 강하고, 오랫동안 땅에 파묻혀 있어도 원형이 남아 있다. 그리고 환경의 변화가 있어도 치아의 크기나 비율, 형질은 변화하기 어려운 특징을 가지고 있다. 그래서 사람의 기원과 계통을 연구하는 데 매우 유용하게 활용될 수 있다고 말해진다.

• 혈액형, 단백질

　그 외에 다른 방법들도 동원되었다. 1960년대에는 혈액형의 데이터를 통한 연구가 진행되었는데, ABO식 혈액형의 대립유전자 빈도가 어떻게 분포되어 있는가를 조사하는 것이다. 이를 통해 어느 지역에는 A형 빈도가 낮고 B형 빈도가 높다든지, O형 대립유전자의 빈도가 높다든지, 이런 빈도를 통해 종족이 어떻게 퍼져 갔었고 혼혈이 이루어졌는가를 추정하였다.

1970년대에는 단백질 데이터를 통한 연구가 진행되었다. 귀지의 단백질은 2종류로 습형과 건형이 있다. 습형에서 건형으로 돌연변이가 되었다고 보고 있는데, 유럽이나 아프리카, 동아시아, 남미 등 대륙이나 위도 등에 따라 차이를 보인다.

• 감염병

ALT 바이러스 즉 성인 T세포 백혈병 바이러스를 가지고 추정하는 방법도 동원되었다. 이것은 모유를 통해서 모자를 감염하고 백혈병 등을 일으키는 위험한 바이러스이다. 국가나 지역 나아가 민족에 따라 그 감염률이 크게 차이가 난다. 그래서 이 바이러스에 감염되기 쉬운 유전자를 갖거나 반대로 감염이 안 되는 유전자를 가진 사람들이 어떻게 이동했고, 또 어디서 만나 혼혈을 이루었는지를 분석하는 방법이다.

결핵이나 마진, 천연두 등의 감염병이 지역이나 시대, 민족에 따라 다르게 발생한 흔적에 착안하여 연구가 이루어지기도 한다.

• 인간 DNA 분석 방법

그리고 1980년대에 들어 드디어 인간의 DNA를 직접 조사하는 방법들이 도입되었다.

한 사람의 선조 수는 500년 전만 계산하더라도 2의 20승으로 1백만 인을 넘는다. 그렇기에 어느 제한된 공간 속에서 민족이 살았다고 하면, 그 유전자는 거의 전부 공유하게 된다. 즉 현대인에게는 그 수많은 과거 조상들의 정보가 이어져 오는 것이다. 이런 현대인의 DNA를 조사하면 과거 사람들의 DNA에 대해 어느 정도의 추측이 가능하게 된다.

사람의 신체는 약 60조 개의 세포로 성립되고, 그 세포에는 핵이 있다. 그 핵 내에 모두 46본의 염색체가 있고, 각각의 염색체는 DNA(데옥시리보핵산), RNA(리보핵산), 단백질 등을 주성분으로 하고 있다. DNA는 'deoxyribonucleic acid'의 약자로서 4종류의 염기와 4종류의 뉴클레오티드(nucleotide)가 길게 연결된 거대 분자이다. 부모로부터 자식에게 전하는 유전 정보의 물질적 본체인데, 물질이면서 염기 배열이라는 정보를 담고 있다. 이러한 염기 배열 정보의 전체를 게놈(Genom)이라고 한다.

인간은 부친과 모친으로부터 하나씩의 게놈을 받아 2개의 게놈을 갖고 있다. 1 게놈에 23본의 염색체가 있으니까 인간 염색체의 본 수는 46본인 셈이다. 다만 남성과 여성은 염색체의 구성이 조금 다르다. 이 다른 부분을 성(姓)염색체라 부르고 X염색체와 Y염색체 두 가지가 있다. 공통 부분은 상(常)염색체라고 한다.

이 인간 게놈 23본의 염색체 전체에 32억 개의 염기 배열 정보가 있고, 그중에서 드물게 돌연변이가 생긴다. 이 중 원래의 염기와 돌연변이가 생긴 염기가 공존하는 장소를 전문 용어로 '단일염기다형'이라 하는데 영어 약칭으로 SNP라고 부른다. 사람마다 400만 개 전후의 SNP가 존재하고, 타인과는 이게 서로 다르다. 32억 개의 염기 중에서 0.1%밖에 되지 않지만 절대치로서는 크다는 것을 알 수 있다(사이토 pp.194~195).

인류의 기원을 이러한 유전자의 본체인 DNA로부터 추적할 수 있게 되었다. 즉 DNA의 염기 배열만 알면 다른 생물과의 비교를 통해 진화 과정을 추정할 수 있다는 것이다. 이를 통해 인간과 침팬지의 염기 배열이 다르게 된 돌연변이가 490만 년 전에 일어났다는 것이 밝혀졌다고 한다(나가하마 p.169).

한편 유전자 분석 방법도 바로 핵게놈 분석으로 들어간 것은 아니다. 미토콘드리아 DNA 분석과 Y염색체 분석이라는 선행 과정을 거쳐야 했다.

미토콘드리아 DNA는 세포의 핵 내에 있는 46본의 염색체와는 달리, 핵 외의 미토콘드리아라고 하는 구조 속에 있다. 핵은 세포 속에 1개밖에 없지만, 미토콘드리아는 수십에서 수백 개가 존재한다. 염색체 속의 DNA가 선상으로 연결되어 있지만, 미토콘드리아 DNA는 환상 구조이다. 핵내 염색체가 2만 개 정도의 유전자를 갖는 것에 비해, 미토콘드리아 DNA는 13개의 단백질과 24개의 RNA 정보를 지닌 정도이다. 여기서 RNA(리보핵산)는 DNA가 담고 있는 유전자 정보를 복제하거나 유전자 발현의 조절을 담당하는 물질을 말한다.

인간의 DNA 연구가 시작된 1980년대에는 염기 배열을 정하는 것이 간단치 않았기에 미토콘드리아 DNA로 분석하는 것이 오히려 효율적이었다. 더구나 1986년에 '폴리메라제연쇄반응법(PCR법)'이라고 하는 미토콘드리아 DNA를 증식하는 방법이 개발되어 단시간에 10만 배로 늘리는 일이 가능하게 되었다. 그래서 이를 통해 비교하는 방법이 주류를 이루었다.

그러나 정보량으로는 1개의 유전자만을 다루는 것이어서 신뢰성이 높은 결과를 얻지 못했다. 미토콘드리아 DNA의 또 다른 특징은 모계 유전이다. 남녀 모두 이 DNA는 모친으로부터만 전해진다는 것이다. 부친의 미토콘드리아 DNA는 웬일인지 수정란 세포에서 파괴되고 만다. 그러므로 모계의 계보밖에 알 수 없다(사이토 pp.25~26). 그래서 부계의 정보를 알 수 있는 Y염색체 분석이 시도되었고, 이 방법은 장기간의 진행 경로를 연구하는 데 유리하다고 알려졌다. 그러나 이것의 염기대는 5,000만을 넘는 장대한 것이어서 분석이 곤란하여 연구가 늦어졌다. 2002년에 세계 학자들이 모여 Y염색체 그룹을 표준화하여, 8계통으로 대분류하고 153개로 세분류하였다. 최근에는 해명이 더욱 진전되어 세계 각지의 남성 루트가 알려질 수 있게 되었다(나가하마 p.170). 다만 이 방법 역시 1개의 유전자 정보량밖에 알 수 없다는 약점이 있다.

그래서 지금은 뼈이나 치아에 미량으로 남아 있는 DNA로부터 핵내 23개의 염색체 즉 핵게놈의 DNA 배열을 분석하는 방법이 사용되고 있다. 상염색체 상에 유전적 개인차가 있는 부분의 염기 수는 400만 개 정도인 데 비해서, 미토콘드리아 DNA는 16,500개 염기 정도이다, 즉 상염색체는 미토콘드리아 DNA의 수백 배의 정보량을 가지고 있는 셈이다.

이러한 게놈의 염기 배열이 2004년에 거의 해명되면서 인간의 유전자 연구에서 혁명적인 변화를 가져왔다. 미토콘드리아 DNA 분석이 어느 정도의 공헌을 했지만, 현재는 어디까지나 인간 게놈의 방대한 정보에 비해 보조적인 역할에 그치고 있다. 게놈은 6,864개를 비교하는 데 비해, 미토콘드리아 DNA는 20개 정도이니 그 정확도나 신속성에 있어서 격세지감을 느낀다고 할 정도이다. 더구나 미토콘드리아 DNA는 비교 단위가 모계와 같이 집단인 데 비해 핵게놈은 개개인을 직접 비교하는 것이 가능하다(사이토 p.99, p.101).

• 탄소연대법

기타의 방법으로 중요한 것이 탄소14연도측정법(탄소연대법)이다. 주로 유물의 연대를 측정하는 방법으로 동원되는데, 인골이 발견된 유적 안에서 같이 놓인 유물의 연대를 알아냄으로써 인골의 연대도 같이 추정하는 것이다. 여기서는 그 개략적인 개념이나 원리 등에 대해서 나가하마의 전게서를 요약하여 인용하고, 자세한 내용은 제2장 유물·유적편에서 다뤄 보도록 하겠다.

하늘에서 내려온 우주선이 대기 중의 질소분자와 충돌하면, 질소는 일정 비율로 방사성 탄소14로 변환하여 대기 중으로 확산한다. 이 탄소14는 β선을 방출하면서 붕괴하여 다시 질소로 돌아가는데, 생성과 붕괴가 균형을 유지하는 가운데 대기 중의 탄소14는 탄소12의 1조 개 가운데 1개 정도로 존재한다는 것이다.

그러면 나무는 공기 중의 이산화탄소를 흡수하여 나이테에 그 탄소를 축적하면서 성장하고, 벌목으로 이런 탄소의 흡입을 정지한다. 그렇지만 그 나무에 포함된 탄소14는 β선을 방출하면서 붕괴를 계속해 나간다. 즉 축적된 탄소 함유율이 감소하여 간다는 것이다. 이런 탄소14의 반감기가 5730±40년으로, 그 함유율을 측정해서 절대연대를 알아내는 것이 탄소연대법이다. 미국에서 1950년부터 실용화되었다.

나무와 같은 원리로 토기에 붙은 그을음이나 끓은 자국, 탄화미, 칠의 파편, 고문서 종이 등에서도 탄소14의 함유율을 측정해 연대를 확정할 수 있게 된 것이다(나가하마 pp.67~70).

3. 유전자 분석 이전의 일본 학계 동향

그럼 지금부터는 유전자 분석 이전에 이루어진 일본 열도인의 성립에 관한 연구 결과나 학설에 관하여 소개하겠다.

• 인골 분석 결과 – 치환설, 혼혈설, 변형설

일본에서 가장 오래된 인골은 오키나와 나하시(那覇市) 야마시타정(山下町) 제1동혈 유적에서 나온 것으로서, 탄소연대법을 통해 3만 2000년 전의 유골로 보고 있다. 이러한 인골 즉 사람에 관한 고대사 연구는 아무래도 인류학자나 계량유전학자의 연구가 중심이 되어 진행되었다. 사이토(斎藤成也)의 그런 흐름에 대한 기술을 요약하여 인용한다(사이토 pp.116~120).

일본에서는 1820년 나가사키에 체재하는 독일인 지볼트(Franz von Siebold)의 견해를 인골 분석 연구의 최초로 치고 있다. 그는 원래 아이누인의 선조 집단이 일본 열도 전체에 살고 있었다고 상정한다. 그 후 유라시아로부터 도래한 사람들이 일본 중앙부와 남부에 진출하고, 아이누인의 선조는 북부를 중심으로 살게 되었다고 생각한 것이다. 이런 치환설은 인골 연구학자인 동경제국대학 의학부 코가네이 요시쿄(小金井良精)에 의해 지지되었다.

그리고 1877년에 동경제국대학 이학부에서 동물학을 가르치던 미국인 모스(Edward Morse)가 조몬토기 등의 발굴 결과를 기초로 아이누인의 선조와는 또 다른 선주민이 일본 열도에 있었다고 생각하였다. 왜냐하면 아이누인은 토기를 사용하지 않았기 때문이라는 것이다. 같은 대학 이학부의 히라이 쇼고로(坪井正五郎)도 이와 비슷한 설을 제창하였다. 그는 아이누인과 다른 일본의 선주민을 아이누 민화에 등장하는 소인 코로뽁쿠루(コロポックル)라고 불렀다.

한편 혼혈설은 1876년 동경제국대학에서 의학을 가르치던 독일인 베르츠(Erwin von Bälz)가 3단계 이주 가설로 제창하였다. 1단계 도래인은 아이누인의 선조, 2단계는 중국 화북과 한반도인, 3단계는 남방계가 도래하였는데, 현대 일본인은 이 3종류 도래인의 자손이 혼혈하여 만들어졌다는 것이다. 아울러 아이누인과 오키나와인의 공통성을 지적하기도 하였다. 이 주장은 후에 일본인의 이중구조론에 큰 영향을 미치게 된다.

이와 같은 견해는 동경제국대학의 토리이 류조(鳥居龍蔵)의 다중도래설로 이어진다. 일본에 최초로 도래한 건 아이누인의 선조 집단으로 조몬 문화 담당자였으며, 다음으로 한반도 등 대륙에서 다른 계통의 집단이 도래하여 야요이 문화와 고분 문화를 만들었고, 이들의 자손이 현대 일본인의 주된 구성원이 되었다. 그 외 동남아시아 등과 같은 여러 루트로부터 도래인이 와서 혼혈하여 현대 일본인이 되었다는 것이다.

그런데 이러한 주장은 인골의 크기나 형질에 대한 의학자나 인류학자의 연구가 뒷받침되면서 거의 정설의 위치를 차지하게 된다. 먼저 1920년대에 교토제국대학 의학부 키요노 켄지(清野謙次)가 두개골의 형태에 착목하여 아이누인과 현대 일본인은 차이가 크지 않지만, 유적에서 나온 조몬인은 아이누인 및 현대 일본인과 매우 다르다고 주장하였다.

이런 혼혈설은 2차 세계대전 후에도 많은 인골이 발견되면서 연구의 진전을 보게 된다. 규슈대학 의학부 카나세키 타케오(金関丈夫)는 1950년대에 북규슈 및 야마구치현(山口県)에서 발견된 인골을 조사한 결과, 야요이 시대 사람들의 평균신장이 161cm로서 조몬인의 156cm보다 5cm 이상 크고 두개골도 매우 다르다는 결과를 발표한다. 그리고 나가사키대학 나이토 요시아츠(內藤芳篤)는 인골의 형질 조사를 통해 아이누인과 조몬인이 매우 가깝고, 현대 일본인은 대륙인과 가깝다는 연구 결과를 발표해 혼혈설에 결정적인 근거를 제공하였다.

한편 이와는 정반대의 학설로서 변형설이 있다. 동경대학 이학부의 하세베 코톤도(長谷部言人)와 스즈키 히사시(鈴木尙)가 주장한 것인데, 최초의 도래민의 자손이 소진화(小進化)를 거쳐 현재의 일본인이 되었다는 것이다. 즉 과거와 현재의 시간 차이에 따른 동일 집단의 변화에 지나지 않는다는 견해이다. 그 변화의 원인으로 섭취하는 음식물이 달라졌다는 것 등이 거론되었다. 그렇지만 아이누인과 오키나와인에 관한 연구가 함께 이루어지지 않았고, 그 후의 유전자 연구 등을 통해서 복수의 도래가 있었다는 것이 확실해지면서 현재는 부정되고 있다.

사이토는 현재의 시점으로 보면 변형설은 웃기는 얘기라고까지 말하고 있다(사이토 p.121). 그의 이런 견해는 뒤에 설명할 유전자 분석 결과 등을 토대로 한 것이기 때문에 훨씬 설득력이 있다고 생각한다.

• 이중구조 모델

이렇게 가장 유력한 혼혈설은 '이중구조 모델'로 이어진다. 1980년대에 야마구치 빈(山口敏, 2020년 사망)과 하니하라 카즈로(埴原和郎, 2004년 사망)가 주장한 이 이중구조 모델이 현재의 정설이라고 사이토는 기술하고 있다(사이토 p.76). 구석기 시대에 일본에 이주한 최초의 사람들은 동남아시아에 거주하던 오래된 유형의 자손으로서, 그들이 넘어와 수렵 채취를 주로 하며 살아가는 조몬(繩文) 시대의 조몬인을 형성하였다. 다만 동남아시아로부터라는 것에 대해서는 인골의 형태를 근거로 추정한 것이지만 후에 유전자 분석을 통해 전혀 다른 계통으로 밝혀진다.

3000년 전부터 야요이(弥生) 시대가 될 무렵엔 동북아시아에 거주하던 사람들의 계통이 도래하였다. 이들은 북동쪽의 추운 환경으로 인한 유전적인 적응에 따라 골 형태가 조몬인과 달랐다. 이들이 수전도작(水田稻作) 농업을 도입해 북규슈를 시작으로 중앙부 전역으로 이주하면서 선주민인 조몬인과 혼혈해, 오늘날의 다수인 본토 일본인이 되었다. 반면에 남북으로 긴 일본 열도의 특성상 북부와 남부의 조몬인의 자손들은 이 도래인과의 혼혈을 거의 하지 않거나 늦어져서 오늘날의 아이누인과 오키나와인의 선조로 남았던 것이다.

이처럼 도래 제1파가 토착 조몬계이고, 2파가 도래계 야요이인이라는 '이중구조 모델'은 최초에는 골 형태 비교 방법을 통해 주장되었다. 하니하라가 1987년에 발표한 〈인골 형태로 조몬인과 현대인 비교〉 논문에 의하면 조몬계와 야요이 도래계를 1:9 내지 2:8로 추정하고 있다(사이토 p.110).

• 백만인 도래설

이 정도의 구성비라면 야요이 도래인의 규모가 상당히 컸어야 된다. 나가하마도 코야마 슈죠(小山修三, 2022년 사망) 국립민족학박물관 교수의 '조몬 인구 추계'가 하니하라의 '100만인 도래설'의 백본(backbone)이 되었다고 소개하고 있다(나가하마 p.120). 그러나 나가하마는 이런 코야마의 추계가 너무 조잡하다고 강하게 비판하고 있다. 그의 어설픈 가설이 하니하라는 물론 스즈키 히사시의 '병원균에 의한 조몬인 절멸설', 나카하시 타카히로(中橋孝博, 1999년 사망)의 '도래인 인구 폭발설' 등의 기초가 되어 또 다른 잘못된 가설을 잉태했다는 것이다. 그의 비판을 요약하면 다음과 같다(나가하마 p.124, p.147).

야요이 도래인의 추계로는 코야마 말고도 야마우치 스가오(山內淸男, 1970년 사망)의 15만인설, 세리자와 쵸스케(芹沢長介, 2006년 사망)의 12만인설 등이 있었지만, 코야마는 모두 문제 있다고 배척하고 자기의 설을 주장하였다. 1974년에 각 도도부현의 유적을 모아 인구수를 집계하는 방법으로 추정하였는데, 그 결과 조몬기 조기(早期)에 전체 인구수가 2만 명 정도였던 것이 중기에 최대인 26만 명을 넘다가 만기(晩期)에 7만5천 명 수준으로 감소한다. 그러다가 야요이 시대 중앙에 가까운 서기 100년경에 60만 명 정도로 늘어나고, 서기 750년엔 540만 명 수준으로 인구가 늘어났다는 결과를 발표한 것이다.

그런데 이런 추계가 자기 학설에 그치지 않았다는 데 문제의 심각성이 있다. 하니하라가 코야마의 가설을 근거로 가설 위에 가설을 세웠다. 즉 코야마의 추정이 맞는다면 인구 증가율이 갑자기 높게 된 데는 뭔가 특별한 원인이 있었을 거라고 상상하고, 이건 자연 증가가 아니고 대량의 도래가 있었다는 결론을 내린 것이다.

그래서 하니하라는 고분 시대 전인구의 10%가 조몬인, 90%가 도래인의 자손이라고 상정하고 그 차이 약 484만 명에서 도래인의 자연 증가 부분을 제외하고 연평균을 산출하면, 야요이 시대 1000년 간 매년 1,500명의 도래인이 넘어왔다고 추계하였다. 하니하라도 '내 자신도 놀랐다!'라고 말할 정도의 '천년 간의 도래자 1백50만 명'이 산출된 것이다. 이것이 '백만인 도래설'이다. 그도 원래 '일본인의 선조는 조몬인'이라는 입장이었으나 이런 계산을 근거로 하여 주장을 바꾼 것이다.

그렇지만 나가하마는 코야마의 추계에 대해 아주 혹독한 비판을 하고 있다. 무엇보다 1974년 이후에 발굴된 유적들이 여기에 포함되지 않았고 계산식이 너무 단순하다는 것이다. 연대 구분이나 개별 유적의 연대 추정에도 오류가 많다고 지적하였다. 검증이 불가능한 것은 단순한 수치 놀이, 책상계산에 불과하다는 것이다(나가하마 p.124).

그렇지만 필자는 나가하마의 이런 비판에 동의할 수 없다. 추정치에는 항상 어느 정도의 오차가 허용되기 마련이다. 코야마의 추계에 부족한 점이 있더라도, 야요이 시대 이후의 도래인 수는 상상하는 것보다 훨씬 많았고 토착의 조몬인에게 준 영향은 매우 컸었다는 전체적인 기본 흐름에는 큰 변화가 없을 것이기 때문이다. 하니하라도 도래인의 영향은 무시할 정도라고 단정하는 나가하마와 같은 학계의 경향은 '일본인 단일민족설'의 선입관에 불과하다고 말했다(나가하마 p.151).

- **일본인 단일민족설**

그러면 일본인 단일민족설에 대하여 좀 더 알아보자. 나가하마에 의하면, 동경대학교 교수인 스스키 히사시(鈴木尙)는 그의 제자인 하니하라와는 정반대의 견해를 가지고 있다. 그도 1883년에 발간된 『인골로부터 본 일본인의 루트』에서 조몬인부터 현대 일본인의 인골을 연구한 결과 별종이라고 생각할 정도로 변용이 컸다고 기술하였다. 그러나 메이지(明治) 이후 불과 150년 만에 일본인의 평균 신장이 10cm 이상 크게 되었다는 점에 착목하여 견해를 바꿨다. 야요이인이 장신이라고 했지만 조몬인과는 1000년이라는 시간 간격이 있었는데도 불과 5cm 정도 커졌을 뿐이라는 것이다. 야요이 시대 개시 시기부터 식생활의 변화가 커서 골격의 변화를 가져왔다는 주장이다. 두개골도 음식에 의해 변해 간다는 것이 실증되었다. 연한 음식은 턱뼈의 변화를 가져온다. 이런 데이터를 근거로 일본인은 과거나 현재나 거의 동질의 집단이었다는 것이 그의 주장이었다(나가하마 p.136).

그러나 인류학자들은 도래계 야요이인의 형질은 여러 점에서 조몬인과 크게 다르기 때문에 생활의 변화만으로 설명하기 어렵다고 보고 있다. 더구나 이 시기와 거의 같은 시대의 중국 산동성이나 황하 중류인 하남성 및 한반도의 유적으로부터 그들을 아주 닮은 인골들이 나오고 있으므로, 일본에서 보이는 야요이인의 형질이 독자적으로 조몬인으로부터 변화하였다고 생각하는 것은 무리라는 것이다(나가하마 p.90).

나가하마는 이런 인류학자들의 견해를 소개하면서도 야요이 도래인의 수가 아주 적었고, 그로 인한 영향도 미미했다고 계속 주장한다. 그 근거로는 주로 고고학적 조사 결과를 들고 있다. 북규슈의 고고학자들은 도래인이 가장 먼저 넘어왔다는 그 지역의 유적들을 발굴 조사해 보니 도래인으로 추정되는 유물들이 아주 근소했다고 확신한다는 것이다. 목제 농기구처럼 새로운 문화 요소가 출현하기는 했지만, 생활 용구의 대부분은 종래의 조몬 계통이다. 즉 재래의 주민을 압도할 만한 규모의 도래 흔적은 없었다는 것이다. 그래서 매년 평균하면 도래인은 2~3가족 정도에 불과하다는 주장을 따랐다(나가하마 p.87).

그러나 이러한 고고학적 조사 결과와 상반된 인골들이 발견되어 또 다른 해석을 해야 하는 상황이 되었다. 야마구치현 도이가하마(土井ヶ浜) 유적에서 300여 개의 인골이 발굴된 것을 두고 말하는데, 규슈대학 카나세키타케오(金関丈夫, 1983년 사망)는 이 유골이 조몬인과는 크게 다른 특징을 가지고 있다고 분석하였다. "얼굴이 편평하며 길고, 평균 신장이 크다. 매장 방법이 기묘하게 모두 한 방향 즉 서쪽 바다 방향을 보고 있다."는 점 등을 가지고 야요이 시대에 건너온 도래인으로 본 것이다. 나가하마는 이러한 내용도 소개하면서, 다만 그들이 대세를 점할 정도의 규모이지는 않았고 장신구 등을 보면 오히려 북규슈에서 건너온 조몬인이 변화한 것이라고 주장한다(나가하마 pp.88~92).

결국은 고고학은 소수 도래, 인류학은 다수 도래라는 모순된 결과를 가지고 서로 다른 주장을 하는 셈이다. 그래서 그 유물에 기초한 고고학적 연구에 대하여는 제2장 유물·유적 편에서 자세히 살펴보겠다. 다만 도래인 수가 적었다는 주장을 하는 학자들은 그럼에도 불구하고 후일 도래계가 오히려 대다수를 차지하게 되는 현실을 설명해야 했다. 즉 그 역전의 원인이 무엇이었냐는 것이다.

• 도래인 인구 폭발론과 감염병설

고고학적 유물이 적다는 것을 이유로 토자와 미츠노리(戸沢充則)의 주장처럼 1년에 2~3가족이 왔을 정도라고 추정한다면, 도래가 개시된 200년 후 옹관묘에서 나오는 인골의 형질은 압도적인 다수가 조몬인의 것이어야 한다. 그런데 사실은 그 반대였다.

그 후 나온 것이 나카하시 타카히로(中橋孝博)와 이이즈카 마사루(飯塚勝)에 의한 인구 시뮬레이션 연구 결과이다. 농경민인 도래자의 인구 증가율이 수렵 채취민인 조몬인보다 더 높다고 가정한다면 최초의 도래자가 소수이더라도 수백 년 후에는 재래계 집단을 능가하는 숫자로 늘어날 수 있다는 견해이다. 수전도작으로 인한 영양 상태 양호, 면역력, 장수, 다산 등이 그 원인으로 거론된다(나가하마 p.240). 더구나 야요이 시대의 개시기를 종래의 설보다 500년 정도 더 거슬러 올린다면, 도래계 야요이인의 인구 증가율이 약간만 높더라도 수렵 채취민의 인구를 상회할 수 있게 된다는 것이다. 이것이 이른바 '도래인 인구 폭발론' 이다.

그러나 나가하마는 이 도래인 인구 폭발론도 부정한다. 같은 도작 농경민인데도 조몬인만 번식력이 낮다고 말할 수 없다는 것이 그의 논지이다. 그러면서 수전도작이 야요이 시대보다 더 빠른 시기인 조몬 시대의 유적에서 발견되고 있는 것을 근거로, 조몬인도 야요이 도래인과 같은 농경을 하였기 때문에 번식력이 서로 달랐다고 보는 것은 무리라고 주장한다.

그러면서 또 소개하는 것이 스즈키 타카오(鈴木隆雄, 1939년 출생)의 감염병설이다. 스즈키는 1998년에 발간된 『인골로부터 본 일본인-병리학이 말하는 역사』에서 조몬인은 새로운 사람들이 가지고 들어온 감염병에 의해 괴멸적인 타격을 받았다고 기술하였다.

먼저 결핵의 경우인데, 조몬인의 인골에서는 결핵의 흔적이 전혀 보이지 않는다. 야요이 시대로부터 고분 시대에 걸쳐 대량 도래한 사람들이 처음으로 일본 열도에 결핵을 가지고 왔을 가능성이 크다고 보는 것이다. 조몬인은 일본 열도라고 하는 매우 고립된 장소 안에서 살았기 때문에 결핵에 대한 면역력이 없어서 뼈에 결핵의 흔적을 남길 사이도 없이 단기간에 사망했을 것이라는 주장이다(나가하마 pp.153~156).

나가하마는 이런 감염병설도 '이러했을 것이라고 하는 추정'에 불과하다고 평가절하하였다. 야요인 시대 중기의 인구 비율 추정에 문제가 많다고 보기 때문에 이 설에 찬동할 수 없었을 것이다. 그러나 어느 학설이 단순한 추정만을 가지고 정설에 가까운 위치를 차지할 수 있겠는가. 더구나 뒤에서 살펴볼 유전자 분석 결과도 이러한 추정과 부합되게 나타났으므로 더 말할 필요가 없게 되었다.

• ALT 바이러스와 치아, 귀지 단백질 분석 결과

앞에서 인류의 계통과 이동에 대한 연구 분석 방법의 하나로 ALT 바이러스 분석법에 대하여 그 원리를 알아본 바 있다. 이를 일본인에 대하여 조사한 결과에 의하면 이 바이러스 감염자 즉 보균자가 2007년 현재 약 108만 명으로 연간 약 천 명이 발증한다. 이 사람들의 절반 정도가 1년 이내에 목숨을 잃는 무서운 병이다. 모자간은 물론 부부간에도 전염되며, 그 감염률은 10~20%라고 알려져 있다(나가하마 P.109).

야마모토 시치헤이(山本七平)에 의하면, 동아시아에는 일본만 ALT 바이러스 보균자가 있다. 그 외는 연해주로부터 사할린에 분포한 소수 민족에게서 발견되는데 그친다. 규슈와 오키나와에 압도적으로 집중돼 있고, 이도(離島)와 해안 지역에서 높은 밀도를 나타낸다. 도작을 가져온 도래인이 많은 지역은 감염률이 낮다. 도래인과 혼혈한 지역에서 낮은 감염률을 보인다고 한다.

나가하마는 도래인이 많았다면 규슈의 감염률이 왜 높게 나오냐고 의문을 제기하고 있으나(나가하마 PP.110~114), 규슈도 남부냐 북부냐에 따라 차이가 크고, 본토도 사이토의 연구 결과에서 보는 바와 같이 도래인이 전파된 핵심축과 주변 지역과는 혼혈의 정도가 다르기에 그에 따른 감염률도 내부적으로 차이를 보이는 것이 타당하다고 생각한다.

한편 치아에 의한 일본인의 원류를 연구한 학자로는 마츠무라 히로후미(松村博文) 삿포로의과대학 교수가 있다. 그는 조몬인으로부터 현대인까지 2,500개체의 영구치를 조사한 결과 95%의 정답률로 도래인과 조몬인의 치아가 판별 가능하다는 결론에 도달하였다. 그래서 야요이 시대에는 도래계 60%, 조몬계 40%이었고, 현대의 본토 일본인에는 이 비율이 75%대 25%로 강화되었다고 주장하였다.(나가하마 PP.103~105).

그렇지만 야요이 도래인은 그 원류로 주장되는 북동아시아인과도 치아의 크기에 관한 한 차이가 있다고 밝혔다. 북동아시아인들은 의외로 작은 치아를 갖는 사람이 많고, 아시아에서 야요이인만 예외적으로 큰 치아를 가지고 있다는 것이다. 그런데 상해자연박물관과 수년간 공동 조사한 양자강 하류의 묘에서 나온 인골의 경우에는 매우 큰 치아를 가지고 있었다. 크기나 비율, 형질 등에서 야요이인과 거의 일치한 것이다. 그래서 여기를 야요이인의 출발지로 보는 견해가 등장하였다(나가하마 pp.93~94).

그러나 나가하마는 마츠무라가 사람의 치아는 변하지 않는다고 하는 전제를 스스로 부정하는 결론을 내렸다고 비판했다. 필자는 이것은 생활환경 등의 변화로 인해 변했다는 것이 아니라 혼혈에 따라 유전자가 섞어짐으로써 나타난 변화이므로, 전제와 달라도 문제가 없다고 생각한다.

한편 귀지의 단백질을 분석하는 방법에 의하면, 습형은 유럽에서 아주 높고, 아프리카는 거의 100%가 이에 해당한다. 동남아시아와 남미 선주민도 상당히 높게 나온다. 반면에 건형은 일본인의 80% 이상이 이에 해당하며, 한국을 비롯한 동아시아인들이 대체로 높다. 위도가 높을수록 건형이 많은 것이다(사이토 pp.43~44). 필자는 이런 분석 결과가 일본인의 주류가 북방계라는 또 하나의 증거라고 생각한다.

4. 유전자 분석 방법의 발전과 일본인 혼혈 실태

지금부터는 유전자 DNA에 관한 연구가 일본에서 어떻게 이루어졌는가에 대해서 살펴보도록 하겠다. 이 분석 방법 중에서도 연구가 활발히 진행된 시기에 따라 미토콘트리아 DNA, Y염색체 그리고 핵게놈의 순서로 알아보겠다.

• 미토콘드리아 DNA와 Y염색체 연구

일본에서의 DNA 조사는 인간 게놈의 염기 배열이 결정되기 전, 즉 21세기가 되기 전에는 1만 6,500개의 염기밖에 없는 미토콘드리아 DNA를 대상으로 진행되었다. 그러나 이 방법은 앞에서 설명했던 바와 같이 모계 유전만을 알 수 있는 등 정보량으로는 1개의 유전자만을 다루는 것이어서 신뢰성이 높은 결과를 얻지 못했다.

그런 약점이 있지만, 일본 전체에서 18,641명의 미토콘드리아 DNA에 대한 조사 결과는 일본 열도인의 내부 '이중구조 모델'을 지지하는 것이었다(사이토 p.181). 아이누인과 오키나와인 사이에도 공통성이 약하지만 존재한다는 것을 유전자 정보로 확인하였다.

Y염색체 분석도 일본에서 이루어졌다. 부계 유전에 1개의 유전자 정보량밖에 갖지 않아 회의적이긴 하지만, 사이토가 기술한 결과를 다음과 같이 요약하여 소개한다(사이토 pp.174~178).

Y염색체 중 특이한 D계통이 일본 주변 국가에는 없는데 아이누인은 88%, 오키나와인 56%, 본토 일본인 30% 전후의 빈도로 나타난다. 이것은 동아시아에서 티베트인과 인도양에 있는 안다만(Andaman)제도인에게서만 낮은 빈도로 존재하는 것이다.

이 D계통과 계통적으로 가까운 E계통을 가진 인간의 대부분은 아프리카에 분포하고 있다. 동아시아, 동남아시아에 걸쳐 널리 분포한 O계통은 본토 일본인은 50%이지만 아이누인은 0%, 오키나와인은 38%에 그친다.

한국인 남성 545명의 빈도 조사 결과 O계통인 O2b가 일본과 같이 빈도가 높지만, D계통은 전혀 보이지 않았고, C계통은 일본에 없는 C2의 빈도가 높게 나왔다.

　이러한 통계치는 뒤에서 설명하는 핵게놈 DNA 해석으로부터 얻은 결과, 즉 조몬인의 조상이 현대 인류가 아프리카를 나오기 전에, 주변 동아시아 사람들과는 전혀 다른 계통으로부터 분기한 매우 특이한 집단이라는 추정과 유사하다.

　이런 결과에 대해 나가하마도 "일본 남성 Y염색체의 다양성은 조몬시대 이전부터 각 방면으로부터 여러 종류의 사람들이 일본에 유입되어 일본 민족을 형성하였다는 것을 말해 준다."라고 기술하고 있다(나가하마 p.258). 그런데 조금 유감스러운 것은 한국인 나아가 여성에 대한 비하를 여과 없이 표현하고 있다는 점이다. 여기서 그대로 인용해 보겠다.

　"왜 한국인의 Y염색체가 북방 중국인과 가까운가. 유라시아의 옛 몽고 제국 판도 내의 사람 중에서 8%가 칭기즈칸의 Y염색체 DNA를 가지고 있다. 타민족에 의해 여러 번 정복된 한반도에서도 같은 일이 벌어진 것 아닌가. 패전 후 일본 여성이 일본 남성에게 '흥 (전쟁에서) 진 주제에!'라고 말하며 미국인에게 붙었던 것이 여성의 본질을 나타내는지도 모른다. 한국에서는 정복자의 Y염색체가 상당 부분 포함되어 있다. 정복자에 의해 대량으로 유입되었지만 피정복 민족의 여성 미토콘드리아 DNA는 그대로 전해지고, 남성의 Y염색체는 교체되어 갔다."

　필자는 나가하마가 계속 억지를 부린다고 생각한다. 무리하다 보면 말투의 격이 떨어지기 마련이다. 그리고 그도 일본에서 '외부로부터의 다양한 유입'이 있었음을 분명히 말하고 있음에도 일본은 다르다는 논리를 억지로 만들고 있는 것이다. 인골 분석법, 유전자 분석법 모두 일본인의 주류가 도래인 계통이라는 것을 입증하고 있는데도 조몬인이 우리의 조상이고 단일민족이라고 고집하다 보니 주장하는 바에 모순이 계속 생기는 것이다.

• 핵게놈에 의한 이중구조 모델 입증

그럼 이제부터는 일본인 핵게놈에 관한 연구가 되겠다. 일본유전학연구소 교수로서 이 연구에 직접 참여하고 있는 사이토의 기술 내용을 요약 소개한다(사이토 pp.125~134).

2000년이 되어 인간 핵게놈의 염기 배열이 발표되고 HapMap이라는 인간 게놈 다양성에 관한 국제 연구 프로젝트가 만들어졌다. 이를 통해 DNA가 다른 부분, 전문적으로는 단일염기다형 즉 'SNP'를 총망라해 발견하려 했다. 일본은 동경대학 이화학연구소 나카무라 유스케(中村祐輔)를 중심으로 이 연구단에 합류하였다.

이 HapMap계획의 최초 논문이 2005년에 발표되었다. 그리고 계속해서 유전병에 관한 연구와 5만 개 이상의 각종 SNP데이터가 축척되어 갔다. 2008년에는 동아시아 다수의 인류 집단에 관한 SNP데이터가 산출되고, 그 해석 결과가 미국 연구진에 의해 발표되었다.

일본도 나카무라 등에 의해 7,000명에 대한 SNP데이터가 산출되고, 2008년부터 이렇게 얻는 데이터에 대한 해석이 시작되었다. 2011년에 간담회 연구 발표 등을 통해, 1911년 베르츠가 '아이누인과 오키나와인 동일계통설'을 발표한 지 100년 만에 이 설이 증명되었다고 선언하기에 이른다. 아이누인과 오키나와인의 유전자는 공통성이 있고, 이들은 본토 일본인과 매우 다르다는 것이다. 2012년에 연구 논문으로 발표되었고 온라인으로도 공개되었다.

　이중구조 모델이 빼도 박지도 못하게 입증된 것이다. 특히 사이토는 아이누인은 본토 일본인을 포함한 다른 동아시아 집단보다 유전적으로 크게 다르다는 것이 다시 한 번 확인되었고, 오키나와인은 그런 이질성이 아이누인보다는 덜한 편이었다고 말한다. 이것을 계통수(系統樹)의 거리로 표시하면 아이누인이 다른 집단에 비해 아주 멀리 떨어진 위치에 있고, 오키나와인이 그다음으로 상당히 떨어져 있으며, 본토 일본인 즉 야마토인은 오히려 반대 방향으로 북방 중국인과 가까웠다. 특히 한국인과는 가장 가깝다.

　사이토는 본토 일본인의 한국인과의 근연성을 중국의 내부 민족들과 비교하여 단적으로 설명하고 있다. 상해인과 북경인 간의 유전적 차이는 본토 일본인과 한국인 차이의 계통수 거리상 3배 정도에 달한다는 것이다. 그만큼 일본인과 한국인의 유전자가 가까운 것인데, 통계적으

〈그림 1〉 동아시아 인류 집단의 계통수(사이토 p.142)

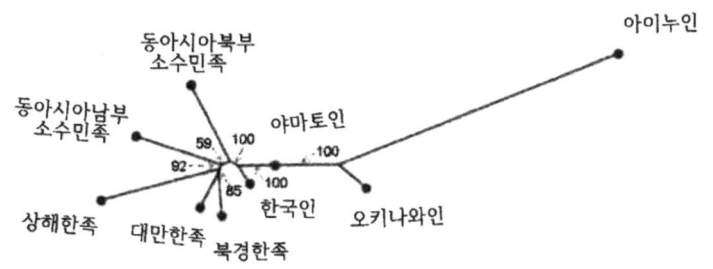

제1장 인종·민족 편　45

로는 100% 확률로 하나의 그룹이라고 말할 수 있다고 한다(사이토 pp. 139~143, 그림 1 참조).

이렇게 현대 일본인을 구성하는 본토 일본인, 아이누인, 오키나와인끼리 유전자가 크게 차이가 나는 원인은 바로 조몬인 때문이다. 선사 시대 이들의 유골로부터 DNA를 추출하여 조사한 결과 동남아시아인과도 북방아시아인과도 근접하지 않았다. 조몬인이 현재의 동아시아대륙에 사는 사람들과 다를 것으로 생각하고 있었지만, 이렇게 큰 차이가 있다는 것은 놀랄 만한 것이었다.

그리고 2016년에 칸자와 히데아키(神沢秀明)가 7년에 걸친 핵게놈 정보 해석에 관한 논문을 발표하였다. 거기서 본토 일본인은 조몬인과 동유라시아 대륙인의 중간에 위치하는 것으로 나왔다. 아이누인이 가장 조몬인의 DNA를 많이 받았고 그다음이 오키나와인, 그다음이 본토 일본인, 다음이 한국인 순으로 조사되었다. 한국인도 약하게나마 조몬인의 DNA를 포함하고 있을 가능성이 제기된 것이다(사이토 pp.103~111).

나가하마도 한반도 사람 중에 특히 남부에는 조몬인과 동일한 DNA를 가진 사람이 꽤 있다는 분자인류학자 시노다 켄이치(篠田謙一)의 견해를 인용하면서, 조몬 시대에는 한반도와 일본 사이의 교류가 상당히 있었는데, 그 교류 차원을 넘어서는 일이 있었다고 주장한다. 즉 도래인이 한반도로부터 넘어온 것이 아니라 많은 수의 조몬인이 대한해협을 건너 한반도 남부로 진출했다는 것이다(나가하마 pp.2~4). 만일 그렇다면 한반도에 거주하는 한국인에게도 조몬인의 유전자가 많이 남아 있어야 나가하마 등의 주장이 타당할 것이다.

그런데 사이토(斎藤成也)가 소속된 국립유전자연구소 연구팀은 이 조몬인과의 혼혈도를 아이누인이 51~99%, 오키나와인이 21~33%, 본토 일본인이 13~21%, 한국인이 1~3%, 북방 중국인이 0~2%, 남방 중국인이 0~2%로 추정하였다. 99%까지 나온다는 것은 아이누인이 과거 조몬인의 직계 자손임을 알 수 있게 해준다. 반대로 본토 일본인은 독자성이 없이 다양한 혼혈 집단임을 시사한다고 말할 수 있다(사이토 p.139). 이 연구 이전에 중국의 연구진도 본토 일본인과 북방 중국인의 차이를 모두 조몬계 때문이라고 가정하고, 그 유전자의 23~40%가 현대 본토 일본인에게 섞여 있다고 발표한 적이 있었다는 것이다(사이토 p.110).

이런 결과, 즉 한국인의 조몬인과의 혼혈도가 1~3%에 불과한데도 이것을 교류가 아닌 조몬인의 진출로 주장하는 것은 무리가 많다고 필자는 생각한다. 또한 중·근세 이후의 한일 간 교류에 의한 혼혈의 결과일 수도 있다. 핵게놈 분석 결과를 통해 오랜 논쟁의 결말이 난 것으로 보인다.

사이토는 이런 핵게놈 분석 결과를 종전의 인골에 의한 연구 결과와 비교하여 다음과 같이 정리하였다(사이토 p.122).

"일본에 제일 처음 도래한 조몬인과 그다음 야요이 시대 도래인의 DNA가 어느 비율로 현대 일본인에게 전해져 오는가를 '야요이 도래율'이라고 한다. 이것이 100%면 치환설이고, 0%면 변형설이 된다. 사이토 연구진은 조몬인의 핵게놈 데이터로부터 현대 본토 일본인에 대한 조몬인 게놈의 기여율을 12%로 낮게 추정하였다. 혼혈은 있었어도 치환설에 가깝다고 할 수 있다. 다만 아이누인과 오키나와인의 경우는 사실상 변형설이라고 보는 것이 타당하다고 생각한다. 조몬인의 유전자에 얼마간의 혼혈이 있었지만, 이들 인골의 변화는 시간의 경과나 식생활의 개선 등에 의한 것이 크다는 것이다."

2017년 기준으로 아이누인이 1만 3,000명 정도이고, 오키나와인은

146만 명 정도이다. 두 집단을 다 합하여도 150만 명 이하이니 일본 전체 인구 1억 2,300만 명의 약 1.2%밖에 되지 않는다. 그런데도 '일본인 단일민족설'이나 '일본인의 조상은 조몬인'이라는 주장이 버젓이 활보하는 것은 참 이해하기 곤란하다. 어떠한 목적이 따로 있지 않는 한 자기의 정체성을 부정하는 것이기 때문이다.

• **지역별 혼혈 시기**

한편 사이토 연구진은 이러한 야요이인들의 혼혈이 지역별로 이루어진 시기를 게놈 분석을 통해 추정하였다. 그 결과를 요약하면, 지금으로부터 55~58세대 전에 혼혈이 시작되었는데, 1세대를 25년에서 30년으로 보면 1,375년 전에서 1,740년 전이라고 한다. 서기 3~7세기인 고분 시대로부터 아스카(飛鳥) 시대에 해당하며, 이때는 각종 역사 문헌상으로 야마토 왕권이 동일본에서 동북 지방으로 세력 범위를 확대하던 시기이다(사이토 p.145).

야요이 이후의 도래인을 중심으로 성립한 야마토 왕권이 조몬인의 DNA를 농후하게 전해 오고 있던 동북 지방 사람들을 조금씩 북으로 몰아내는 과정에서 조몬인과의 혼혈이 그때 시작되었다는 것이다. 이 가설은 세가와 타쿠로(瀨川拓郎)의 2015년 고고학 데이터로 지지를 받았다고 사이토는 기술하고 있다(사이토 p.147).

『일본서기』에는 이 시대에 빈번하게 이민족으로 취급당하는 에미시(蝦夷)가 등장하여, 이들의 침략을 격퇴하거나 그들의 지역을 시찰하였고 나아가 토벌하였으며 책(柵, 나중에는 성)을 설치하여 대비하였다는 기록이 나온다. 특히 서기 660년 전후에는 180척의 대 군세로 에미시를 토벌했다거나, 에미시 200인이 조정에 참석하였다는 기사 등이 수록되어 있다고 한다(사이토 p.146). 이것을 읽고 필자는 일본에서 민족 간의 투쟁이나 대규모 살육의 역사가 없었다는 주장은 재고해 봐야 할 것으로 생각하였다.

이런 에미시가 거주하던 지명에 '나이' 또는 '베츠'를 붙인 곳이 많은데, 아이누 언어로 강이나 개천을 의미한다. 한국인에게도 잘 알려진 북해도의 유명한 온천지 노보리베츠도 그중 하나가 되겠다.

사이토팀이 같은 조사를 오키나와인에게 적용한 내용도 기술되어 있다. 여기에서는 조몬인과 야요이인의 혼혈이 현재로부터 43~44세대 전에 이루어지는 것으로 추정하였다. 1,075년 전에서 1,320년 전의 시기이다. 8~10세기 중반으로, 아스카 시대로부터 헤이안(平安) 시대에 해당한다. 오키나와에서는 쿠스크(楠久) 시대가 시작되는 시기 이전부터 야요이계의 게놈을 가진 야마토인이 규슈로부터 남하해 왔다고 보면, 고고학적 추정과 DNA데이터에 근거한 추정이 상호 모순 없게 된다는 것이다. 혼혈이 늦어진 만큼 조몬인의 DNA 비율(27~30%)이 본토 일본인보다 높고 아이누인보다는 낮게 된 것이라고 설명하고 있다(사이토 pp.147~148).

일본 열도 내부의 지역별 유전자는 북해도나 오키나와와의 차이만이 아니라 본토 내부에서도 상당한 차이를 나타내고 있다. 사이토는 일본을 중심축과 주변부로 구분하여 그런 차이를 해석하였다. 즉 북규슈, 나라, 교토, 오오사카, 가마쿠라, 동경을 잇는 지대에 과거와 현재의 일본 정치·문화의 중심지가 연이어 있는데, 도래인과 그들의 혼혈 자손들이 이 축을 따라 옮겨 가며 일본을 주도했다는 것이다. 다시 말하면 거리보다는 중심이냐 주변이냐에 따라 거주자의 유전자가 차이가 나는 내부 이중구조임을 나타낸다. 규슈만 놓고 보더라도 도래인의 역사가 시작되는 북규슈와는 달리 남규슈는 주변부에 해당하며, 고대로부터 이 지역엔 이민족 취급을 받던 하야토(隼人)가 살고 있었고, 방언도 북부와 달랐다는 것이다(사이토 pp.161~162).

5. 인종적 분석의 결론

지금부터는 일종의 결론으로서, 일본 역사의 주류가 된 이러한 도래인이 언제, 어디에서 왔는지를 정리해 보겠다.

• 조몬인은 현대 인류 이전의 특이한 존재

사이토는, 아프리카에서 나온 신인이 서유라시아인과 동유라시아인으로 분기하고, 동유라시아인이 사훌대륙의 파푸아뉴기니아인과 갈라진 다음 조몬인이 또 분기하였으며, 그 나머지에서 아메리카대륙 선주민이 또 분기한 후 동아시아의 5 집단이 거기로부터 나누어지게 되었다고 정리하고 있다. 남미인이 아메리카로 이주한 것을 1만 5천 년 전으로 보니까 조몬인은 그보다 훨씬 전에 분기한 것이 된다(사이토 p.107).

이러한 조몬인과 그 후 북방을 거쳐 도래한 집단이 혼혈하여 현대의 일본인을 구성하게 되었다. 그런 조몬인은 신인보다 더 앞선 구인인 데니소바인이나, 그보다 더 진화가 덜 된 자바원인의 영향도 일부나마 남아 있는 파푸아뉴기니인과 유전적으로 가까운 것으로 입증되었다.

이렇게 되자 일본인의 조상 찾기는 원점으로 돌아갔다. 조몬인이 북방계인가 남방계인가 하는 논의가 많았지만 그 어느 쪽도 아닌 것이 되었다. 이전의 인골 형태학적 연구에서도 조몬인의 특이성이 논의되었지만, 게놈 DNA의 염기 배열을 해석함으로써 매우 특이한 존재임이 다시 한 번 확인된 셈이다(사이토 p.109).

• 츠다 소키치와 에가미 나미오

나가하마도 이러한 학계의 흐름에 대해서는 잘 파악하고, 그의 저서에 상세히 기술하고 있음은 이미 소개한 바와 같다. 그럼에도 불구하고 그의 주장은 변함이 없다. 그는 저서의 끝부분에서 역사학자 츠다 소키치(津田左右吉)와 에가미 나미오(江上波夫)를 대비하여 일본인들의 왜곡된 애국심을 자극하고 있다.

츠다는 1919년에 〈고사기 및 일본서기의 신연구〉에서 '신무천황의 동정은 설화'라고 주장한 일로 황국사관 학자들로부터 고발되어 기소되었으며, 관련 서적 4권에 대한 발매 금지 처분을 받았다고 한다. 『고사기』와 『일본서기』를 부정한 반체제 학자라고 공산주의자들로부터 칭찬과 공감을 받기도 하였다는 것이다.

이와 반대되는 에가미는 1948년에 황실은 한반도로부터 왔다는 황당무계한 기마민족정복설을 주장하고, 최고 영예인 문화훈장까지 받았다. 그 학설이 시바 료타로에게 그대로 침투되어 그의 저서 『한국으로의 기행, 가도를 간다 2』(1968)에 '일본 조상의 나라'를 간다고 기술할 정도였다는 것이다.

그래서 일본인은 조몬인과 도래인의 혼혈이라는 주장이 정설의 위치를 차지하고 공교육을 통해 확산하였다. 그러나 이것의 내실은 일본인의 DNA의 대부분이 한반도에서 왔다는 것을 뜻한다고 나가하마는 지적한다.

츠다는 이런 견해에 정면으로 반대하였다. 천왕과 일본인은 아주 오래전부터 일본 열도에 살고 있었던 일본 민족이라는 신념은 전전과 전후를 일관하여 흔들리지 않았다. 패전 후 얼마 되지 않아 황국사관을 주장하던 많은 역사학자와 교육학자가 보신을 위해 전향하던 시대였음에도, 그는 일관되게 만세일계 사상과 천황제 존속을 주장하였다고 나가하마는 높이 평가하였다.

이 츠다 소키치와 에가미 나미오는 일본은 물론이고 한국의 역사 연구자들에게도 유명한 학자이다. 이들이 나가하마와 같은 저술가들에 의해 어떻게 평가, 분류되고 있는지 확인해 두는 것도 의미가 있다고 생각한다.

• 일본인의 주류는 한반도 도래인

나가하마도 일본의 정설은 '일본인의 주류는 한반도 도래인' 이라는 것을 인정하고 있다. 그는, 반세기가 지나가면서 츠다의 일본인 단일민족설도 '일본인 루트는 도래인' 이다는 설에 의해 묻히고 말았다고 말한다. 그 후에 "이 도래인설은 교묘하게 도래인은 대륙으로부터 왔다로 바뀌었고, 일본인은 한반도로부터 온 도래인이 주가 되고 조몬인을 종으로 한 혼혈이다"로 변질되었다는 것이다, 그 후 가설이 사실처럼 인용되면서 사상누각이 중첩되어 갔다고 기술하고 있다. 그러면서도 그는 또, 20년이 지난 근년 들어 일본인의 대부분이 조몬 시대로부터 연속되는 DNA를 가지고 있다는 분자인류학자들의 견해가 확산하여 가는 단계에 있다고 주장한다(나가하마 pp.290~294).

그러나 나가하마가 말하는 분자인류학자들의 '조몬인 조상설' 이라는 것은 핵게놈 DNA의 염기 배열에 대한 해석이 나오기 전의, 즉 미토콘드리아 DNA와 Y염색체 분석에 그치던 상황에서의 견해로 보인다. 아니면 현대 일본인이 조몬인의 DNA를 일부 가지고 있는 것을 확대해석하는 것이라고 생각한다. 사이토가 설명했던 그야말로 최신의 연구 성과, 즉 과거와 현재 나아가 세계 각지의 인간 핵내 유전자 정보 비교를 통해서 얻은 결과를 통해서 이 논쟁은 결론이 났다고 보는 것이 타당할 것이다.

나가하마도 저서에서 "일본인의 유전자는 세계에서도 유례를 볼 수 없을 정도로 다양성을 가지게 되었다(나가하마 p.20)."라고 기술하고 있는데, 일본인 단일민족설에게 내줄 자리가 어디 있겠는가. "DNA로부터 얻은 결론은 움직일 수 없는 진실이라고 거의 납득했다. 그러나 이런 결론을 도출하는 과정에 대해 의문이 제기되었다(나가하마 p.167)."라고 쓰고 있는 것을 보면 그도 거의 종착지에 다다른 것 같다.

그런데도 왜 현대 인류보다 더 진화가 덜 된 단계에서 분기된 정체불명의 극소수, 인종적으로 일종의 오스트랄로이드에 해당하는, 플로레스 원인처럼 신장 1미터 정도의 초단신 종족의 유전자와 유사, 그런 조몬인이 조상이라고 억지를 쓰는지 이해가 되질 않는다. 물론 조상의 일부는 되겠다. 그러나 나가하마와 같은 학자들은 그 조상의 주류가 도래인이었다는 것은 끝까지 인정하지 않는 것이다. 그렇게 한반도로부터의 영향을 부정하고 싶은 것일까.

〈1차 중간 마무리〉

한일 고대사를 '일본인의 원류는 누구인가' 즉 인종·민족 측면에서 다룬 일본 문헌들을 중심으로 살펴보았다. 일부 일본인 학자나 언론인

제1장 인종·민족 편 53

등이 미완성적인 분석 방법을 남용하거나 아전인수격인 해석으로 일본인 단일민족설, 조몬인 기원설 등과 같은 근거가 빈약한 주장을 하고 있지만, 통설적인 견해는 한반도를 위시한 대륙으로부터의 도래인이 일본인의 주류를 이루고, 토착 조몬인의 피가 일부 섞였다는 것이었음을 확인해 볼 수 있었다.

특히 핵게놈 분석이라는 최첨단 연구 방법을 통해 본토 일본인과 가장 유사한 유전자를 가지고 있는 사람들은 아이누인도, 오키나와인도 아닌 한국인이라는 것도 알아보았다. 이런 결론을 다음 장에서는 유물·유적을 가지고 다시 한 번 점검해 보도록 하겠다.

제2장

유물·유적 편

1. 일본의 고대사 시대 구분
2. 구석기 유물
3. 토기
4. 도작 유적
5. 청동기와 철기
6. 고분
7. 연대측정법의 정확성 문제
2차 중간 마무리

제2장 유물·유적 편
― 누가 남겼고 연대 측정은 정확한가

　제1장에서 인골이나 유전자를 과학적으로 분석하는 인류학자들과 고대의 유물, 유적을 가지고 연구하는 고고학자들의 견해가 다르다고 언급한 바 있다.
　이번 제2장에서는 그런 유물·유적에 관한 고고학자들의 연구 문헌을 통해서 일본인의 원류는 누구이고, 그런 문화 유산으로는 어떠한 것이 있는지를 살펴보기로 한다.
　먼저 사전 지식으로서 일본의 고대사 시대 구분을 좀 더 자세히 정리해 둔 다음, 일본인의 정체를 밝히는 핵심 유물인 구석기와 토기, 청동기와 철기 그리고 도작(벼 재배) 유적과 고분에 대하여 차례대로 알아보겠다. 마지막으로 이러한 유물·유적의 연대를 측정하는 방법으로는 어떠한 것들이 있고, 그 정확성 여부가 한일 고대사의 진실을 규명하는 데 얼마만큼의 혼란을 초래하고 있는가에 관해서 소개해 보도록 하겠다.

1. 일본의 고대사 시대 구분

제1장에서도 일본의 선사 시대 구분에 대해 간략히 알아보았지만, 유물·유적이 그런 시대 구분에 중요한 기준이 되고 있으므로 이를 좀 더 자세히 살펴보도록 하겠다.

• 토기 등에 따른 시대 구분

일본의 경우는 토기에 따라 선사 시대를 구분하고 있다. 일본에 사람이 살게 된 이후 2만 년 정도 지나서 토기가 출현하였다고 일부 학자들은 말한다. 1만 6000년 전 무렵의 토기가 아오모리(青森)현 오오다이야마모토(大平山元) 유적에서 출토된 것을 근거로 삼고 있다. 이러한 무문토기의 표면에 조몬(縄文)이라는 새끼줄 매듭 모양이 등장한다. 이것을 조몬식 토기라고 하는데, 이 토기 출현 이전을 일본에서는 구석기 시대라고 부른다. 정확히는 후기구석기 시대이고 4만 년 전에서 1만 6000년 전까지의 기간에 해당한다.

그 이후로부터 조몬 토기가 성행하다가 야요이(弥生)식 토기가 출현하기 전까지, 즉 1만 6000년 전부터 3000년 전까지의 기간을 조몬(縄文) 시대로 하고 이것을 5기(早期, 前期, 中期, 後期, 晩期)로 나누고 있다. 최근에 맨 앞에 초창기를 더해 6기로 하는 견해도 있다.

그리고 야요이 토기가 성행하다가 하지키(土師器)와 스에키(須恵器)라는 도자기가 사용되기 전까지, 즉 3000년 전부터 서기 3세기까지의 기간을 야요이(弥生) 시대라고 구분하고 있다.

그 이후는 토기에 의한 구분에서 벗어나, 전방후원분으로 대표되는 고분이 활발하게 축조되던 시기를 고분(古墳, 일본 발음으로는 고훈) 시대라고 부른다. 야마토(大和)왕권이 왜국을 통일해 간 3세기 중경부터 7세기까지에 해당되며, 야마토(大和) 시대라고도 한다.

그다음부터는 정권의 핵심이 어디 있었는가, 즉 수도가 어딘가에 중점을 두고 시대를 구분한다. 아스카(飛鳥) 시대는 현재의 나라현(奈良縣) 타카이치군(高市郡) 아스카촌(明日香村) 부근에 상당하는 아스카(飛鳥)에 궁과 도읍이 있었다는 것에서 유래하는 명칭이다. 쇼토쿠(聖德) 태자가 섭정을 시작한 592년부터, 현재의 나라현(奈良縣) 나라시(奈良市)인 헤이죠경(平城京)으로 천도한 710년까지를 말한다. 고분 시대 후반과 일부 겹치고, 특히 645년의 타이카개신(大化改新) 이후를 '백봉 시대(白鳳時代)'라고도 구분하기도 한다.

이어지는 나라(奈良) 시대는 헤이죠경과 현재의 오사카시 중앙구에 위치했던 난파궁(難波宮)에 도읍이 있었던 710년부터 794년까지를 가리키며, 일본 불교가 꽃 피운 '천평 시대(天平時代)'였다.

헤이안(平安) 시대는 794년에 현재의 교토부(京都府) 교토시(京都市)의 헤이안경(平安京)으로 천도한 이후 가마쿠라막부(鎌倉幕府)가 성립한 1185년까지를 가리킨다. 교토가 약 400년간 일본 권력의 유일한 중심이었던 시기이다.

그 이후로 가마쿠라(鎌倉) 시대, 무로마치(室町) 시대, 에도(江戶) 시대, 메이지(明治) 시대가 이어진다.

• 역사 교과서상의 시대 구분

참고로 일본의 역사 교과서 중의 하나인 1992년 시미즈서원(清水書院) 발간 『일본의 역사』에서 취하고 있는 시대 구분을 소개한다. 필자의 일본 유학 시절에 아이들의 학교 교과서였다. 교과서라는 것은 그 시대의 표준이라고 할 수 있겠다. 여기서는 전체 일본 역사를 원시·고대 → 중세 → 근세 → 근대 → 현대의 5단계로 구분하고 있다. 중세를 가마쿠라막부의 성립부터 시작하는 것으로 구분하고 있으므로, 우리의 관심사인 한일 고대사는 구석기 시대부터 헤이안 시대까지라고 말할 수 있다.

그럼 지금부터 각론으로서, 가장 먼저 일본의 구석기 시대 유물 발견에 관한 얘기부터 시작하여 보겠다.

2. 구석기 유물

• **최초의 발견자 아이자와 타다히로**

앞에서 언급한 『일본의 역사』라는 교과서의 맨 앞에는 다음과 같은 내용이 기술되어 있다.

"일본에서 사람이 살기 시작한 것은 홍적세(洪積世) 후기인 약 10만 년 이상 전이었다. 그렇지만 과거에는 이러한 홍적세의 인류가 일본에 살았다는 증거가 없었다. 그러던 것이 1949년에 군마현(群馬県) 미도리시 이와쥬쿠(岩宿) 유적의 홍적세 지층에서 타제석기가 발굴되었다. 이것을 계기로 전국 각지에서 타제석기와 화석 인골이 계속 발견되어, 고고학적으로 구석기 시대에 해당하는 시대의 인류 문화가 확실하게 밝혀지게 되었다. 이 시대의 유적 출토품에는 토기가 없었기에 이 시대의 문화를 선토기(先土器) 또는 무토기(無土器) 문화라고 한다."

그리고 그러한 구석기를 발견한 사람의 이름과 경위를 유물 사진들과 함께 소개하고 있다.

"민간의 한 청년 연구가인 아이자와 타다히로(相澤忠洋)가 마을들을 돌며 행상을 하면서 원시 문화의 탐구에 정열을 기울였다. 그리고 아무도 그 존재를 믿지 않았던 구석기를 발견하였다. 1946년의 일이다. 이 아이자와의 발견이 계기가 되어 1949년 이와쥬쿠 유적의 학술적인 발굴이 시작된 것이다."

아이자와에 대해서는 일본의 인터넷 자료인 '구석기 시대의 연구는 복잡기괴'(육붕사 편집부)에 상세한 내용이 나와 있다. 요약하면 다음과 같다.

그는 1926년생으로 1989년에 사망하였다. 그의 구석기 유물 발견 이전에는 1만 6천 년 이상 전의 일본은 사람이 살 수 있는 환경이 아니었다고 생각되었다. 화산 폭발로 화산재가 열도를 뒤덮었고, 이때 퇴적된 적토층이 형성되어 초목과 동물, 인간도 살 수 없는 죽음의 땅이었다는 것이다.

아이자와는 흑요석으로 만들어진 타제석기를 가지고 고고학자들을 방문하여 붉은 토양에서 발굴하였다고 설명했지만 받아들이려는 학자는 없었다. 아이자와는 도쿄까지 가서 메이지대학 학부생 세리자와 초스케(芹沢長介)에게 이 석기를 보여 주었고, 이를 계기로 같은 대학의 조교수 스기하라 소스케(杉原壮介)가 이끄는 메이지대학팀이 이와주쿠 유적의 발굴에 나서서 구석기 도구의 존재를 확인하였다. 이로써, 조몬 시대 이전에 토기를 사용하지 않은 구석기 문화가 존재하였음이 확실히 증명되었다.

그러나 이 중요한 발견에서 아이자와의 존재는 학계와 언론에서 무시되었다. 메이지대학이 작성한 발굴 보고서에서도 아이자와는 조사의 단순한 중재자로 취급되었고, 모든 업적은 발굴을 주도한 스기하라 소스케(1983년 사망)의 것으로 발표되었다.

그러나 그는 꾸준한 연구 활동을 계속하여 많은 구석기 유적들을 발견하였고, 마침내 일본에서 구석기 시대의 존재를 발견한 고고학자로 인정받아 1967년에 제1회 요시카와 에이지 문화상을 수상하였으며, 사망과 함께 일본 정부로부터 훈장을 받았다.

• 세리자와, 스기하라, 야마우치

같은 자료에 의하면 스기하라는 당시 학생 신분이었던 세리자와도 단순한 사진 촬영을 담당했다는 정도로 보고하였다고 한다. 그 후 메이지대학의 강사가 되었던 세리자와는 스기하라와 학설상의 차이 문제도 있어서 동북대학교로 옮긴다. 거기서 교수로 오래 근무하면서 업적을 쌓아 일본 구석기 연구의 제1인자급의 학자가 되었다고 한다.

그런데 최초의 구석기 유물 발굴의 공식 리더인 스기하라 교수는 왜 구석기 시대를 좁게 해석하였던가에 대한 의문이 들 수 있다. 거기에는 그의 성과를 비판하는 저명한 고고학자들의 꾸짖음도 한 원인이 되었다고 한다. 그 대표적인 사람이 야마우치 스가오(山内清男)이다. 그는 동경제국대학 인류학과 출신으로 동경대학 등에서 교수직을 역임하다 1970년에 사망하였다. 일본의 조몬 시대를 조기·전기·중기·후기·만기의 5기로 대별하는 등 조몬 시대 권위자이다. 그는 메이지대학팀의 발굴 현장에 직접 나가서 구석기가 아닌 것을 엉터리로 발굴한다며 호통을 치는 정도였다. 다른 저명한 학자들도 메이지대학 고고학 교실 창설자

고토 슈이치(後藤守一) 등에게 스기하라의 구석기를 믿어서는 안 된다며 경고하였다고 자료에 나와 있다.

반면에 일부 언론은, 야마우치가 자신의 전문 분야인 조몬토기보다 더 오래된 구석기 유물을 인정하면 자신의 연구가 퇴색되는 것을 두려워해 세리자와를 공격하였다고 비판했다. 세리자와는 예단을 배제하고 탄소14연대측정법을 통해 일본의 구석기 시대를 열었다고 그를 칭찬했다.

이러한 두 파벌의 대립은 후술하는 바와 같이 조몬토기의 기원에 대한 문제에도 격렬하게 대립한다. 어떻든 한번 구석기 시대 유물이 발견된 후 계속되어서, 일본구석기학회에 의하면 그 유적 수가 현재 일본 전국에 1만 개소를 넘는다고 한다. 이 1만이라는 숫자를 다음 사건을 읽어 본 후 다시 한 번 음미해 보기 바란다.

• 유물 날조 사건의 발각

이런 구석기 유물 발굴 러시는 21세기에 들어와 대규모로 장기간 날조되었음을 알리는 사건이 터지면서 상황이 급변하였다. 더구나 그 날조의 주범인 후지무라 신이치(藤村新一)가 세리자와 교수의 본거지인 동북대학 구석기 연구그룹의 일원이었다는 것이 충격을 더했다. 이 반전의 기막힌 스토리는 일본 인터넷 자료(위키피디아) 등에 '구석기 날조 사건'이라는 타이틀로 상세히 기록되어 있다. 이하 요약하여 보겠다.

후지무라(藤村)는 1970년대 중반부터 일본 각지의 유적에서 날조로 구석기를 발견하다가, 석기를 사전에 묻는 모습이 2000년 11월 5일자의 마이니치신문 조간에 보도됨으로써 그의 부정이 발각되었다. 이것으로 의해 일본의 구석기 시대 연구에 불신이 생기고, 그 영향이 중고교 역사 교과서는 물론 대학입시에까지 미쳤다. 일본 고고학계 최대의 불상사가 되어 해외에서도 대대적으로 보도되었다. 구석기 연구의 과학적 방법을 통한 검증이 미숙했음이 노정된 사건이었다.

발각 당시 그는 민간연구단체인 동북구석기문화연구소의 부이사장이었지만, 날조를 시작한 1970년대 후반은 구석기 연구그룹 '석기문화간담회'에 접근해 온 아마추어 고고학 애호자였다. 이 모임은 일본에서 전기 구석기의 존재 가능성을 거듭 주창한 세리자와 동북대학 교수의 문하생인 고고학자들과 재야의 고고학 애호자, 학생들로 구성된 발굴조사팀이었다.

그는 날조 발각까지 약 25년간 주위 사람들이 기대하는 석기를 기대된 오랜 지층에서 계속 발굴해 보였기에 이 그룹에서는 없어서는 안 되는 인물이 되어 '신의 손'이라고까지 불리게 되었다. 또한 이러한 고고학적 대발견을 지역 발전이나 관광으로 연결하려는 지방자치단체 관계자들에게도 당연히 환영받았다.

이런 후지무라의 발굴 성과에 의해 일본 열도의 전·중기 구석기는 1980년대 초두에는 확실한 것으로 선언되었고, 날조 발각 직전에는 일본의 구석기 시대의 시작은 아시아에서 가장 오래된 부류에 들어가는 70만 년 전까지 소급되었다.

• 날조 유적에 대한 재점검과 사후 처리

마이니치신문 보도로 그의 날조가 발각되자, 지적된 곳 외에도 그가 관련된 모든 유적에 대한 재점검이 행해졌다. 그 결과 발견된 유물의 9할이 그 자신의 손에 의해 채집되거나 발굴된 것이고, 타인의 손에 의해 발굴된 것도 그가 미리 넣어 둔 것으로 밝혀졌다. 그가 묻었던 석기는 사전에 다른 유적에서 모은 조몬 시대 즉 훨씬 후 시대의 석기가 대부분이었다고 한다. 당시 유물로서는 있을 수 없는 상흔이나 여러 번 철선으로 문댄 자국들이 그가 발굴한 많은 석기에 나 있었고, 파다 남은 날조 석기가 재발굴에서 발견되는 등 날조가 분명한 것으로 확정되었다. 이런 날조된 유적은 일본의 동북 지방에 그치지 않고 북해도나 남부 관동 지방까지 걸쳐 있었다.

그가 속했던 동북구석기문화연구소는 반성과 사과를 표명하고 날조 규명 보고서 간행이 끝나는 시점에서 해산하였다. 그리고 일본의 전·중기 구석기 유적 162개소가 인정 취소됨은 물론 국가의 사적(史蹟) 지정에서도 해제되었고, 학설의 근간이 붕괴됨으로써 일본사 검정교과서에도 석기에 관한 기술까지 말소되기에 이르렀다.

또한 중국, 한국, 북한처럼 역사 교과서 문제로 일본과 대립하던 나라들은 국내 매스컴에서 이 사건을 "일본인이 역사를 왜곡하고 있는 것이 증명되었다.", "한 연구자만의 문제가 아니라 일본인의 역사 인식 자체에 원인이 있다."라고 대대적으로 보도하였다.

• 날조 사건의 원인과 평가

후지무라의 날조가 발각되기 이전의 고고학계는 25년 동안 날조를 의심하는 견해를 배척하고 그러한 연구자들을 왕따시켰다고 한다. 그 와중에서도 비판 논문을 낸 사람은 오다 시즈오(小田靜夫) 등 소수였다고 같은 자료에는 나와 있다.

냉정하게 석기와 출토 상황을 관찰해 보면 화쇄류(火碎流) 속에서 출토되는 등 불가해하고 부자유스러운 점이 많은데, 이러한 사실을 무시해 왔다. 발굴된 석기들이 대부분 수평으로 매설된 단품으로 출토되었고, 그중에는 수십 km 떨어진 유적으로부터 발견된 석기의 절단면끼리 서로 일치하는 사례도 있었다. 발굴 성과가 나오지 않는 날이 계속되더라도 후지무라가 도착하면 다음 날부터 대발견이 있는 점, 대발견이 골든위크 중에 집중된 점 등에 대해 현장에서 의문이 제기되어도 조사나 비판이 이루어지지 않았다는 것이다.

이러한 날조 사건의 원인(原因)을 세리자와에게서 찾는 의견도 있었다. 아마추어인 아이자와가 발견했다고 들고 온 구석기를 최초로 인정한 사람이 그였고, 엉터리 아마추어이자 날조자인 후지무라가 활약을 벌인 동북구석기문화연구소의 리더가 그의 문하생이었기 때문이었다. 일부에서는 후지무라가 신의 손을 발휘하는 시기에 세리자와는 이미 말년에 가까워서 제1선에서 몸을 빼고 연구를 문하생에게 맡겼다고 그를 변호한다. 그렇지만 후지무라가 날조한 기간이 25년이나 되고 세리자와와 같은 전문가가 어설픈 날조품을 못 알아봤을 리 없을 것으로 생각하면 궁색한 변명이라고 보지 않을 수 없다.

한편 고고학 세계의 특성을 그 원인으로 들기도 한다. 즉 고고학계에 종사하는 선생과 학생 사이에는 도제제도가 강하다. 장기간에 걸쳐 유적의 발굴 작업을 같이 해야 하기 때문이다. 자기들이 발굴한 유적은 자기들의 세력 범위라고 생각하여 다른 대학이 쉽게 넘나들지 못하게 하는 분위기이다. 유적 근처에 세워진 박물관의 관장이나 연구원은 대부분 발굴한 대학의 출신자가 차지한다. 그렇기에 지도교수의 학설에 반대되는 말을 하면 외톨이가 되거나 취직하지 못하게 되는 두려움이 있다. 후지무라의 폭주를 허용하게 된 데는 이러한 도제제도, 학벌 의식, 타 대학 발굴 성과에 참견하기 어려운 풍조가 있었기 때문이라고 자료에서 말하고 있다.

그러나 필자는 이러한 견해 또한 변명에 지나지 않는다고 본다. 물론 일부 맞는 점도 있겠으나 그 원인을 집단 풍토로 돌려서는 그 사실을 애매하게 하고, 결국 미처 발견되지 못한 날조가 사실(史實)로 남아 버리기 때문이다. 같은 자료에서도 그런 우려는 사건의 진상을 규명하기 위해 설치된 전·중기구석기 문제조사연구 특별위원회의 구성과 그 활동 결과에서 벌써 나타났다고 쓰여 있다. 먼저 그 위원회의 위원장으로 토자와 미츠노리(戸沢充則) 메이지대학 교수가 취임한 것부터 세리자와 등과 한통속이라는 비난을 피할 수 없었다. 그리고 그 규명 작업도 후지무라의 자백에 의존하여 진행됐으며, 그가 제출한 날조 유적 리스트조차도 그중의 22개소가 검은 선으로 지워짐으로써 날조의 핵심은 어둠 속으로 감춰지게 되었다는 비판을 받았다고 한다.

필자는 그 자료에서 인용한 기후대학(岐阜大学) 타나카 카즈오(田中嘉津夫) 명예교수의 언급이 핵심을 찔렀다고 생각한다. 그는 이 날조 사건이 "석기의 과학적인 연대 확정을 이것이 매립된 지층의 연대 측정을 통해 이루어진다는 방법상의 약점을 파고든 것이다."라고 말하였다. 유물이 아니라 그것이 발견된 지층의 연대라는 것이다. 후 시대의 유물을 가져다 놓는 날조가 언제든지 가능했다는 말로 들린다. 과연 이런 범죄자는 후지무라 혼자만이었을까.

최초로 구석기 유물이 발견된 이와쥬크 유적과 관련하여 건립된 박물관이 2개소 있다. 발굴된 구석기 등을 전시하는 공설의 이와쥬크박물관(岩宿博物館)과 여기서 약간 떨어진 곳에 사설의 아이자와기념관(相沢忠洋記念館)이다. 공설 박물관에는 아이자와에 대한 내용은 거의 없다고 한다. 사설 기념관의 관장은 아이자와의 부인이 오랫동안 맡아 왔다. 그에 비하여 1950년생인 날조의 주범 후지무라를 검색하면 2023년 6월 현재 살아 있다고 나온다. 사건 이후 처와 이혼하였고, 손가락을 자르는 등 정신질환이 있으며 연금 생활을 하는 중이라고 한다. 고고학계의 아마추어라는 점에서 공통점이 많은 아이자와와 후지무라! 두 사람의 차이가 무엇이기에 그들의 인생 역정이 이렇게 다르게 굴러갔는지, 거기에 드러나지 않은 다른 진실은 없는지 궁금할 뿐이다.

3. 토기

• 조몬 시대에 대한 견해차

일본에서는 고대 유적의 연도를 여기에서 나오는 토기 형식과 그 지층의 층위로부터 추정된 상대 연대를 기본으로 하여 정한다고 앞에서 기술하였다. 그래서 가장 오래전인 조몬토기가 나오는 시대를 조몬 시대라고 하는데, 그것에 대한 학계의 견해차가 크다.

이 조몬토기는 일본의 홋카이도에서부터 오키나와에 이르기까지 일본의 전역에서 출토된다. 만들어진 시기도 오래되고 또한 장기간이어서, 일본이 다른 나라와 달리 고대 선사 시대를 조몬 시대라고 부를 정도의 위치를 차지하고 있다. 이렇게 토기를 기준으로 하여 정하는 연대법을 토기편년이라고 하는데, 야마우치 스가오(山內清男)에 의해 기초가 수립되었다고 나가하마(長浜浩明)는 기술하고 있다. 이 방법을 사용하면 유물들의 순서는 맞지만 구체적인 실 연대는 알 수 없다. 특히 이런 토기 양식이 지역마다 전해진 시기가 다르기에 실재 연대를 측정하는

데 한계가 있다는 것이다(나가하마 p.64).

　이런 조몬 시대에 대한 평가는 일본 학자들에 따라 극과 극을 달린다고 할 정도로 다르다. 특히 나가하마는 저서에서 저명한 역사 소설가인 시바 료타로(司馬遼太郎, 1996년 사망)에 대해 강도 높은 비난을 가하고 있다. 시바가 『가도를 간다 1, 호서의 길』(주간아사히, 1971)에서 "일본인 혈액 속의 많은 부분이 한반도를 남하하면서 대량 내포하게 되었다는 것을 부정할 수 없다. 일본인 혈액의 6할 아니 9할 이상일 수 있다(나가하마 p.1)."라고 쓰고, 1987년 케임브리지대학 특별 강연에서는 "일본 열도는 태고 이래 기원전 300년 전, 벼를 가진 보트피플이 오기까지 암흑과 같은 시대였다. 이 시대를 조몬 시대라고 한다. 문명은 교류가 있어야 발전하는데 타 문명의 영향을 받기 전까지 수렵 채집 시대가 8천 년간이나 계속되었다."라고 발설한 것을 지적하고 있는 것이다(나가하마 p.23).

　또한 야마모토 시치헤이(山本七平, 1991년 사망)가 1989년에 출판한 『일본인은 누구인가』에서 "일본인은 동아시아에서 최후진 민족이다. 수학을 예로 들면 중국인은 기원전 0년경에 대수의 초보를 풀고 있었으나 일본은 겨우 수도(水稻) 재배의 기술이 전국에 퍼지는 단계에 그쳤다. 스스로 문자도 갖지 못했고, 통일 국가도 형성하지 못한, 겨우 석기 시대로부터 탈각된 상태였다."라고 기술한 것도 문제로 삼았다(나가하마 p.27).

　그러면서 이러한 견해를 비판하는 학자로서 코야마 슈조(小山修三)를 소개하고 있다(나가하마 pp.23~24). 코야마는 『조몬학으로의 길』(NHK북, 1996)에서, "조몬인은 기술 수준이 높았고, 칠기, 토기, 직물까지 만들었다. 식물 재배도 시작하였고, 건물도 세우고, 토목 공사도 했다. 성스러운 광장을 중심으로 계획적으로 만들어진 도시가 있었고, 그런 도시의 인구도 500명을 넘었다고 생각된다. 비취나 흑요석, 식량의 교환 네트워크도 있어서 발달한 항해술로 일본해(동해)와 태평양을 왕복했다. 그 행동력은 대륙에까지 미쳤다."라고 썼다.

그렇게 주장하는 근거 중의 하나로 나가하마는 일본의 풍부한 산림자원을 들고 있다. 세계적으로 유적에서 토기가 풍부하게 출토되는 예가 별로 없는데, 그것은 여러 문명지에서 산림이 한번 벌채되면 쉽게 재생하지 못하고 민둥산이나 초원, 사막으로 변해서 토기를 굽는 데 필요한 목재를 구하지 못했기 때문이라는 것이다.

그런데 일본의 경우는 산림이 우거진 데다가 한번 벌채되어도 복원력이 빨라서 토기 굽는데 필요한 목재를 거의 무한정으로 구할 수 있었다. 그러다 보니 토기가 발달해 세계 4대 문명보다 수천 년이나 앞서게 된 것이라고 주장하였다(나가하마 p.66).

나가하마의 조몬 시대 찬양은 계속된다. 토목건축도 토야마현(富山縣)의 사쿠라정(桜町) 유적에서 4500년 전의 정교한 목조의 고상식(高床式) 건물이 출토되었고, 칠기는 2000년도에 북해도의 유적에서 약 9000년 전의 칠기가 발견되었다는 것을 예로 들고 있다. 한국은 물론이고 중국보다도 2000년 빠른 세계 최고의 칠기라는 것이다. DNA 감정 결과 거기에 사용된 칠은 일본 고유종으로 판명되었다고 한다. 이 분야에서 세계 최첨단이었다는 것이다(나가하마 p.29).

천문학이나 항해술도 발달하였다고 주장한다. 이즈제도(伊豆諸島)에서 산출된 흑요석이 멀리 떨어진 본토 조몬 유적에서 발굴되고 있는 것을 근거로 들었다. 보이지 않는 섬들을 오고 갔다는 것이므로 항해술과 함께, 별과 태양의 운행을 이해하는 천문학적 지식이 없으면 불가능하다는 것이다. 이 시대의 배로는 조몬 시대 전기(6000년 전)의 치바현(千

葉県), 후쿠이현(福井県) 등의 유적에서 출토되고 있으며, 그 대부분이 길이 6m 이상이고 직경 80cm 이상의 통나무를 파서 만든 목선이라고 한다. 이런 배를 이용해 흑요석이 여러 섬이나 대륙으로 교역되었다는 것이다(나가하마 pp.45~46).

이런 것들을 근거로 하여 나가하마는 일본인들의 조상은 세계 최첨단을 걸었던 위대한 민족이었다고 주장하면서, 이와 같은 세계적으로 크게 알려진 뉴스들을 청중들이 모를 리 없는데 시바가 벌써 수년 전에 부정된 구견(舊見)을 영국의 지일파 지식층의 앞에서 부끄러운 줄도 모르고 강연하였다고 비난하는 것이다(나가하마 p.26). 그의 이런 주장들이 타당한지 이제부터 하나씩 점검해 보도록 하겠다.

• 조몬토기

먼저 조몬토기이다. 일본 위키피디아 등과 같은 인터넷 자료에서 검색한 내용들을 우선 요약하여 보겠다.

조몬토기(縄文土器)는 오오모리(大森) 패총을 발굴한 모스(E.S. Morse)에 의해 발견된 후 일본 석기 시대를 대표하는 토기로 호칭된다. 縄紋土器라고 표기하는 경우도 있다. 이것은 조몬 즉 나와메(縄目)라고 하는 새끼줄 매듭 모양의 문양이 특징적인 토기여서 붙여진 이름으로, 일본 구석기 시대의 토기 모두가 이런 조몬이 새겨진 것은 아니다. 형태나 장식이 다채롭고, 소성 온도가 낮아서 부서지기 쉬우며 형상도 두꺼운 갈색의 토기이다. 이러한 조몬토기의 원시적인 아름다움은 소위 전통적인 일본의 미(美)와는 다른 성질의 것이어서 당초에는 미술적으로 평가받지 못했다. 그러나 1952년에 오카모토 타로(岡本太郎)가 저술한 논평 '조몬 시대 민족의 생명력'에 의해 현대 미술의 입장에서 조몬토기의 재평가와 의의 부여가 이루어졌다는 것이다.

이 조몬토기는 일본의 전역에서 출토되며, 시대나 지역에 따라 독특한 양식이 반영되어 있다. 그 양식의 변천에 따라 조몬 시대를 조기·전기·중기·후기·만기와 그 앞에 조몬 모양이 없는 초창기를 추가하여 6기로 분류하기도 한다.

이 조몬토기는 메이지대학의 고토(後藤守一)와 스기하라(杉原壯介), 세리자와(芹沢長介) 등이 1950년에 시나가와현(神奈川県) 요코스카시(横須賀市) 나쓰시마(夏島) 패총에서 조몬 시대 초창기의 것으로 보이는 토기를 발굴하면서 더욱 관심을 받았다. 그들은 같은 지층에 있었던 패각과 목탄 조각을 미국 미시간대학에 보내어 탄소연대법으로 측정하였고, 그 결과를 토대로 하여 토기가 약 9000년 전의 것으로 판명되었다고 발표하였다. 그때까지 세계 최고의 토기 연대는 6000~7000년 전이었다(나가하마 p.74).

그런데 이 세 사람 모두 구석기 날조 사건과 관계가 깊은 메이지대학 교수와 출신들이다. 더구나 정밀도를 갖추지 않았던 1950년도의 탄소연대법을 사용한 점, 특히 해양효과가 우려되는 패총 유물인 점, 정작 그 토기가 아닌 같은 지층에 있었던 패각이나 목탄 조각을 시료로 사용한 점 등, 앞으로 점검할 탄소연대법의 문제점들을 놓고 볼 때 의심 가는 점이 한두 가지가 아니다. 자세한 것은 뒤에 가서 더 따져 보도록 하겠다.

당시에도 탄소연대법의 신빙성을 믿지 않는 야마우치(山內淸男)와의 격렬한 논쟁이 뒤따랐다고 나가하마는 기술하고 있다. 야마우치는 메소포타미아에서 출현한 토기가 세계로 퍼졌다는 일원설에 근거하여 조몬토기의 시작을 약 4000년 전으로 보고 있었다고 한다. 그는 "탄소연대법은 고고학적인 연대 결정과는 달리 그 시기를 여러 방면에서 충분히 검토한 후에 이루어지는 것이 아니다. 용이 없는데 점정(點睛)하는 꼴이다. 9000년 전이라고 하는 것은 극단적인 인플레이션이다. 믿기 어렵다. 이것이 세계사를 말살하는 것이라는 소리를 들어도 할 말이 없을 것이다. 이것으로 종전부터 내려온 일종의 핫코이치우(八紘一宇) 즉 일본 중심주의가 선사 시대에까지 확대된 것이다."라고 비판하였다. 이렇게 탄소연대 측정 결과를 과소평가하는 경향은 1990년대까지 계속되었다고 나가하마는 기술하고 있다(나가하마 pp.75~76).

여기서 핫코이치우(八紘一宇)라는 것은 브리테니카 국제대백과사전에 의하면 "천하(八紘)를 하나의 집(一宇)과 같이 한다"라는 의미의 어구로서, 일본이 그 중심이 되는 천황총제론(天皇総帝論)이라고도 말한다. 『일본서기』에 나오는 문구를 해석한 것으로서, 인종·민족·종교 등의 차별 없이 세계 모든 사람이 하나의 집에서 살자는 이상을 담은, 즉 일본이 생각하는 세계 질서라고 말할 수 있다. 그러나 2차 세계대전 중에 일본의 중국이나 동남아시아 침략을 정당화하는 슬로건으로 사용되었다는 비판을 받았다.

이와 같은 일본 중심주의를 주장한 대표적인 사람 중의 하나가 후기 미토(水戸)학자 아이자와 야스시(会沢安)이다. 그의 책 『신론(新論)』에서 신주(神州) 즉 신의 땅인 일본이 "태양이 나오는 곳이고 원기(元氣)가 시작되는 곳이며 태양의 자손이 대대로 황위를 맡는 것이 영원히 변함없다. 원래부터 대지의 원수이며 만국의 중심이다."라고 주장하였다. 이런 현대 이성으로 도저히 이해할 수 없는 반 문명적인 자존망대(自尊妄大)는 원래 "중국의 못된 버릇이다. 그런 중국이 요즈음 도광양회(韜

光養晦)를 버리고 다시금 자존망대하기 시작했고, 세계는 전국 시대에 접어들고 있다. 그에 올라타 일본의 '유규한 전통' 즉 핫코이치우도 다시 꿈틀대려는 듯하다."라며 박훈 서울대 역사학부 교수가 신문 칼럼에서 우려하고 있다(동아일보, 2023. 8. 18).

그런데 나가하마는 이와 같은 9000년 전의 것보다 훨씬 오래된 1만 6000년 전 무렵의 토기가 아오모리(靑森)현 오오다이야마모토(大平山元) 유적에서 출토되었다고 기술하였다(나가하마 p.74). 너무 오래된 것으로 나와서 의문과 반발, 우려가 뒤따랐다. 그러나 시베리아 등지에서도 동 연대의 토기가 발견됨으로써 동아시아에서 비슷한 토기 문화가 확산되어 있었다는 것을 알게 된 것이다. 이런 토기의 연대 측정에 탄소연대법을 사용하였는데, 나가하마도 이 방법에 여러 가지 이론이 있다는 것은 인정하지만 그의 주장의 근거로 이 방법에 의한 측정 결과를 저서 여러 곳에서 사용하고 있다. 역시 유물·유적에서는 이 탄소연대법이 문제이다.

• 야요이토기

최초의 야요이토기(弥生土器)는 1884년에 야요이정(弥生町) 유적에서 발견되어 그 지명을 따라 야요이식 토기로 불렀다. 1920년대에는 야마우치 스가오(山內清男)가 야요이토기의 밑바닥에 벼 가루의 흔적을 발견하면서 농민의 토기라고 인정되었고, 그 후 야요이토기를 사용하는 시대를 야요이 시대라고 부르게 되었다고 한다. 이 시대를 전기·중기·후기로 구분하는 것이 일반적이다.

인터넷 자료를 검색한 바에 의하면, 당초에 조몬토기와 야요이토기를 사용하는 민족이 달랐다는 설도 있었으나 1910년대에 같은 유적의 하층에서 조몬토기, 상층에서 야요이토기가 발견됨으로써 조몬토기의 뒤를 이은 것이 야요이토기라고 생각되었다. 그 외 기본적인 설명을 요약하면 다음과 같다.

야요이토기는 녹로(轆轤)를 사용하지 않고 점토를 두드리는 방법 등으로 성형하여 가마 없이 유약을 바르지 않은 채 낮은 온도에서 구운 연질(軟質)의 토기이다. 그러나 조몬토기에 비하여 형태나 장식이 간소하고, 소성 온도가 높아서 부서지기 어렵고 두께도 얇은 옅은 적갈색의 토기이다. 조몬 시대에 끓이고 굽는 데 쓰였던 큰 접시들이 야요이토기에서는 뚜껑을 덮는 도가니로 변했고, 곡물을 보존하기 위한 병(壺)이 대량으로 만들어졌다. 높은 잔이나 옹관과 같은 특수한 도기도 야요이 문화의 일면을 나타내 보인다. 다만 이러한 특징은 시대와 지역에 따라 차이가 커서 선행하는 조몬토기나 후속하는 하지키(土師器)와의 구별이 명확한 것은 아니라고 한다.

이러한 야요이토기와 조몬토기를 적절하게 비교한 사람이 우메하라 다케시(梅原猛) 입명관대 교수이다. 그는 같은 대학의 국제일본문화센터 소장직도 겸하고 있는데, 저서『매장된 왕조－고대 이즈모의 수수께끼를 푼다』(동경:新潮文庫, 2012)에 한일 고대사에 관한 많은 내용들을 싣고 있다. 그는 여기에서, 조몬 시대의 최우수 예술 작품이라고 하면 조몬토기라고 할 수 있고, 야요이 시대의 경우에는 동탁이라고 기술하였다. 야요이토기는 조몬토기에 비해 변화가 부족하고 예술성이 희박하다. 옹관을 예로 들면 흙으로 만들었다고 믿어지지 않을 만큼 단단하다. 그렇지만 하나하나가 독자적인 형태와 문양을 갖는 조몬토기와는 달리 형태도 똑같고 문양도 없다. 즉 옹관은 기술적으로는 훌륭한 제품이지만 예술품으로는 볼 수 없다는 것이 그의 생각이다(우메하라 다케시, 전게서[3], p.187).

한편 나가하마와 같은 일부 학자들은 이 야요이토기에 대해서도 통설과 다른 주장을 하고 있다. 나가하마는, 한반도의 선사 시대로부터 신라 시대까지의 매장 유물·유적의 전문가인 아리미츠 쿄이치(有光教一, 2011년 사망)가 '중앙공론 역사와 인물'(1975. 6)의 좌담회에서 "한반도의 남부에는 일본의 야요이식 토기와 거기에 수반하는 석기와 유사물이 상당히 농후하게 분포하고 있고, 이런 문화가 일본으로 왔다."라고 말하고 있는 것에 대해 이런 주장은 매우 불합리하다고 반박하고 있다. 그러면서 고고학자는 일본에서 한반도계 토기가 발견되면 한반도계 도래인이 가지고 왔다고 판단하는데, 반대로 많은 일본인이 반도 남부에 진출하여 살았다고 생각하면 되는 것 아닌가라며 강변한다(나가하마 pp.95~96).

또한 나가하마는 이런 설을 후지타 켄지(藤田憲司)의 견해를 인용하여 반박한다. 문제의 야마구치현의 도이가하마(土井ヶ浜) 유적에서 발굴된 인골의 평균 신장이 조몬인들보다 커서 도래인의 것으로 생각되어 왔는데, 이들의 장신구가 종자도 이남의 바다에서만 채취되는 조개로 만들어진 팔찌나 반지, 경옥제의 구옥, 유리 소옥 등이어서 이 유골들은 북규슈에서 온 사람들의 것이라는 주장이다. 그 사람들이 대륙에서 온 사람들이라면 대륙의 토기가 나와야 하는데, 북규슈에서 만들어진 야요이 토기가 출토되었다는 것도 반박 근거로 내세우고 있다(나가하마 p.91).

---

[3] "우메하라 다케시, 전게서", 이후 "우메하라"로 명기함

그러면 여기에서 일본 인터넷 자료(위키피디아)에는 어떠한 입장으로 기술되어 있는지를 알아보자. 자료는 처음부터, 최초기의 야요이토기는 수전도작 기술과 함께 한반도로부터 전래한 토기 제작 기술에 의해 성립하였다고 분명히 밝히고 있다. 무문토기의 특징이 반영되어 있지만 약간의 차이도 있다고 하면서, 그 성립에는 조몬토기와 무문토기 양방의 영향이 있었을 것이라고 기술한 것이다. 이것이 일본의 공식적, 통설적 견해에 가깝다고 생각한다.

야요이토기 성립 이후 시간이 지나면서, 한반도의 토기는 청동기 시대 후기에 가마 소성이 시작되고, 삼국 시대에는 삼족기(三足器) 등의 새로운 기종이 제작되는 등 중국의 영향을 받아서 제작 기법이나 생산체제가 변화했다고 설명한다. 반면에 일본에서는 중기부터 후기에 걸쳐서 낙랑계와 삼한계의 토기가 유입되었지만, 그런 영향은 야요이토기에는 미치지 않았고 재래 기술을 독자적으로 발전시켜 왔다고 기술하고 있다.

그런데 신경이 쓰이는 것은, 야요이 시대 중기에 한반도 남부에서도 야요이 계통의 토기가 생산되었던 것으로 보여서, 야요이인의 이주·정착이 있었을 가능성을 지적하고 있다는 점이다. 마치 초기의 한반도로부터의 영향은 온데간데없어지고, 야요이토기가 오히려 한반도로 유입되었을 가능성만 강조될 소지가 여기서 생긴다. 실제 제1장에서 살펴본 바와 같이 일본인 단일민족설을 지지하는 나가하마와 같은 사람들은 야요이토기가 출토되는 한반도의 유적이 조몬 유적이고(나가하마 p.47), 더 비약하여 조몬인이 일본인과 한국인의 조상이었다고 책의 부제에까지 쓰고 있다. 그들이 학교에서 배웠던 '야요이토기는 도래인의 토기'라는 통설이 잘못됐다고 부정하는 근거로 이 한반도 생산 일본 계통 토기를 제시하고 있는 것이 문제이다(나가하마 p.49).

재일 사학자인 김달수(金達壽, 1997년 사망)는 좌담회 편찬서(이하 좌담회1이라고 함)인 『고대 일본과 조선』(김달수 외 2인, 동경:中公文庫, 1982)에서 야요이 문화가 남조선으로부터 들어왔다는 것이 최근 명확하게 밝혀졌다고 말하는데(김달수 외, 전게서[4], pp.147~148), 나가하마는 그런 도래설을 부정하는 차원을 넘어 조몬인 진출 나아가 조몬 문화 기원설을 주장하고 있는 것이다. 이렇게 의견이 극명하게 엇갈리게 된 원인 중의 하나가 한국의 동삼동 패총과 늑도 등에서 발굴된 토기에 대한 해석이 서로 다르기 때문이다. 이에 대해 자세히 살펴보자.

• 동삼동 패총과 늑도 유적

먼저 나가하마의 주장을 요약하면 다음과 같다(나가하마 pp.46~47).

한국의 경상남도와 부산광역시에서 최근 연이어 일본 열도에서 조몬시대인이 넘어온 흔적이 발견되었다. 동삼동(東三洞) 패총에서는 대량의 조몬토기와 규슈산 흑요석이 출토되었다. 한반도에는 독자의 토기가 따로 있었으므로 그곳에 출토되는 조몬토기는 조몬인이 왔었다는 확실한 증거이지 않겠는가. 한반도에서는 어구류나 수렵 용구에 사용되는 흑요석이 산출되지 않는다. 그래서 NHK의 '먼 여행4'에서는 조몬인이 귀중한 흑요석을 가지고 한반도에 교역하려 온 것으로 설명하였다.
그러나 그런 무거운 조몬토기를 목선에 대량으로 싣고 도항했다고는 생각할 수 없다. 장기간에 걸쳐 조몬인들이 반도 남부에 생활하면서 토기를 만들었기에 대량으로 발견될 수 있는 것이다. 아사히신문도 〈발굴

---

[4] "김달수 외, 전게서", 이후 "김달수 외"로 명기함

된 일본열도 2007〉(문화청편)에서 "동삼동 패총에서 출토된 조몬토기는 형태와 문양이 규슈에서 발굴된 것과 미묘하게 다른 것을 알게 되었다. 이건 규슈에서 온 조몬인이 장기 체류하면서 만들었거나 그다음 세대가 만들었기에 그렇지 않은가 싶다."라고 보도하였다. 그렇다면 동삼동 패총은 7천 년 전에서 3천 년 전에 걸친 조몬 유적이라고까지 말할 수 있다.

또한 2001년의 NHK 스페셜에서 "경상남도의 사천시에 늑도(勒島) 유적에서 3천에서 2천 년경의 일본 열도에서 온 사람들의 토기 즉 조몬토기와 야요이토기가 발굴되었다."라고 보도하였다. 규슈의 사람들이 반도 남부의 여러 지역에 뿌리를 내리고 교역에 종사하였다고 주장하지 않을 수 없다.

그러면 여기서 동삼동 패총에 대해 『한국민족문화백과대사전』 자료를 요약해 보자.

이 패총은 부산광역시 영도구에 있는 조개더미 유적으로, 한반도 남해안 일대 신석기 시대의 조개더미로서는 규모가 가장 크고 또 여러 문화층이 겹쳐 있음이 밝혀졌으며, 우리나라 남해안 지방의 신석기 시대 문화를 연구하는 데 매우 중요한 유적으로 간주되고 있다. 1979년에 사적으로 지정되었다. 1930년 일본인 요코야마(橫山將三郎)와 오이카와(及川民次郎) 등에 의해 부분적으로 발굴되었다. 그리고 1963~1964년에 미국 위스콘신대학의 모어(Mohr, A.) 및 샘플(Sample, L.L.)에 의해 시굴이 행해졌다. 본격적인 발굴 조사는 1969~1971년까지 3년간에 걸쳐 국립중앙박물관에서 실시했으며, 2004년과 2005년에 1차와 2차 발굴 보고서가 발간되었다.

이 유적의 층위는 3~5개 층으로 형성되었는데, 각층에는 시기를 달리한 선사 시대 유물이 포함되어 있었다. 출토 유물로는 토기·석기·골각기(骨角器)·패기(貝器) 등이 비교적 풍부하게 있으며, 유구(遺構)와 함께 노지(爐址)와 분묘로 보이는 적석시설이 발견되었다.

그중 토기로는 둥근바닥(圓底)·납작바닥(平底)의 원시민무늬토기·세선돋을무늬토기(細線隆起文土器)·압날문토기(押捺文土器)처럼 가장 이른 시기인 신석기 시대 전기로 편년이 되는 것들과 함께, 빗살무늬토기(櫛文土器)와 돋을무늬토기(隆起文土器)가 많이 출토되었다. 그중에서 전형적인 빗살무늬토기는 이 유적에서는 가장 대표적인 토기 중의 하나로서, 시기는 신석기 시대 중기가 주류를 이루고 있다.

그리고 석기는 규질암제(硅質岩製) 반간돌도끼(半磨製石斧), 간삼각형돌살촉 등과 함께, 흑요석(黑曜石製)으로 만든 석기가 발굴되었다. 골각기는 골침·골촉·조침(釣針)·시문구(施文具) 등이 출토되었다.

이 유적의 연대는 신석기 시대 거의 전 기간에 걸쳐 있는 것으로 여겨진다. 1999년 부산박물관 조사에서는 방사성탄소연대 측정 등을 통해 BC 6000년~BC 2000년 사이에 형성된 것으로 밝혀졌다.

이 자료에서도 출토된 유물 중 융기문토기는 일본의 조몬토기와의 관련성이 주목되고 있으며, 일본산 흑요석으로 만든 석기는 일본과의 교류 관계를 알려주는 중요한 유적이라고 기술하고 있다. 그러나 어디까지나 빗살무늬토기가 주류이고, 조몬토기와 관련 있는 토기와 흑요석제 석기는 많은 유물 중 일부에 불과하다. 나가하마가 이 패총을 조몬 유적이라고까지 하는 것은 터무니없다고 말하지 않을 수 없다.

동삼동 패총에서 나온 융기문토기와 일본의 조몬토기와의 관련성에 대해서는 임효재 서울대학교 인문대학 교수의 논문 〈신석기시대의 한·일 문화교류〉에 흥미로운 내용이 있어서 요약하여 소개한다.

임 교수는 융기문토기에 대한 관심은 1932년에 동삼동 패총을 최초로 조사한 일본인 학자 오이가와 타미지로(及川民次郞)에 의해 비롯되었다고 보고 있다. 그 후 여러 학자의 연구와 다른 유적에서의 융기문토기 발견으로 융기문토기는 빗살무늬토기보다 아래층인 최하층의 주체를 이루는 것으로 밝혀지고, 편년적 위치가 설정되었다. 이를 통해 융기문토기가 최고(最古) 단계의 토기임이 밝혀지자 융기문토기의 발생 문제는 한국 신석기 시대의 기원 문제와도 결부되어 학계의 새로운 관심거리로 부각하게 되었다는 것이다.

그런데 한국의 유적들에서 나온 융기문토기와 일본 조몬 시대 초창기의 융기문토기와는 방사선탄소 연대에 있어 양자 간에 5천 년 이상의 시간적 간격이 있기 때문에, 하야시 켄사쿠(林謙作, 2010년 사망)가 지적했듯이 그 직접적인 관련성을 논하기는 어렵다고 임 교수는 판정하였다.

다음으로 한국의 융기문토기와 일본 조몬전기 굉식토기와의 관련 문제는 탄소연대가 서로 비슷한 점에서 규슈에서 한반도로의 유입 기원설을 주장하는 학자들이 있으나 이들의 논거는 허약하다고 보았다. 왜냐하면 그 연대상으로 양양 오산리 융기문토기가 일본 측보다 500~600년 선행하고 있을 뿐만 아니라, 양자 간에는 융기문이라는 공통성 이외에는 사카타 쿠니히로(坂田邦洋) 교수가 지적하였듯이 기형(器形), 성형기법은 물론 문양에 있어서 커다란 차이를 보이기 때문이라는 것이다.

임효재 교수는 결론으로서 일본이나 한국 모두 이러한 융기문토기에 관한 체계적인 기초 연구가 필요하다고 주장하였다. 그러한 진전이 없는 상태에서 양자 간의 관계를 막연히 관계 짓는 것은 우스꽝스러운 결과를 초래하기 마련이라는 이유에서였다.

필자도 임효재 교수의 견해가 객관적으로 잘 정리되었다고 생각한다. 5천 년 이상의 시간적 간격이 있기 때문에 직접적인 관련성을 인정하지 않는다는 하야시(林謙作)의 과학적 학문 자세에 새삼 경의를 표하고 싶다. 임 교수의 지적대로 앞으로 더 많은 유적 발굴과 연구로 데이터가 축적되어야 할 것으로 보인다. 여기서 말이 나온 양양 오산리 유적에 대한 인터넷 자료를 요약하여 소개한다.

오산리 유적은 강원도 양양군 손양면 오산리에 있는 한반도 최고(最古)의 신석기 시대 집터 유적이다. 1997년 4월 18일 사적으로 지정되었다. 호숫가 모래 언덕에 위치한 유적으로, 총 6차례의 발굴에서 3개의 신석기 문화층과 1개의 청동기 문화층이 확인되었다. 1문화층에서 덧무늬 토기, 아가리가 넓은 평저형 누른무늬토기와 함께 다량의 이음낚시와 그물추, 돌도끼, 돌칼, 돌화살촉, 추형석기, 흑요석 등이 나왔다. 2문화층에서는 납작바닥 민무늬토기와 토제인면상이, 3문화층에서는 중서부 지방의 전형적인 뾰족바닥형 빗살무늬토기편과 다량의 그물추 등이 발견되었다. 오산리에서는 주로 어로와 채집을 통해 생활했던 것으로 추측되며, 연대 측정 결과 약 8000년 전 우리나라 신석기 시대를 대표하는 유적이다.

한편 임효재 교수는 일본 북규슈에서 일부 발견되는 고대 한반도 계통 토기에 대해서도 설명하고 있다. 즉 중전식토기(曽畑式土器)는 쿠마모토현(熊本県) 우토시(宇土市)의 중전패총(曽畑貝塚)에서 최초 출토된 토기인데, 한국 신석기 시대의 주류를 이루는 빗살무늬토기와의 관련성에 대해서 비교적 일찍부터 주목되어 왔다고 말한다. 일본 내에서 이 토기의 분포가 규슈 지역을 중심으로 독자 문화권을 형성하고 있었고, 일본 조몬토기 문화 전통과의 이질성이 강했기 때문에 이 토기의 원류로서 한반도가 지목되었다.

특히 한국의 즐목문토기와는 표면의 모양뿐만 아니라 점토에 활석을 섞는 점 등이 공통이어서 즐목문토기의 영향을 직접 받은 것으로 여겨졌다. 임 교수는 한국의 빗살무늬토기 문화인이 바다를 건너 도래하자 일본의 굉식토기(轟式土器) 등 재래 도기인들이 이를 모방하여 만든 것이 증전식토기라는 스기무라 쇼이치(杉村彰一)의 견해를 인용하면서, 이런 그의 한반도 유래설은 설득력 있는 것으로 여러 학자들에 의해서 받아들여졌다고 기술하였다.

일찍이 미카미 쓰기오(三上次男, 1987년 사망)도 또 다른 좌담회 편찬서(이하 좌담회2라고 함)인 『일본의 조선 문화』(우에다 마사아키 외 2인, 동경:중공문고, 1982)에서 "조선의 신석기 시대 토기의 가장 큰 특색은 즐목문이라는 즐(櫛) 모양에 있다. 이것과 비슷한 조몬토기가 북규슈에서 나왔다. 즉 북규슈 카라츠(唐津)의 해중 유적이라든가 오키섬(沖の島)에서의 증전식토기(曽畑式土器) 유적에서 나온 것이다."라고 말하면서 한반도로부터의 영향 가능성을 제기한 바 있다(우에다 외, 전게서[5], p.177).

한편 나가하마가 언급한 늑도에 관한 인터넷 검색 자료도 요약해 보았다.

늑도 유적은 한국에서 사적 제450호로 지정되었다. 늑도(勒島)는 사

---

5) "우에다 외, 전게서", 이후 "우에다 외"로 명기함

천시 삼천포항과 남해군 창선도 사이에 위치한 조그마한 섬으로 섬 전체에 대규모의 유적이 형성되어 있다. 이 유적은 1979년부터 부산대학교 박물관의 지표 조사를 통해 그 존재가 알려졌으며, 1985년부터 2001년 12월까지 경남고고학연구소, 부산대학교 박물관, 동아대학교 박물관에서 발굴 조사를 실시하였다.

그 결과 패총과 무덤 유구, 주거지 등과 함께 각종 토기류(중국계 경질토기, 일본계 야요이토기, 점토대 토기 등), 반량전, 오수전, 한(漢)나라 거울 등 13,000여 점의 유물이 출토되었다. 이것으로 볼 때 이 유적은 섬 전체가 청동기 시대에서 삼한 시대로 이어지는 단계의 우리나라 최대 규모의 유적이다.

한편 여기에서 우리나라 가장 오래된 판석(넓적한 돌)으로 조립한 터널형 온돌 시설이 발견됐다. 또한 30cm가량의 둥근고리칼(環頭刀)이 바닥에 꽂힌 채로 출토되었다. 늑도가 철기 시대 국제무역항으로서 중국-한반도-일본 열도를 잇는 동아시아 교역의 중심적인 역할을 수행한 것으로 확인되었다.

늑도에서 한반도 문화의 상징인 온돌과 환두도가 나오는 점과 늑도가 국제무역항 기능을 하는 섬이었다는 것을 놓고 보면, 규슈 사람들이 교역하기 위해 늑도에서 일부 거주할 수는 있었다고 생각한다. 그러나 그 정도까지가 타당한 것이고 나가하마의 조몬 유적설처럼 확대 해석하는 주장은 배격되어야 할 것이다.

• 하지키와 스에키

야요이 시대를 뒤잇는 고분 시대에는 하지키와 스에키가 대표적인 토기로서 만들어진다. 먼저 하지키(土師器)는 일본 고분 시대에 사용된 적갈색 토기를 일컫는다. 연질로 약하지만 열을 견디는 힘은 강하다. 제작과정에 회전력이 강한 녹로를 사용하지 않고, 산화염(酸化焰, 겉불꽃) 소성이 가능한 것이 특징이다.

한반도에서도 하지키가 출토되는데 일본에서 제작되어 수입된 것과 한반도에서 제작된 것으로 구분된다. 한반도에서 만들어지는 하지키계 토기는 재지화(在地化)되어 형태적인 특징과 마연, 깎기 등 기법의 관찰을 통해 하지키와 구별이 가능하다(『한국고고학사전』, 하승철). 즉 야요이 토기와는 다르게 한국 측의 인터넷 자료에서도 하지키는 일본 기원으로 설명하고 있다. 일본의 인터넷 검색 내용을 좀 더 요약하면 다음과 같다.

하지키는 스에키(須恵器)와 동시대에 병행하여 만들어졌지만, 실용품으로서 스에키에 비해 격이 떨어지는 것으로 여겨졌다.

하지키로서 많이 생산된 것은 옹과 같은 저장용구였지만 잔(高杯)·주발(椀) 등의 일상 식기와 제사 용구나 부장품(副葬品)으로서 많이 사용되어 제사 유적이나 고분에서 출토된다. 갖가지 인물이나 동물·기물(器物) 등을 만들어 거대한 봉토분 주변에 둘러놓은 하니와(埴輪)도 하지키의 일종이다.

9세기 이후에는 하지키 공인집단과 스에키 공인집단과의 교류가 활발하게 되어 녹로를 사용한 하지키의 경우처럼 양자 중간 양식의 토기가 많이 만들어졌다.

이런 하지키에 비하여 스에키는 일본에서 제작된 환원염(還元焰, 속불꽃) 소성의 경질 도기를 말한다. 미카미 쓰기오(三上次男) 등이 좌담회2에서 말한 바에 의하면 4, 5세기경에 한국에서 도래한 사람들로부터 배웠다는 것이 일반적인 견해이다(우에다 외 p.190). 그것은 일본에서 녹로를 사용하고 요에 넣어 구운 최초의 도기이기 때문이다. 이러한 고온의 생산 기술은 중국 강남 지방에서 시작하여 한반도로 전해졌고, 그것이 다시 일본 열도에 전해졌다는 것이다. 코야마 슈조(小山修三)는 같은 좌담회2에서 당시의 한국은 선진국이고 선생이며 은인이었다고 말하기도 하였다(우에다 외 p.193).

일본의 인터넷 자료(위키피디아)에도, 『일본서기』에는 백제 등에서 온 도래인이 제작하였다는 기술이 있고, 11대 수인천황(垂仁天皇, 스이닌덴노) 때에 신라 왕자 천일모(天日矛) 즉 천일창과 그의 종자로서 스에키의 공인이 왔었다고 기술되어 있다. 그 외의 검색 내용을 요약하면 다음과 같다.

스에키(須惠器)는 고분 시대 중기로부터 헤이안 시대에 걸쳐 일본에서 생산된 도질토기(陶質土器)로서 청회색으로 단단하다. 동시대의 하지키와는 색과 질에서 명료하게 구분이 되지만, 일부 중간적인 것도 있다.
이 스에키라는 명칭은 헤이안 시대에는 陶器로 쓰고 스에모노(すえもの) 등으로 읽었지만, 여러 도기들과의 혼란을 피하기 위해 고고학 용어로서 스에키(須惠器)라는 이름을 고안해서 일반화한 것이다. 나라 시대의 승려였던 교키(行基)가 여러 곳을 방문하면서 도예 기술을 가르쳤다는 전승으로부터 교키야키(行基燒)라는 별명도 있다.
그 제작 방법의 변화가 매우 흥미롭다. 즉 조몬토기로부터 하지키까지의 토기는 일본 열도 고래의 기법인 윤적(輪積み) 즉 점토를 둥근 띠 모양으로 만들어 포개 올리는 방법으로 성형하여, 지면에 놓고 장작 등을 얹어 굽는(野燒き) 방법으로 만들었다. 이렇게 하면 소성온도가

800~900도 정도에 그쳐 강도가 그다지 높지 않았다. 또한 산소가 충분히 공급되는 산화염(酸化焰) 소성이었기 때문에 표면이 적색이었다. 이것에 비해 스에키는 녹로를 사용해 성형을 하고, 언덕의 사면을 파고 그 위를 흙으로 덮은 터널형의 가마(窖窯)에서 1,100도 이상의 고온으로 굽는 방법으로 종래의 토기를 뛰어넘는 강도를 얻었다. 밀폐된 가마 속에는 산소의 공급이 부족하지만 고열에 의해 연소가 진행된다. 산소가 충분하다면 연료에서 이산화탄소와 물이 발생하지만, 산소가 부족하므로 일산화탄소와 수소가 발생한다. 이것이 점토의 성분에 있는 산화물로부터 산소를 빼앗으면서 이산화탄소와 물이 된다. 스에키의 특징이 되는 청회색은 점토 중의 붉은 산화제2철이 환원되어 산화제1철로 변질하면서 나타나게 되었다는 것이다.

고고학적으로는 5세기 전반 단계의 도자기 가마 유적에서 스에키가 발견되기 시작하였다. 일본에서 가장 오래된 스에키 생산 장소(窯跡)가 후쿠오카현 지방에 약 2천 개소 정도 집중적으로 존재하고 있어 이를 합해 아사쿠라요적군(朝倉窯跡群)이라고 총칭하고 있다. 서일본에서는 스에키, 동일본에서는 하지키가 우세하였다. 앞의 좌담회1에서 재일 역사학자 정조문(鄭詔文, 1989년 사망)은 구마모토현의 유명한 후나야마(船山) 고분에서 5세기 후반 무렵의 은상감명(銀象嵌銘)이 들어간 태도(太刀)와 신라 시대의 모자(冠), 귀고리와 함께 스에키가 나왔다고 말하였다(김달수 외 p.150). 이러한 규슈의 스에키 양식은 완전히 신라를 본뜬 것으로, 지금은 스에키라고 부르지만, 메이지 시대까지는 조선토기라고 불렀다는 것이다(김달수 외 p.62).

토기에 대한 설명을 마치면서 이러한 하지키나 스에키 이후에 한국이나 일본의 도자기는 어떻게 발전해 갔는가에 관한 문헌상의 기록을 소개하고자 한다.

먼저 스에키의 모태가 되는 한국의 도자기는 더욱 발전하여 삼국 시대에 이미 전체를 유약으로 칠한 도자기가 나왔고, 8세기가 되면 훌륭한 녹유인화문(綠釉印花文)의 큰 병(大壺)이 만들어졌다. 그리고 고려 시대에 마침내 청자의 출현을 보게 된다. 이러한 고려청자를 일본에서는 중국 송대의 청자를 흉내 낸 것이라고 말하곤 하지만, 이와 같은 통일신라의 녹유(綠釉)의 도자기가 고려에 와서 완성되어 가는 중에 송의 기법도 가미된 것이다. 그리고 이조에 들어 조선의 풍토에 맞는 도자기 즉 이조백자가 생겨났다고 정조문은 말하고 있다(김달수 외 p.149).

한편 일본의 경우는 도예연구가인 이케다 추이치(池田忠一), 나가타케 타케시(永竹威)가 같은 좌담회1에서 한 발언 내용이 참고가 된다. 즉 가마쿠라 시대 말기인 1280년경에 카토 시로자에몽(加藤四郎左衛門)이라는 사람이 카라츠야키(唐津燒)를 시작했다고 문헌에 나와 있다. 이때가 마침 왜구가 고려를 침공한 시기이다. 그래서 이때도 임진왜란 때와 같이 고려로부터 도공을 끌고 왔지 않았나 생각한다는 것이다(김달수 외 p.148).

임진왜란 때의 도공 납치라는 만행과 그 이후의 행적은 한국인에게도 많이 알려져 있고 고대사도 아니기 때문에 여기에서 자세한 언급은 하지 않겠다. 다만 히데요시가 임진왜란을 도자기 전쟁이라고 말했다는 것처럼, 이 전쟁에서 대명들은 경쟁하여 도공들을 납치하였는데 그 규모가 상상 이상으로 컸다. 도공 개인이나 가족 단위가 아니라 수십 개의 마을을 통째로 규슈로 이주시켰다고 보아야 할 정도였다. 그 결과 이들이 생산한 자기들에 의해 일본은 산업 혁명을 맞게 되었다고 일본 문헌 속에서 전문가들은 말하고 있다.

일본에서 도자기라고 하면 최근까지 세토모노(瀨戶物)와 카라츠모노(唐津物)로 나누어져 있는데, 그중에서 카라츠의 생산품이 서일본 도자기의 상징적인 총칭으로서 한국인의 감정이나 체취가 남겨져 있다는 평가를 받는 것은 그런 연유 때문이라고 말해진다(김달수 외 pp.157~173).

4. 도작 유적

• 도작의 일본 전파 루트

도작(稻作) 즉 벼 재배는 주로 북위 50도에서부터 남위 35도에 이르는 세계 각지에서 행해지고, 그 생산의 약 90%를 아시아가 점유한다. 벼의 재배는 논(水田)과 밭이 이용되며 각자의 환경과 수요에 따른 품종이 사용되고 있다. 논에서의 재배를 수도(水稻), 밭에서의 재배를 육도(陸稻)라고 한다. 한일 고대사에서 야요이 시대가 한반도 도래인에 의해 이루어졌는가의 판정은 앞에서 살펴본 야요이토기와 함께 수도 경작 여부가 중요한 관건이 되어 왔다.

최근까지 일본에서 벼 재배 즉 도작(稻作)이 시작된 것은 야요이 시대의 초기, 연대로 따지면 기원전 4~5세기 즉 약 2,500년 전으로 추정해 왔다. 시바 료타로(司馬遼太郞)는 월간 『문예춘추』 권두 에세이 모음집인 『이 국가의 형태2』(1993)에서 "기원전 334년에 월이 초에 의해 멸망한 후 그 유민이 한반도를 거쳐 대한해협을 건너 규슈로 도해해 수전에 의한 도작을 전하지 않았을까. 연대가 부합한다."라고 말하였다(나가하마 pp.52~53).

그래서 2004년도 당시 일본에서 가장 많이 채용되고 있는 문무과학성

검정 소학교 6학년의 역사 교과서 『신편 새로운 사회6상』(동경서적)에 "후쿠오카시 이타츠케(板付) 유적은 수전 흔적으로 유명하다. 지금으로부터 2,300년 전의 것으로, 이 시대를 야요이 시대라고 합니다."라고 기술하고 있다.

그런데 나가하마는 이런 교과서는 벼 재배 기술이 주로 한반도로부터 이주한 사람들에 의해 전해졌고 일본 전역으로 넓게 퍼져 나간 것으로 오판할 수 있는 내용으로 되어 문제라고 지적한다. 심지어는, 이 교과서의 집필자 40명이 교수들이고 그 대표가 사사키 타케시(佐々木毅) 동경대학 총장인데 모두 거짓말을 하였다고 비난하고 있다(나가하마 pp.34~35).

한편 우메하라는 지금까지 기원전 5세기부터 기원후 3세기까지의 약 8백 년간으로 생각된 야요이 시대가 방사선탄소연대법과 연륜(年輪)연대법으로 그 시작이 통설보다 5백 년 정도 거슬러 올라가, 기원전 10세기경에는 이미 도작 농업이 일본에서 행해졌다고 생각한다고 말하고 있다. 그렇다면 일본으로 도작이 전해진 것은 춘추전국 시대가 아닌 서주(西周) 시대가 될 것으로 보았다(우메하라 p.170).

그래서 일본의 인터넷 자료(위키피디아)를 보면 2016년에 농림수산성은 근년의 연구 성과로부터, 일본에서는 조몬 시대 만기(약 3000~4000년 전)에 중국 전래의 수전도작(水田稻作)이 행해져 왔을 가능성이 높다고 공표한 것으로 나와 있다.

그런데 중국 전래라고 하면 좀 애매하다고 하지 않을 수 없다. 도작의 일본 본토로의 전파 경로를 좀 더 살펴보기로 하자.

같은 인터넷 자료에서는 한반도 경유설, 강남설(직접 루트), 남방 경유설이 나와 있다. 2001년 당시 사하라 마코토(佐原眞, 2002년 사망) 고고학 교수는 "현재로서는 한반도 남부에서 북규슈로 전래하였다는 해석이 일본의 모든 야요이 연구자, 한국 고고학 연구자에게 공유되고 있다." 즉 유력하다고 하면서, 농학자인 사토 요이치로(佐藤洋一郎) 등의 최근 주장은 소수 의견이라고 기술하였다. 그러면 당시 사토의 주장은 어떠했는지 알아보기로 한다.

나가하마는 사토가 벼의 DNA 분석에 의한 연구를 통해 수전도작이 중국에서 일본에 직접 전래되었다는 결론을 내렸다고 기술하고 있다. 그것은 일본에서 재배되는 자포니카 벼의 유전자 중 일부가 한반도나 중국 동북부 지역에서는 존재하지 않는다는 것과 일본보다 빠른 수전경작의 유적이 한반도에서 발견되지 않았다는 것을 근거로 하고 있다(나가하마 pp.59~60).

그런데 한일 양국의 다른 학자들도 한반도 경유설을 취하고 있다. 조법종(趙法鐘)은 야요이 조기의 도작은 한국 송국리(松菊里) 문화에서 유래한 수도농경, 관개 농경기술, 농경도구, 쌀의 입형(粒形), 작물조성(作物組成) 및 문화 요소 전반에 걸쳐서 한반도 남부로부터 전래한 것이고, 이런 한반도 전래설은 한일 양국에서 공통된 견해라고 같은 자료(위키피디아)에서는 기술하고 있다.

분자인류학자인 사키타니 미츠루(崎谷満)와 이케하시 히로시(池橋宏, 1936년 출생)도 20세기에는 남방경유설 등 3가지 설이 있었으나 21세기에 들어 고고학의 방대한 성과와 한반도의 고고학적 진척으로 인해 도작 도래민이 한반도 남부로부터 왔다는 것은 전혀 이론의 여지가 없을 정도로 명확하게 되었다고 주장한다는 것이다.

그런데도 나가하마는 북규슈에서 대륙계의 마을이나 토기, 생활용구가 출토되었단 얘기를 들은 적이 없다는 이유로, 이 수전을 만든 주체도 일본 열도 재래의 조몬인에 의한 것이라고 주장한다. 그렇지만 고고학자인 쓰보이 키요타리(坪井淸足, 2016년 사망)는 "야요이 시대에 규슈에서 출토된 농기구들은 조몬 시대의 석기와 아주 달랐다. 중국, 조선의 신석기 시대에 만들어진 것과 동일한 것이다."라고 말하고 있다(김달수 외 p.188).

또한 카미가이토 켄이치(上垣外憲一, 1948년 출생) 제총산(帝塚山)학원대학 교수도 그의 저서 『왜인과 한인 – 기기(記紀)로부터 읽는 고대교류사』(동경:講談社, 2003)에서, 북규슈에서 최고 오래된 도작 유적이 발견되고, 게다가 수리나 농기구 등에서 최초이면서도 기술적으로 완성된 형태가 나타난 것으로 보아 이미 도작에 숙련된 사람들의 집단적으로 도래하여 수전을 만들었다고 볼 수밖에 없다고 말하고 있다(카미가이토 켄이치, 전게서[6], p.18). 이렇게 심한 견해의 차이는 도대체 어디에서부터 나오는 것인가.

• 이타츠케 유적과 나바타케 유적

그러면 말이 나온 이타츠케와 나바타케 두 유적에 대해서 살펴보기로 한다.

후쿠오카시 하카타구(博多区)에 있는 이타츠케(板付) 유적으로부터 1916년에 야요이 전기 말의 옹관과 세형동검 3본, 동모(銅矛) 3본을 부장한 분구묘가 발견되었다. 그런데 1978년에 그 하층의 1구획에서 400㎡

---

6) "카미가이토 켄이치, 전게서", 이후 "카미가이토"로 명기함

정도의 수전 흔적이 발굴되었으나 정설을 뒤엎을 자신이 없었다고 한다.

그리고 2년 후에 카라츠시(唐津市)의 나바타케(菜畑) 유적에서 관개 시설을 함께 갖춘 수전도작 흔적이 발견되고, 거기에 사용된 생활 도구나 토기의 전부가 조몬 문화에서 유래한 것임이 밝혀졌다고 나가하마는 말하고 있다. 토기문화가 다른 도래인이 일부러 조몬토기를 만들었다고 생각할 수 없으므로 이 일본 최고의 수전이 조몬인에 의해 개발되었다는 것이 분명하다는 것이다. 이 최고의 수전은 1구획이 4×7m 정도였고 전체 규모도 작았지만, 토목 기술이 높았고 현재와 비교해도 손색이 없다고 그는 평가하였다(나가하마 pp.49~51).

카라츠시의 홈페이지를 살펴보았다. 거기에서는, "나바타케 유적에서 출토된 수많은 농기구는 일본의 벼 재배의 기원이 조몬 시대 만기 후반까지 올라간다는 것을 명확히 했다. 이타츠케 유적 발견에서 반신반의 했던 사람들도 이 나바타케 유적의 조몬 시대 수전을 인정하지 않을 수 없었다. 탄화미(炭化米)와 석부(石斧) 등 석기를 시작으로 농기구와 벼 외에도 콩과 메밀, 보리 등의 곡물류와 멜론, 복숭아, 밤 등의 과실과 뿌리 채소 등을 재배했던 것으로 판명되었다. 의식에 사용된 형태인 채로 여러 마리의 돼지 뼈가 출토되어서 돼지가 가축화된 것을 뒷받침했다. 이것으로 일본이 농업의 원점인 것이 증명되었다."라고 기술하고 있다.

필자는 이것을 보고 후지무라 신이치(藤村新一)의 구석기 유물 날조 사건이 떠올랐다. 시기도 1980년대로 비슷하다. 이타츠케가 자신이 없으니까 2년 후, 한두 가지가 아닌 돼지 뼈에 멜론까지 완전히 세트로 나왔다는 것이다. 그 사건 때도 학교 간에 경쟁하고, 지방자치단체도 마을 살리기 시책의 하나로 고대 유적 찾기에 혈안이었다고 했는데, 만일 이 나바타케도 그런 것 중의 하나라면, 하는 생각을 하지 않을 수 없었다.

하지만 브리태니커 국제대백과사전에서도 나바타케 유적을 인정하는 내용들이 실려 있는 건 엄연한 현실이다. 즉 이 유적이 조몬 시대 만기에서부터 야요이 시대 중기의 수전지(水田址)를 중심으로 한 유적으로서, 여기서 초기 도작 농경이 정착하는 최초기의 모습 즉 수전과 그것에 수반하는 수로 등이 발견되었다는 것이다.

일본의 국가 지정 사적 가이드의 해설에 의하면 좀 더 자세한 내용을 알 수 있다. "수전의 유구(遺構)가 확인된 것은 조몬 시대 만기 후반의 12층이고, 그것보다 상층에도 야요이 중기의 수전 유구가 검출되었다. 이 수전 유구는 18㎡ 정도의 크기로 당시는 직파의 방법으로 재배했을 것으로 추정된다. 목제의 각종 농구와 함께 석기나 토기 그리고 탄화미 250립(粒) 정도가 출토되었는데, 그중 100립 이상이 자포니카 종이었다. 이것으로 조몬 시대 후기에 일본에서 수전경작에 의한 도작 농업이 행해졌다는 것이 실증되어 1983년에 국가의 사적으로 지정되었다."라고 기술되어 있다.

아무튼 이런 이타츠케(板付)나 나바타케(菜畑)의 수전 유적을 계기로, 이것들이 조몬인의 생활 흔적이고 따라서 도래인이 수전경작을 가져온 것이 아니라는 논리가 이어진다. 브리태니커 사전에 "대륙계의 것으로 보이는 마제석기와 목제의 농구, 토기 등이 대량 출토되었다."라고 기록되어 있는데도 이건 무시하는 것이다.

나가하마는 이즈미 타쿠라(泉拓良) 나라대학 교수가 『쟁점 일본의 역사1』에서 다음과 같이 말한 것을 인용하고 있다. "북규슈에 성립한 수전 도작의 문화는 급속히 동쪽으로 파급되었다. 이 속에서 대륙 전래 요소는 많이 빠졌다. 도작만이 전해졌다는 것을 보여 준다. 이런 지역에 토우나 석봉과 같은 조몬 문화 특유의 정신적 도구가 있었다는 것으로 보아 도작의 파급에 도래인의 관여는 없었다고 생각하는 것이 타당하다. 후쿠오카현의 유적인 지석묘에서 발굴되는 인골들은 신장이 작고 조몬인 특징인 발치의 흔적이 있다. 적어도 일본 열도에서 수전도작의 성립에는 조몬인이 관여했다고 생각하는 것이 타당하다. 동일본에서의 조몬인에게는 도작을 받아들일 만한 기반이 있었다(나가하마 pp.53~54)."

필자는 도작 농업을 받아들일 만한 기반이 조몬인에게 있었다는 정도의 주장이라면 할 수 있다고 본다. 그런데 규슈대학의 나까바시(中橋孝博)가 "규슈 서북부에 점재하고 있는 지석묘의 피장자의 형질을 분석한 결과 야요이 초기의 것이었다. 게다가 이 유적에는 도작 농경의 흔적도 있었다."라고 언급한 것을 나가하마는 북규슈의 수전도작은 조몬인이 시작한 것이 확실하다고 단정지었다(나가하마 p.54).

그런데 나가하마도 인용한 마츠기 타츠히코(松木武彦)의 『일본의 역사 열도창세기』(소학관, 2007)에 의하면 "이 시기에 한반도 남부에서 도래한 사람들의 마을이 북규슈의 대한해협 연안에 점점이 있었다. 그 가장 전형적인 것이 사가현 가라쓰시의 나바타케 유적이다."라고 하면서, 수전의 흔적 외에도 대륙계인 벌채용의 대형 마제석부 등이 발견되었다는 사실을 브리태니커사전처럼 숨기지 않고 연이어 기술하고 있다(나가하마 p.55). 비교적 최근까지 이렇게 주장하는 학자가 일본에 있다는 것은 많은 시사점을 준다.

그런데도 나가하마는, "이것은 오류를 넘어 허위이다. 이런 오류와 허위가 많은 인류학, 분자인류학, 고고학 등의 전문가의 머리를 오염시켜서 판단을 흐리게 했다."라고 하면서, 오히려 한반도 남부에 많은 조몬, 야오이 유적이 있으므로 일본으로부터 많은 사람이 반도로 진출하였다고 주장하고 있다(나가하마 pp.36~37).

여기서는 코바야시 타츠오(小林達雄, 1937년 출생) 국학원대학 교수의 견해를 인용하여 소결론을 짓고자 한다. 그는 "조몬 시대의 전기나 중기의 유적에 단속적으로 벼가 들어가 있다고 하더라도 이상하지는 않다. 중요한 것은 벼가 있더라도 조몬 시대의 경제나 식생활에 영향을 미쳤느냐는 것이다. 농경이라고는 부를 수 없었고, 재배하는 여러 작목 중의 하나에 불과했을 것이다(공동통신, 2005. 2. 18)."라고 말한다. 벼나 수전의 흔적이 설사 있더라도 중요한 것은 농경이라고 할 만큼의 형태와 규모를 갖추었느냐는 것이다. 이런 주장이 대세이고, 그래서 교과서 등에도 그렇게 기술됐다고 볼 수 있을 것이다.

• 수도냐 육도냐

앞에서의 농학자인 사토(佐藤洋一郞)도 "야요이 시대가 도작의 시작이고 그것도 수전 도작인 것 같이 보는 견해는 틀리다."라고 말한 바 있다. 그는 고고학자들은 벼농사를 모른다고 하면서, 조몬 시대에는 소전(燒田)처럼 수전이 아닌 환경에서 재배되는 벼 재배 즉 소전도작일 가능성을 언급하긴 했던 것이다(나가하마 p.43~44).

벼의 압흔(壓痕)을 보도한 요미우리 신문도 "수전도작(水田稻作)은 오랫동안 야요이 시대에 한반도로부터 전해진 것으로 알려졌다. 그러나 최근에는 조몬 시대에 육도(陸稻)를 포함한 농경이 있었다는 주장이 인정받아 가고 있다(요미우리 Online, 2005. 7. 20)."라고 하면서 수전도작이 아닌 육도로 한정하였다. 즉 오팔법이나 압흔에 의해 벼 재배 연대를 추정하는 학자들도 그런 조몬인에 의한 벼 재배가 꼭 수전이라는 말은 하지 않는 것이다. 다른 잡곡과의 혼작이나 소전(燒田)의 도작 또는 수륙미

분화(水陸未分化)의 도작이었고, 넓은 면적이 농지로 만들어졌거나 한 장소에서 장기간 경작하는 환경에는 이르지 않았다고 보아야 할 것이다.

그런데도 나가하마는 이번엔 육도를 가지고도 "반도에서 쌀 재배는 약 3000년 전에 전(田) 작물로 재배가 시작하였다. 반면에 일본의 육도는 6000년 전에 재배되었으므로, 일본이 한국보다 3천 년이나 빨랐다."라고 계속 주장하고 있다(나가하마 p.57).

• 벼 종류에 따른 분석

그러면 여기서 벼의 종류에 따른 얘기를 좀 더 해 보겠다. 나가하마는 저서에서 사토의 탄화미 DNA 분석 결과에 기초하여 의견을 기술하고 있다. 즉 중국, 한반도, 일본 열도의 수도 재배 250개 품종의 유전자 배열을 조사한 결과 한반도에 없는 온대자포니카의 품종(변형판)이 일본 전역에 보급되어 있는 것을 확인하였다는 것이다. 이를 근거로 나가하마는 벼의 한반도 전래설을 부정하면서, 일본의 수전도작은 대륙의 역사와 연동되지 않는다고 주장한다(나가하마 p.87).

그러나 필자는 오늘날 재배하는 품종의 수가 중요한 것이 아니라 당시의 시점에 양 국가에서 대세를 이룬 품종이 무엇이었느냐가 중요하다고 생각한다. 그것이 서로 같았다면 한반도 전래설은 당연한 것이 되고 말 것인데, 그런 의문에 대한 설명은 찾아볼 수 없었다. 나가하마도 기술 중에 '수도도작의 근간인 두둑이나 수로 만들기' 등은 외부로부터 받아들였다는 사토의 주장을 별 이의 없이 인용하고 있다(나가하마 pp. 59~60).

여기서 강인욱 경희대 사학과 교수가 동아일보(2023. 5. 12)에 실은 칼

럼이 이 문제를 잘 설명하고 있기에 그 일부를 소개하겠다.

"벼는 크게 인디카와 자포니카로 나뉜다. 인디카 쌀은 동남아 지역에서 주식으로 하는데 찰기가 없고 길쭉하다. 반면에 자포니카 쌀은 우리가 흔히 먹는 찰기가 있고 둥글한 쌀이다. 한국과 일본을 제외하면 세계 대부분의 나라에서는 부슬부슬 날아가는 인디카 쌀을 더 선호한다. 한국과 일본 사람들만 특이하게 자포니카를 좋아하는 데는 수천 년의 역사가 그 배경으로 되어 있다.

야생의 벼는 대체로 빙하기가 끝난 직후인 1만 년쯤 전에 중국 남부 양쯔강 유역에서 처음 재배되기 시작했다. 그리고 약 7000년 전부터 논농사가 시작되면서 쌀은 지금 우리가 알고 있는 재배종으로 바뀐다. 최초의 논이 양쯔강 유역에서 등장하는 이유는 그 지역이 갈대로 덮인 강가 근처의 소택지가 많이 발달해서이다. 이런 소택지에서 다른 곡식은 재배하기 어렵지만 쌀은 예외였다. 벼는 오히려 소택지에서 별다른 관리를 하지 않아도 잘 자랐다. 이렇게 쌀을 물속에서 키우면 별로 신경을 쓰지 않아도 잘 자란다는 것을 알게 되면서 이후 논농사는 산둥반도와 만주 일대로 확산하였다.

한반도에서 논농사가 본격적으로 전해진 때는 약 3000년 전으로 산둥반도와 랴오둥반도를 거쳐서 벼농사가 남한 일대로 널리 확산하면서부터이다. 쌀만 내려온 것이 아니라 새로운 문화도 만주에서 전해졌다. 청동기, 고인돌 등 새로운 문화가 논농사와 함께 들어오면서 한반도는 새로운 시대를 맞이했다. 아열대가 아닌 한국에서 쌀이 잘 자랄 수 있었던 이유가 바로 여기에 있었다. 비교적 추운 중국 북방 지역을 거치면서 천천히 온대 지역에서도 잘 자랄 수 있는 품종으로 개량되었기 때문이다. 그때 전해진 쌀이 지금도 우리가 좋아하는 찰기가 흐르는 자포니카종이다.

남한으로 들어온 쌀농사가 우리나라에서 성공적으로 안착한 지역은 3000년 전 금강과 호남의 너른 평야 지역이다. 고고학자는 이 최초의 쌀농사꾼을 송국리문화라고 부른다. 이렇게 쌀농사가 퍼지자 바닷가의 조개무지가 사라졌다. 그리고 경상남도 지역까지 쌀농사가 퍼졌고, 규슈를 거쳐 일본 열도의 문화를 바꾸는 야요이 문화를 태생시켰다."

북방을 거쳐 온 온대성 자포니카와 수도경작 방식이 한반도와 일본 열도에 퍼져 나가 결국 농경문화를 바꾸게 되었다는 것이다. 그런데 오히려 전 세계적으로 벼 재배의 기원이 한반도라는 주장도 일부에서 제기되고 있다. 소로리 볍씨로 대표되는 이러한 견해에 대하여 알아보자.

• 벼 재배의 한국 기원설

한국의 인터넷 자료(나무위키)를 검색하면 벼 재배 즉 도작이 약 1만 년 전에서 6천 년 전에 시작되었다고 기술되어 있다. 그런데 벼농사의 기원에 대해서는, 한반도의 소로리 볍씨가 발견되어 한반도 기원설이 중국 남부 기원설을 대체하고 있는 경향을 보인다고 나와 있다.
그동안의 통설은 "자포니카(Japonica)종은 중국 양쯔강 유역의 유적 주변에서 기원전 8천 년에 재배했던 흔적이 발견되었다. 기원전 5500년 무렵에는 인디카(Indica)종이 분화하여 인도로, 이후 기원전 4천 년경에는 동남아시아 일대로 전파되었다. 기원전 1천 년을 전후하여 캅카스에도 상륙하였다. 아랍인들에 의해 중세 초 이베리아반도와 시칠리아에 중동 개량종 쌀이 전래되었고, 15세기부터는 이탈리아 북부에서 집중적으로 재배되기 시작했다."라는 것이었다. 참고로 인디카는 일명 안남미라고 하는 것이고, 열대 자포니카는 자포니카가 열대기후에 적응한 품종이라고 한다. 통일벼는 인디카와 자포니카를 교잡시켜 얻은 것이다.

　그런데 그 전에 발견된 가와지 볍씨도 있다. 경기도 고양시의 가와지 볍씨박물관에는 5020년 전 한반도 최초의 인류 농경문화의 기원이 되는 재배 볍씨가 전시되어 있다. 박물관 소개 자료에 의하면, 1991년 일산 신도시 개발 당시에 대화동 일대 가와지마을에서 발굴된 가와지 유적과 함께 전시되었는데, 한국뿐만 아니라 아시아 최초의 볍씨박물관으로서 세계에서 가장 작은 유물인 볍씨로 세운 유일한 박물관이라고 한다.
　가와지 1지구에서 출토되었던 12톨의 볍씨가 자연적으로 자라는 야생 볍씨가 아닌 인간이 의식적으로 키운 재배 볍씨라는 사실이 밝혀지면서, 신석기 시대에서 청동기 시대에 걸친 벼의 진화와 발전 과정을 살펴볼 수 있는 매우 소중한 역사적 공간이 되었다.

　다시 소로리 볍씨로 돌아간다. 인터넷 자료 검색 결과를 요약하면 다음과 같다. 2003년에 청주시 소로리에서 발굴된 볍씨가 1만 5천 년 전의 것으로 밝혀지면서 세계 최초의 볍씨라는 주장이 나왔다. 미국 지오크론 연구소와 애리조나대, 서울대 AMS 연구실, 한국지질자원연구원 등 국내외 4개 연구기관에서 흙과 볍씨, 토탄 등을 시료로 방사선탄소연대 측정으로 교차 검증하였는데 모두 동일한 결과가 나왔던 것이다. 그래서 캠브리지대학의 렌프류(A. Colin Renfrew) 교수는 〈현대 고고학의 이해〉에서 쌀의 기원을 한국으로 수정하였다.

　놀라운 결과라고 하지 않을 수 없다. 탄소연대측정법이 이렇게 여러 방면에서 기존의 상식을 뛰어넘는 결과를 가져오고 있는 것이다. 그러나 '빙하기였을 당시의 기후에서 벼가 발아할 수 있는가?' 라는 논쟁이 있었는데, 냉해 실험을 통해 빙하기에도 발아할 수 있다고 증명되었다. 또한 '재배 벼인가, 야생 벼인가?'라는 논쟁은 재배 벼와 야생 벼의 중간 단계인 '순화 벼'에 해당한다고 밝혀졌다. 다만 유전적인 부분에서는 현재의 벼와의 유사성은 39.6%밖에 되지 않는다고 같은 자료에는 기록되어 있다. 그래서 벼농사의 기원을 한국으로 보는 학자들은 세계 학계에서 소수이고, 중국에서 먼저 시작되었으나 관련된 유적이 발견되지 않았을 뿐이라는 결론을 내리고 있는 상태라고 한다.

앞에서 인용한 강인옥 교수의 칼럼에서도 "한국의 경우는 청주 소로리에서 나온 볍씨를 들어서 벼 재배가 구석기 시대인 1만 5000년 전이라는 주장이 있지만, 관련 증거가 부족하다. 또한 빗살무늬토기를 사용하는 신석기 시대에서도 여러 곡물과 함께 볍씨가 종종 발견된다. 하지만 적극적으로 쌀농사를 짓는 지금과는 거리가 멀었다."라고 말하고 있다.

다만 한국에서 발견된 볍씨가 세계 최초의 볍씨이고, 벼 재배의 기원이 한국이라는 학계 주장이 있을 정도로 최근 한국에서 도작 유물이 발견되고 있기 때문에, 한반도에 오래된 도작 유적이 없다는 것을 근거로 하여 도작이 중국에서 한반도를 거치지 않고 바로 일본으로 전해졌다거나, 대륙으로부터도 전래되지 않은 일본 재래의 것이라는 주장은 현실과 전혀 맞지 않는다고 할 것이다.

5. 청동기와 철기

서양에서는 선사 시대를 석기 시대, 청동기 시대, 철기 시대로 구분하는데, 일본은 조몬 시대, 야요이 시대와 같이 토기에 의하여 구분한다고 설명했다. 그러다 보니 일본에서는 청동기와 철기에 관한 연구나 관심도가 상대적으로 부족하지 않았나 하는 생각이 든다. 관점을 바꾸면, 이런 석기, 청동기, 철기의 연대가 토기나 도작에 비해 명확하기 때문에 이를 문제시하고 통설을 뒤바꾸려는 시도나 대중의 인기를 얻으려는 문헌의 등장이 적었다고도 볼 수 있겠다.

• 청동기 문화

우메하라 다케시(梅原猛)는 앞에서의 그의 저서 『매장된 왕조』에서, 종래에는 야요이 시대를 8백 년간으로 봤고 야요이 초기에 철기가 들어왔으므로 일본에서 청동기 시대는 거의 존재하지 않았던 것이 되었으나, 앞에서 논의한 바대로 야요이 시대가 5백 년 더 늘어나면서 상당히 장기간 청동기 시대가 나타난다고 보았다. 『고사기』나 『일본서기』에 나오는 스사노오(素戔嗚)와 오오쿠니누시(大国主)의 이야기는 야요이 시대의 이야기이면서 청동기 시대의 이야기라는 것이다. 도작 농업이 도래하여 도작 문명이 발전한 야요이 시대 전기가 청동기 시대라고 보는 견해이다.

필자는 이런 견해도 사리에 맞지 않다고 본다. 늘어난 5백 년, 즉 기원전 10세기부터 5세기 전까지의 시대에 청동기 문화가 꽃을 피웠다는 유물들이 확실히 출토되고 또 그 시대가 입증되지 않는 상태에서, 뒤에서 살펴보는 바와 같이 도작의 흔적 유적의 탄소 연대가 올라갔다는 것을 원용하여 청동기 시대도 그만큼 늘어나지 않겠냐고 보는 추론에 불과하기 때문이다.

아무튼 우메하라는 일본에는 중국 은(殷)나라 때처럼 다양한 청동기는 존재하지 않았고, 한반도에서 전래한 것으로 보이는 동탁, 동검, 동모, 동과 및 동경이 대부분이었다고 말한다. 동검, 동모, 동과는 무기로서 도입되었으나 얼마 안 가 제기(祭器)가 되었고, 동탁과 동경은 거의 처음부터 제기로 사용되었다. 이렇게 제기로 사용된 청동기는 문헌상의 신화·전승과도 깊은 관계가 있었다는 것이다(우메하라 pp.171~172).

한편 카미가이토 켄이치(上垣外憲一) 교수도 앞에서의 저서 『왜인과 한인』에서, 한국의 청동기 문화는 중국의 동북으로부터 남시베리아에 걸친 지역의 청동기 문화 유적과 관계가 깊다고 기술하였다. 또한 일본에서도 발견되는 상자식 석관 역시 남시베리아로부터 중국 동북 및 한반도에 분포하고, 여기에 청동기가 부장되어 있다는 것이다. 한반도에서 기원전 6세기경부터 사용된 청동기는 중국의 한(漢)민족 계통의 것이 아니고 북방계 민족의 것이고, 이 유목 민족의 청동기는 남부 러시아와 흑해 연안 스키타이인의 청동기 문화와도 연결되어 있다.

그는 이런 스키타이 청동기와 한반도의 청동기가 연결되는 것을 실감시켜 주는 것이 경상북도 영천에서 발견된 청동제의 호랑이나 말 모양의 대구(帶鉤) 즉 버클이라고 예를 들었다. 이것은 유목 민족 특유의 복식구(服飾具)로서 스키타이인 사이에서 성행하였는데, 영천 출토의 이 버클은 특히 말의 조형이 뛰어난 것으로 평가되었다는 것이다(카미가이토 p.26).

이러한 일본의 청동기 문화가 꽃 피운 곳은 한반도와의 교역이나 교류가 있었던 북규슈와 야마구치현(山口縣)과 같은 서일본 지역과 동해 일본 연안인 이즈모(出雲) 지역이었던 것으로 알려졌다. 먼저 서일본 지역에 관한 것부터 알아보기로 한다.

• 북규슈 등 서일본 출토 청동기

일본의 청동기 중에서도 빠른 시기 유물인 세형동검은 야요이 전기 말인 기원전 100년경의 북규슈와 야마구치현 서부의 유적에서 출토되었다. 카미가이토는 이 세형동검은 한반도에서 만들어진 것으로, 초기의 것은 외국으로부터 배로 실려 왔다고 기술하였다. 나아가 야요이 중기 중반인 기원 전후에 동검의 주형이 북규슈에서 출현하게 되므로, 이 시점에서는 청동기의 제작도 북규슈에서 행해졌다고 보았다.

더구나 이런 청동기와 함께 출토되는 다뉴기하문경(多紐幾何文鏡)이라고 하는, 반도에서 제작된 것으로 보이는 독특한 형식의 소형 동경이 야마구치현 시모노세키시(下関市) 카지쿠리하마(梶栗浜) 유적, 사가현 카라츠시 우키쿤덴(宇木汲田) 유적에서 출토되었다. 아울러 조선식 동검, 동과, 동모가 동시에 출토되었고, 상자식 석관으로 축조되는 등 한반도 계통의 청동기 문화의 특징을 가장 전형적으로 보여 주고 있다고 카미가이토는 기술하였다(카미가이토 p.27).

이 유적보다 북쪽에 있는 도이가하마(土井ヶ浜) 유적이 야요이 전기 말기로서 카지쿠리하마와 거의 동시대의 것으로 추정되는데, 여기서 출토되는 인골이 조몬 시대인보다 신장이 평균 5cm 정도 커서 반도로부터 도래한 사람들이 아닌가로 유명하다. 카지쿠리하마 유적에 청동기를 가져온 사람들도 역시 반도로부터 넘어온 사람들이라고 말할 수 있겠다.

이런 청동기 도래인들은 언제 어떤 이유로 넘어오게 된 것인가에 대하여 카미가이토는 북규슈와 야마구치현 지역으로의 도래 물결을 2차로 나누어 설명한다. 즉 '기원전 4세기부터 3세기경에 소량의 금속기를 가진 도작민의 도래'와 '청동기의 특징을 가진 기원전 100년 전후'의 2번이다.

이 중 후자가 한무제(漢武帝)에 의한 낙랑군 설치와 거의 같은 시기이다. 이보다 전인 기원전 2세기 전반에 위만이 전국 시대 북중국의 연나라로부터 한반도에 들어와 위만 조선을 세운다. 이에 따라 화북 지방의 주조 철기를 가진 신세력이 반도에 들어왔고, 기원전 108년 한무제에 의해 이 위만 조선이 망하고 한사군이 설치되자, 청동 단검과 철기로 상징되는 위만 조선의 일부가 남하하여 경상남도의 해안부에 도달하였다. 이들에 의해 먼저 경상남도 해안부에 내려와 있었던 세력들이 밀려나 대한해협을 건넜다. 시모노세키와 카라츠에 도래한 청동기 소유자가 바로 이 밀려난 세력이라는 것이 카미가이토의 생각이다(카미가이토 p.28).

• 이즈모의 청동기

그런데 청동기 문화의 도래지로서 북규슈나 야마구치현 지역 외에 동해 일본 연안에 있는 이즈모(出雲) 지역이 최근에 관심을 모았다. 이곳의 청동기 유물은 발견된 지가 얼마 안 되고, 서일본 지역과 비교해서 다른 점이 상당히 많다.

1984년에 시마네현(島根県)의 코진다니(荒神谷) 유적에서 300개를 넘는 동검이 출토되었고, 1996년에 카모이와쿠라(加茂岩倉) 유적에서 39개의 동탁이 출토되었다. 『고사기』나 『일본서기』에 나오는 이즈모 신화에서 화려한 고대가 있었다고 기록되어 있지만, 이것에 상응하는 유적이 그동안 존재하지 않았다. 그러나 이 코진다니 유적에서 대량 출토된 동검이 고대 이즈모 문명의 존재를 현실의 것으로 만들었다고 평가되고 있다.

이런 고고학적 성과에 기초하여 우메하라는 이즈모나 킨키(近畿)는 동탁 문화권이고 북규슈를 중심으로 그 일대는 동검과 동과의 문화권이라고 기술하였다. 동검과 동모 모두 최초에는 규슈 지방에 많다가 서서히 시코쿠(四國)로부터 킨키로 전해졌다. 그러나 코진다니 유적에서 다량의 동검이 출토된 것을 놓고 보면 북규슈의 동검·동모 문명이 이즈모에도 이입되어 여기서도 직접 제작된 것으로 보인다는 것이다(우메하라 p.209, p.216).

그러나 일본의 동탁은 코진다니 유적과 카모이와쿠라(加茂岩倉) 유적에서 다량 발견됨으로써 이즈모(出雲)가 동탁을 만드는 청동기 왕국이었고, 이즈모 왕국의 확장과 함께 고대 일본의 중심 지역 여러 곳에서도 다량의 동탁이 만들어지게 되었다고 우메하라는 기술하였다(우메하라 p.208). 이 유적들은 농로 건설 등의 과정에서 아주 우연히 발견되었다고 한다.

• 동탁의 기원과 기능

동탁에 관해서는 사하라 마코토(佐原真)의 저서 『동탁의 고고학』(동경대학출판회, 2002)이 유명하다. 여기에, 동탁은 중국으로부터 온 것이 아니고 조선의 말 머리에 달았던 방울이 일본에 와서 제기(祭器)가 된 것이라고 기술되어 있다. 한반도에서 마차를 가진 귀족은 그의 묘에 귀족의 증거로서 마차의 부품 즉 말 머리에 달았던 방울을 부장하였다. 그러므로 일본에서도 이와 같은 마령(馬鈴)을 한반도로부터 온 귀족이나 이런 귀족을 동경한 호족들이 제기 또는 보물로 사용하였다는 것이다

(우메하라 p.204).

이런 사하라의 견해를 인용하고 있는 우메하라는 동탁 예찬론자이다. 그는 조몬 시대의 최우수 예술작품이라고 하면 조몬토기라고 말할 수 있고, 야요이 시대의 최고 걸작 예술품은 동탁이라고 평가한다. 그에 의하면, 한국식 동탁은 10cm 미만의 소형으로 문양도 없으나, 일본식 동탁은 평균 12, 13cm이고 큰 것은 19cm인 것도 있으며 문양도 대부분 새겨져 있다고 말한다. 즉 마령의 크기를 2배, 3배 크게 하여 자신들의 귀족성을 강조하였다는 것이다. 마침내 1m에 가까운 동탁도 만들어져서, 고고학자인 타나카 미가쿠(田中琢)는 '듣는 동탁'에서 '보는 동탁'으로 변화하였다고 말할 정도였다. 즉 악기로서의 기능을 상실했다는 것이다. 방울(鈴)은 무녀들의 원령진혼(怨靈鎭魂)이라는 주력(呪力)을 가진 것으로 춤과 함께 사용되는데, 탁(鐸)은 영(鈴)을 기원으로 하고 있으면서도 점점 크기가 커짐에 따라 영보다는 종(鐘)에 가까워졌다고 우메하라는 기술하였다(우메하라 p.187, p.223, p.225).

이렇게 큰 동탁을 만들고 또 무덤에까지 매장하는 풍습이 생긴 동기는 무엇일까. 우메하라는 일본은 조몬 시대 이래, 죽고 난 이후의 '저세상'에 대한 깊은 신앙관을 가지고 있었기 때문이라고 기술하였다. 그래서 정토교(淨土敎)가 일본 불교의 주류가 된 것인지도 모른다는 것이다. 이 세상과 저세상은 별 차이가 없으나 틀린 것은 서로 반대이기에 장례 때에 고인이 갖고 있던 찻잔을 깨어서 넣고 토우(土偶)도 파괴하여 넣는다. 저세상에서는 이 세상에서의 불운을 떨쳐내고 완전하게 다시 태어나라는 염원을 담아 부장품인 토우를 현실적인 사람 모습과는 다르게 만들고 또 여기에 손상을 가하는 것이다. 아이누족의 장례 형식이나 서사시 등에서 현재까지 전해지고 있는 이런 '저세상관'이 일본인의 의식

속에 남아 있는 것이라고 우메하라는 보고 있다. 그런데 동탁의 경우는 부수는 게 쉽지 않아서, 'ㄨ'를 물건의 한쪽에 표시하여 매장한다는 것이다(우메하라 p.236).

이러한 아니누의 장례 풍습에 흥미로운 내용이 있기에 좀 더 요약하여 인용하고자 한다. 아이누인은 아이를 출산하는 것을 저세상으로 간 조상이 돌아온 것으로 여긴다. 그래서 성인이 죽으면 그대로 매장하지만, 어린애가 죽은 경우는 복잡해진다. 멀리 저세상에서 온 조상이 이 세상의 즐거움을 누리지도 못한 채 빨리 저세상으로 다시 가는 것은 매우 미안하다고 생각하는 것이다. 그래서 죽은 아이의 시체를 항아리에 넣어서 사람들이 자주 다니는 입구에 묻어 놓는다. 그것은 그 애를 낳은 부부가 그 애를 생각해 부부 관계를 더해서 다음 낳게 되는 아이를 통해서 죽은 애가 다시 환생하라는 바람이 담겨 있다.

그렇지만 더 큰 문제는 임신부가 죽는 경우이다. 모처럼 선조가 이 세상에 왔는데 임신부의 배에서 틀어박힌 채 죽은 것이기에 뒤탈이 두렵다. 그래서 임신부는 일단 보통의 경우처럼 묘에 매장하지만, 다음 날 영적 능력을 지닌 여성이 묘를 파헤쳐 임신부 시신의 배를 갈라 태아를 꺼내 임신부가 그 태아를 안은 상태로 다시 매장하는 것이다. 그래서 아이누족의 선조라고도 할 수 있는 조몬인 유적에서는 위아래로 배를 가른 것처럼 일자 선이 그어진 토우가 출토되고 있다(우메하라 pp.233~234).

이런 동탁이 다량 출토된 코진다니 유적은 정권을 양도하고 미약하나마 17대를 계속 이어 온 이즈모 왕국의 최후의 지배자가 있었던 곳이라고 한다. 여기에 나라를 빼앗긴 원념(怨念)을 달래기 위해서 작은 언덕의 중턱에 황천의 왕이 된 그에게 애석한 마음을 담은 일종의 선물로서 그가 소중하게 생각했던 이즈모국 왕으로서의 상징인 동탁을 매장하였고, 저세상에서의 완전성을 위해 이 세상에서의 동탁에 'ㄨ' 표시를 한 것으로 우메하라는 해석하였다(우메하라 p.238).

이러한 청동기로 만든 동경이나 동검, 동모 등은 왕가의 정통성을 상징하는 신기나 지방 권력들의 보물로서도 기능하였다. 그 대표적인 것이 야마토 왕조에 전해진 거울(八咫鏡)과 곡옥(八坂瓊曲玉), 검(天叢雲劍)이라고 하는 3종의 신기(神器)이다. 또한 동모도 그러한 상징으로 사용되었다. 이즈모 왕국의 지배자였던 오오쿠니누시가 동모를 호니니기에게 바치고 은퇴했다는 이야기도 있다. 이런 동모가 16본이나 코진다니 유적에서 출토되었기에 그만큼 큰 의미를 부여할 수밖에 없다는 것이다(우메하라 p.193).

• 동탁에서 동경으로

한편 동경은 이즈모(出雲)의 대표적인 방분인 칸바라(神原)신사 고분의 석실에서 발견된 삼각연신수경(三角緣神獸鏡)이 유명하다. 여기에 『위지왜인전』에 위의 왕이 왜의 히미코(卑彌呼) 여왕에게 주었다는 것을 뜻하는 표기가 나왔다. 서기 239년의 일이다. 이런 거울은 오사카부의 이즈미시(和泉市) 코가네총(黃金塚) 고분 출토품과 함께 일본에서는 2개밖에 없다. 이런 거울이 이즈모에서 출토되었다는 것은 전 정권이었던 이즈모 왕국이 야마토 조정이 무시할 수 없는 나라였다는 것을 말해 준다고 우메하라는 기술하였다(우메하라 p.247).

그러면서 우메하라는 거울에 정통한 고고학자 히구치 타카야스(樋口隆康)의 『고경(古鏡)』(신조사, 1975)을 세계적으로 학문적 수준이 높은 책이라고 칭찬하면서 그 내용을 인용하고 있다. 요약하면 다음과 같다

(우메하라 pp.248~252).

거울은 중국에서는 춘추전국 시대부터 자주 만들어져 애호되었다. 그 이유는 도가(道家)에서부터 시작되어, 거울에 신령성(神靈性)과 주술성(呪術性)이 있다고 생각되었기 때문이다. 일본에서도 거울에 대한 애호도가 매우 높아, 중국에서 만들어진 거울 중에 일본에 없는 것이 거의 없다. 중국제의 거울이 북규슈에서 먼저 애용되다가 바로 일본 전역으로 확대되어 일본의 지배자들이 열애하는 물건이 되었다.

아마테라스를 선조로 하는 천손족이 강림하고 그의 후손인 신무천황이 동정하여 야마토(大和)에 자리를 잡고 있던 모노베(物部)씨 선조의 연합군을 물리치고 일본국의 대왕이 되었을 때, 전대(前代)인 이즈모 왕국의 동탁에 대신하여 거울이 최고의 보물이 되었다. 거울은 태양의 빛을 반사하고, 태양처럼 둥근 모양이어서 아마테라스라고 하는 태양신을 선조로 믿는 천손족의 대왕에게 거울만큼 왕을 신성화하는 물건이 없었다.

그런데 거울이 동탁을 대신하는 최고의 제기가 되었지만 동탁과 같은 소리가 나지 않는다. 즉 악기로서의 성능이 없다. 그래서 거울의 외곽에 작은 방울을 여러 개 단 영경(鈴鏡)이 만들어졌다. 이런 육령경(六鈴鏡)을 허리에 찬 무녀(巫女) 모습의 하니와(埴輪)가 출토되기도 한다는 것이다(우메하라 p.254).

• 철의 수입과 철기의 제조

지금부터는 철기에 대하여 알아보겠다. 일본이 철기에 눈을 뜨고 그 재료인 철을 한반도로부터 구입하며, 철기를 직접 제작까지 하는 과정을 중심으로 설명해 가고자 한다.

먼저 중국과 왜의 관계에서 주요 헌상품이 생구(生口) 즉 노예였다는 데서부터 이야기를 시작한다. 『후한서』에 107년 왜국왕 사승(師升)이 생구 160인을 헌상했다는 기사가 나온다. 3세기의 히미코(卑彌呼)의 헌상품은 남생구 4인, 여생구 6인 등이었고, 그다음 여왕 일여(壹与)가 남녀 생구 30인 등을 헌상했다. 직물이나 곡옥, 진주 등이 포함되었지만, 헌상품의 중심은 노예였다. 이에 대하여 위나라에서는 청동경, 견직물을 하사한다. 이런 중국제의 동경이 북규슈의 야요이 시대 분묘에서 다수 출토되었다.

그래서 카미가이토는 당시의 한·왜 교역에서도 일본의 최대 수출입 품목은 생구였다고 보고 있다. 한반도로부터의 중요한 수출품은 철이다. 『위지동이전』의 변진(변한)의 조에 "변진은 철을 생산한다. 한, 예, 왜 모두 이것을 수입한다. 시장에서 물건 매매 시 이 철을 사용한다. 낙랑군과 대방군에도 공급한다."라고 기록된 것도 그러한 당시 상황을 보여 주고 있다.

다른 유력한 수출품을 갖지 않은 왜가 내부 투쟁에서 강력한 살상력을 갖는 철기를 갖기 위해 노예를 헌상품 및 수출품으로 했다고 카미가이토는 기술하였다. 107년에 낙랑군에 보낸 160명의 생구라는 특이하게 많은 수의 노예들은 철 관련 기술자를 구하기 위한 것이라고 볼 수 있다는 것이다(카미가이토 pp.23~24).

필자는 이런 기록을 볼 때마다 항상 드는 의문이 있다. 그 노예는 과연 누구였을까? 가장 가능성이 있는 경우가 도래인이 주축이 된 쟈마다이국(邪馬台国)이 다른 계통인 토종의 조몬인을 포획해서 바친 경우가 아닌가 하는 것이다. 민족 계통이 다르고 또 문화적으로 발전 정도의 차이가 크기 때문에 일어날 수 있는 일이 아닐까. 또 낙랑군이라면 그 수도가 평양인데, 많은 수의 일본인 노예가 평양으로 보내졌다고 하는 것이 현재의 시각에서 보면 좀 아이러니하다고 생각된다.

그러면 이제는 일본에서의 철기 제작에 대해 알아본다. 야요이 시대 초기의 유적에서도 철기가 발견되지만 그 수가 적었다. 기원전 100년경부터는 일본에서 철기가 제작되기 시작하는데, 이러한 야요이 시대의 철기는 모두 단조품이고, 한반도의 철제품은 주조품이었다. 야요이 시대 후기에 들어서 철기가 석기를 완전히 구축하고 농구까지도 철제품으로 교체되는데, 그것은 수입한 철 소재를 단조하여 제작한 것이었다고 카미가이토는 기술하고 있다(카미가이토 p.24).

한편 그는, 야요이 시대 중기에 북규슈에서 행해진 청동기 주조 기술이 철 생산으로 전용되기 쉬웠다는 오쿠노 마사오(奧野正男)의 저서 『쟈마다이국은 여기다』(재서원, 2010)의 내용을 인용하고 있다. 오쿠노에 의하면 야요이 시대 중기에 북규슈에서 행해진 청동기 주조 기술이 철 생산으로 전용되기 쉬웠다고 한다. 이 시대 청동의 용해 온도는 900도 전후이지만, 이 정도의 온도에서도 갈천탄이나 티탄 함유량이 적은 사철이라면 산화철의 환원이 일어나 반 용융상태의 철 소재를 단조를 통해 순철로 만들 수 있었다는 것이다. 이런 갈철탄으로부터의 제철은 야요이 중기 말의 오카야마현(岡山縣)의 유적에서 발견되고, 후쿠오카현의 사철도 티탄 함유가 1%대밖에 되지 않기 때문에 제철이 충분히 가능하였다는 견해이다. 이것을 근거로 오쿠노는 쟈마다이국의 규슈설을 주장하였다. 물론 왜국 내에서도 제철이 있었다고 하더라도 막대한 소비량을 충족하지 못했고 그 질도 낮아서, 이키섬(壹岐島)에서의 철정 발견처럼 필요한 철 제품의 상당 부분은 수입에 의존할 수밖에 없었다는 것이다(카미가이토 p.25).

• 신무 동정과 철기의 파급

이러한 일본에서의 철기 제작은 일본 전역으로 전파되는데 거기에는 신무천황(神武天皇)의 동정(東征)이 하나의 계기로 작용하였다. 신무가 속하는 천손족이 제철과 깊은 관련이 있다는 것이다.

이러한 신무천황이 동정에 나서는 시기가, 3세기 초에 가야로부터 강림한 지 2대 정도 지난 3세기 중엽이었다고 카미가이토는 보았다. 마침 쟈마다이국의 패권이 확립되어 위의 사자가 왕래하던 시기였다. 이때 북규슈가 뭐라 해도 선진 지역이었고, 천손족도 최초는 북규슈의 패권을 노렸으나 쟈마다이국에게 압박을 받아서 할 수 없이 동정으로 나아갈 수밖에 없었다. 북규슈 서쪽보다는 세토내해(瀨戶內海)로의 교역에 인연이 깊고 정보가 많은 동쪽으로 향했다는 것이다(카미가이토 p.57).

그는 또 신무의 계보를 보면 '호=火'가 붙은(冠) 이름이 많다는 것은 이 일족이 야금술과 깊은 관계가 있다고 기술하였다. 3종의 신기에도 검이 등장하는 등 청동기 나아가 철기 기술을 습득한 집단이라는 것을 알 수 있게 한다는 것이다(카미가이토 p.58).

경상남도 창녕이 신라 시대 초기에 화왕군(火王郡)이었고, 밀양이 추화군(推火郡), 거창이 야로현(冶爐縣)이었다. 달구벌의 伐(bəl)이 현대 한국어 '불(bul)=火'과 통한다는 것으로 보아 천손족이 가야로부터 북규슈에 도래했다는 것을 알려준다는 것이다. 창녕에는 화왕산(火旺山)이 있고 '火旺=호니니기'와 같은 천손족의 이름을 한역한 지명이 반도 동남부에 등장하고 있다는 것도 카미가이토가 드는 근거의 하나이다(카

제2장 유물·유적 편 113

미가이토 pp.59~60). 참고로 필자가 대구광역시 홈페이지를 검색해 보았더니, 대구의 옛이름이 '達句伐'이라고 하면서도 '達句火'라고도 나와 있었다.

다시 일본으로 돌아간다. 카미가이토에 의하면, 북규슈에서 출토되는 철제품 유물은 2세기 전반 정도로 비정되고, 그 후 3세기에 들어서 한반도가 원형인 상자식 석관에 의한 장례제도가 종래의 옹관장을 대신해서 주류가 되어 간다. 이러한 장례제도의 변화와 출토되는 철부(鐵斧)의 제작법이 중국 화남과 한반도 남부의 것과 같은 계통의 것이라는 이유로, 그는 한반도 남부로부터 철 단야(鍛冶) 기술을 가진 집단이 도래하였다는 것은 확실하다고 주장한다.

그러나 기나이(畿內) 지역은 이것보다 약 100년 정도의 시간차가 난다. 북규슈는 철기, 기나이는 청동기를 사용하고 있었으므로 무기의 차이에서부터 기나이 세력이 북규슈를 지배하는 상황은 있을 수 없다. 이것이 오쿠노(奧野正男)의 야마다이국 북규슈설의 논거가 되었다. 반면에 카미가이토는 후술하는 바와 같이 야마토에 침공한 북규슈 집단은 야마다이국이 아니라 새로 한반도로부터 북규슈 동부에 도래한 세력이라고 주장하였다(카미가이토 pp.61~62).

• 킨키의 철기 세력

고대 일본의 수도권인 현재의 오사카, 나라, 교토 일대를 킨키(近畿)라고 불렀다. 이러한 킨키에 철기 세력이 있었고, 15대 응신천황(應神天皇, 오진덴노)이 이런 세력과 연합하여 통일일본의 기업을 쌓은 것으로 알려져 있다. 물론 이 문헌상의 고대사 이야기는 제3장에서 자세히 다루겠지만, 카미가이토의 저서에 나오는 내용을 요약하여 소개하면 다음과 같다(카미가이토 p.265).

응신천황(應神天皇)의 황태자 우지 와카이라츠코(菟道稚郎子)의 모친은 도래계인 와니(和珥)씨 출신이다. 이 와니씨의 본거지는 오우미국(近江國)과 비와호(琵琶湖) 서안 일대에 분포하였다. 그런데 이 지역은 양질의 자철광(磁鐵鑛)의 산지로서 고대 제철 유적이 많이 발견되는 지역이다. 이들은 신무천황의 동정 때나 이즈모(出雲)왕국의 확장 등의 시기에 이 킨키 지역에 정착한 제철 관련 기술자 후예들과의 관련도 크다. 말의 기술과 함께 철과 관계되는 새로운 선진 기술을 가지고 한반도로부터 들어온 이 도래인 계통은 통일 야마토 정권을 서포트하는 강력한 세력으로 성장해 있었다.

• 옥

왜가 철의 수입 대가로 지불한 품목의 제1은 생구이고, 그 다음이 옥과 직물이었다. 『위지왜인전』에 히미코 다음의 여왕 일여 때에 쟈마다이국의 헌상품으로 남녀 생구 30인, 백주 5공(孔), 청구주(靑勾珠) 2매(枚) 등이 기록되어 있다(카미가이토 pp.63~64). 그래서 청동기나 철기와 관련되어 고대사에서 중요한 위치를 점하고 있는 옥에 대하여도 살펴보도록 하겠다.

우메하라가 기술한 바와 같이 약 3천 년 전의 야요이 초기의 일본은 현재와 달리 문화적 중심이 태평양 연안이 아니라 동해 일본 연안이었다. 이 지역에서 거대한 환상목주열(環狀木柱列)의 유적이나 대형 건축물 유적들과 함께 고상식(高床式) 건조물이 그려진 토기가 출토되었다. 그런데 이 지역에서 번성한 문명은 옥의 문명이었다는 것이다.

전전(戰前)에는 이런 옥 즉 히스이(翡翠)가 버어마로부터 수입된 것으로 주장되기도 하였으나 근년의 조사로 니이가타현(新潟縣) 이토이천(糸魚川) 지방이 히스이의 원산지로 밝혀졌다. 이런 비취가 중시된 것은 옥을 숭배하는 중국과 관련이 있다. 양자강 유역에 번성한 옥기(玉器) 문명의 월(越)나라 사람들이 황하 유역의 문명에 의해 망하여 주변으로 도망갔는데, 이들 중의 일부가 일본의 호쿠리쿠(北陸) 지방으로 건너온 것으로 생각되기도 한다고 우메하라는 기술하였다. 그래서 이 지역을 '越'이라고 쓰고 '에츠'로 읽는 것과 무언가 관련이 있지 않느냐는 것이다(우메하라 pp.172~175).

이 비취로 만든 15cm 크기의 큰 구슬이 신성한 것으로 공동체 지도자 권위의 상징 나아가 불로장생, 영생불사, 사후부활 등을 바라는 주물(呪物)로서 만들어졌으나, 그 후에는 구옥(勾玉) 즉 구부러진 옥(曲玉)으로 만든 것이 귀하게 여겨졌다고 한다. 이런 옥에 관한 연구 저서로서 우메하라 스에지(梅原末治)의 『일본고옥기잡고(日本古玉器雜攷)』(1971)가 유명하다(우메하라 p.179).

한편 카미가이토도 동해 일본 연안에서 옥 문명이 있었다는 것은 고고학적으로 증명되었다고 기술하고 있다. 산잉(山陰) 지역에서 호쿠리쿠(北陸) 나아가 사도섬(佐渡島)까지 동해 연안 각지에서 옥 제조 유적이 발견되고 있기 때문이다. 특히 비취는 중국 이외에서 원석이 나오는 것은 니이가타현의 히메카와(姬川)의 상류(糸魚川) 지방밖에 없다. 이 사도의 옥과 히메카와의 비취가 북규슈, 한반도 나아가 중국까지 운반되는 중계지로서 이즈모가 중요한 위치를 점하고 있었다. 이것은 이즈모 신화의 오오쿠니누시(大國主)가 니이가타 지역과 결혼 관계를 맺었다는 내용 등을 통해 엿볼 수 있다는 것이다.

이즈모가 사도와 히메카와로부터 옥을 제공받는 대가로서 주는 것은 한반도로부터의 수입품인 청동과 철제품이었을 것이다. 다른 교역 상대인 신라와 가야 등이 이즈모를 통해 옥을 받았다는 것은 한반도 남부의 고분에서 비취를 비롯한 많은 옥이 발굴되고 있는 것으로부터 확인할 수 있다고 카미가이토는 기술하고 있다(카미가이토 pp.64~68).

그는 옥의 교역과 관련된 한국 측의 문헌 기록도 소개하고 있다. 바로 신라 제4대 왕인 탈해왕의 신화이다. 요약하면 다음과 같다.

『삼국유사』에는 제2대 남해왕 때에 가락국 해안에 다가오는 배를 수로왕이 잡으려 하자 지나쳐서 신라의 경주 하진포에 도착하였고, 배에 실은 상자로부터 젊은이와 칠보 및 노예가 나왔다고 기록되어 있다. 그 젊은이는 자신이 왜국의 동북 천 리(약 4,000km)에 있는 용성국(龍城國) 출신으로서, 그 나라 왕비가 알을 나아서 왕이 불길하다고 버리라고 했지만, 왕비가 알과 보물들을 상자에 넣어 바다에 흘려보냈다고 말했다는 것이다. 『삼국사기』에는 다파나국(多波那國)이라고 되어 있다.

이때 왜국은 북규슈를 지칭하므로 동북 천 리는 교토 북부의 탄바(丹波) 지방 정도의 거리이다. 이 지방의 야요이 유적에서 옥류와 그 제작 흔적이 발견되고 있다. 기원전 1세기부터 기원후 1세기경에 옥 제작이 성행하였고, 이것이 1백 년 정도의 시차를 두고 사도섬, 니이가타현 지방에 전파되었다. 탈해왕이 신라에 도착해 왕이 된 것이 기원 57년이니까 탄바에 옥 제작이 성행하던 시기와 일치한다. 이 탄바의 옥 제작이 야요이 중기에 종언을 고하는데 뭔가의 이유로 탄바에서 옥을 제조하던 왕이 소유하던 옥과 노비를 배에 태우고 교역 루트를 따라 신라로 왔고, 옥 교역으로 부를 쌓아 마침내 왕위를 차지했다는 것을 신화로 장식한 것 아닌가 하는 것이 카미가이토의 견해이다(카미가이토 pp.70~72).

• 마구

일본의 고분에서 빈번히 출토되는 마구(馬具)도 한반도로부터의 철제품 수입과 관련된다. 말 사육 기술의 도입과 함께 마구도 수입된 것을 의미한다.

카미가이토는 일본에서 출토되는 가장 오래된 마구는 4세기 말경에 북규슈 지역에서의 것으로, 그것은 한반도에 출병한 장병의 대부분이 이 지역 출신이었기 때문이라는 것이다. 이 시기에 반도에서의 전투는 대부분 응신천황(應神天皇)의 재위 기간 동안에 일어났고, 군사적 지도자 성격이 강한 응신은 말의 도입에 적극적이었다. 『고사기』, 『일본서기』에 의하면 응신천황 때에 백제의 조고왕(照古王) 즉 근초고왕이 아직기(阿直伎)를 통해 양마 2마리를 헌상하였다는 기사가 있다고 카미가이토는 기술하고 있다. 4세기 후반부터 가야 등으로부터 적은 수가 수입되었지만 사육에 실패를 거듭해 오다가 5세기에 들어 겨우 안정적으로 말을 증식하는 것이 가능해진 것이다. 말의 사육 기술은 당시에는 최신 병기를 만드는 기술이기에 백제에게 그런 기술자를 요청하였고 백제는 동맹국인 왜의 군비 강화에 협조하였다고 볼 수 있다.

이에 따라 5세기 후반의 고분에서 마구의 출토 예가 많아진다. 그 형식을 보면 가야 지방의 것과 함께 신라 형식의 것들이 나온다. 철제품이 왜국 내에서 생산되더라도 한반도의 철제품이 고급품인 것처럼 마구도 반도의 기술이 우수해 수입품이 고급이었다는 것이 카미가이토의 기술 내용 요약이다(카미가이토 pp.247~249).

• 배(선박)

이러한 철기 기술은 일본의 배 건조 방식에도 변화를 가져왔다. 일찍이 일본에서는 유적 발굴을 통해 조몬 시대부터 통나무배가 사용되었다는 것이 밝혀졌다. 이 통나무배는 철기를 갖지 못한 시기에 만들어 온 것으로, 통나무를 불로 굽고 도려내어 만든 배이다. 그 크기는 용재의 크기에 따라 좌우된다.

그 이후 등장하는 것이 복재(複材) 구조선이다. 배의 전과 후를 별도로 만들어 중앙부와 연결하는 구조이다. 이런 배가 가능하게 된 것은 못을 비롯한 철제 공구들이 제공될 수 있었기 때문이다. 이런 야요이 시대 후기의 배와 관련된 유품으로 유명한 것이 후쿠이현(福井県) 사카이군(坂井郡) 하루에정(春江町) 출토의 동탁에 새겨진 배 그림이라고 카미가이토는 기술하고 있다. 이것은 가늘고 긴 선체의 앞뒤가 위로 솟은 곤돌라 모양의 배로서, 통나무배 건조 방식으로는 불가능하고 못을 사용해 나무판을 연결해야만 만들 수 있는 것이다.

이런 복재 구조선의 크기는 1837년에 아이치현(愛知県) 카이토군(海東郡) 모로코촌(諸古村)에서 발견된 것을 통해 길이 약 24m이었음이 알려졌다. 기록상으로는 30m 되는 배도 있었다고 한다. 한반도가 철 제조에서 앞서갔지만 비슷한 조선 기술이라면 왜국의 목재 자원이 좋아서 왜국의 수군이 배의 크기나 강도에서 더 우수했다고 카미가이토는 추정하였다.

이런 배를 통해 동해 연안 옥 교역이 활발히 이루어졌고, 그런 해상세력과의 결혼 정책을 기반으로 하여 천손가가 그 지배 영역을 넓혀 갔다고 볼 수 있다(카미가이토 pp.141~143).

6. 고분

• 고분 시대의 등장

다음은 유물·유적의 마지막 각론으로서 일본 문헌 속의 고분(古墳)에 관한 내용을 살펴보기로 한다.

일본에서 고분이 장묘의 대표적인 형태로서 갑자기 등장하는 이른바 고분 시대는 3세기 후반부터이다. 고구려에는 기원전부터 고분이 존재했지만, 한반도 남부에서 고분이 만들어지기 시작한 것은 일본과 거의 같은 3세기 말과 4세기 초경이다. 그래서 이러한 고분이라는 장묘 형태가 일본 국내에서 발전한 것이냐, 아니면 한반도로부터 영향을 받은 것이냐에 대해서는 학자들의 견해가 갈라져 있다.

일본의 고분은 소재지 호족 세력의 상징과 같은 것으로, 이런 호족은 일본 열도의 조건도 특수해 매우 독립성이 강했다고 한다. 그래서 오카야마대학의 콘도 요시로(近藤義郎)는 고분이 공동체 제사를 지내는 묘의 형태로부터 발전하였다는 설을 취하고 있다. 즉 국내적인 발전의 결과라는 견해이다. 그러나 이 분야의 전문 고고학자인 모리 코이치(森浩一, 2013년 사망)는 앞에서의 좌담회1에서 "전기 고분의 문화는 킨키(近畿)의 야요이식 문화를 계승하여 무언가를 계기로 마침내 고분을 조성하게 되었다."라고 말하였다(김달수 외 pp.58~59).

그 주장의 근거로는 먼저 지붕을 덮는 돌 즉 즙석(葺石)의 사용 여부를 들고 있다. 일본 국내의 경제력과 공동체의 발달로 설명이 가능한 고분은 북규슈의 오래된 고분이나 오카야마현(岡山縣), 효고현(兵庫縣) 등지에서 나타난 20m급의 분구인 경우인데, 이런 고분들은 대륙 계통인 지붕돌을 사용하지 않았다. 반면에 나라현 등에서 나오는 200m급 이상의 초대형 고분은 지붕돌을 사용한다는 점에서 우선 차이가 난다. 그리고 외래적인 요소로서 횡혈식 석실에 금은 장신구와 스에키(須惠器)가 출토된다. 스에키는 메이지 초기까지는 조선토기라고 불렀다(김달수 외 p.62).

이 좌담회1에서 나오키 코지로(直木孝次郎, 2019년 사망)는 고분 발생의 문제에 대해 해외의 영향을 그다지 고려하지 않으려 한 것이 전전(戰前) 고고학의 맹점 중 하나였다고 말한다. 문헌을 중심으로 하는 역사학자들은 전후까지도 그런 경향이 강했다. 전반적으로 내적 발전을 너무 강조하였던 것이다. 그러나 이들도 점차 국제적인 계기라는 것을 중시하게 되었다고 나오키는 말하고 있다(김달수 외 p.59).

그런 국제적인 계기 즉 영향을 받았다는 증거가 적석총과 수혈식 석실이다. 먼저 적석총(積石冢)이라고 하면 고구려가 대표적이다. 부여에도 적석총 고분이 있고, 신라는 적석총을 분구 안에 넣고 흙으로 바깥을 두른다. 일본에도 적석총이 각지에서 발견되지만 고구려보다 늦은 시기에 등장한다. 이것은 일본 전기 고분의 초기부터 외래적 요소가 나타난다는 것을 의미한다.

오사카의 마쓰오카산(松岡山) 고분은 전방후원분이지만 돌이 많은 고분이다. 후원부의 정상에는 적석총이라고 해도 좋을 정도로 돌을 많이 사용하고 있다. 석관의 양 끝에서 약간 떨어져 판석(板石)이 서 있고, 구멍도 나 있다. 이것도 대륙의 묘제와 연계된다는 것이다. 더구나 이 고분에서 도래계인 후나(船)씨의 묘지(墓誌)가 출토되었다. 석침이 있고,

입석이 있고, 적석총인데다 『일본서기』에도 나오는 후나씨의 묘지가 나왔다는 점에서 일본의 전기 고분 중에서 가장 대륙적인 곳이 이 마쓰오카산 고분이라고 모리(森浩一)는 같은 좌담회1에서 말하고 있다(김달수 외 pp.61~62).

다음은 수혈식 석실(竪穴式石室)이다. 3세기 말에서 4세기 초두에 시작하는 일본의 고분은 3세기 중반에 출현하는 가야 고분과 기본적으로 같은 형식인 수혈식 석실(竪穴式石室) 구조로 되어 있다. 1대 신무천황이나 10대 숭신천황(崇神天皇, 스진덴노)도 계보를 따져 올라가면 가야에서 선조를 찾아야 하는 인물이므로 그 묘의 형식이 가야계인 것은 이상하지 않다고 카미가이토는 말하고 있다. 설사 가야계가 아니라도 그들이 얼마나 가야와 밀접한 관계였던가를 나타낸다고 말하지 않을 수 없다는 것이다(카미가이토 p.95).

같은 좌담회1에서 하야시야(林屋辰三郎, 1998년 사망)는 고고학에서는 야마토(大和) 중심주의가 너무 심하다면서, 동해 일본 연안의 이즈모(出雲)나 현재의 교토부 북부 지역인 탄고(丹後)의 고분들도 더 중요하게 다루어야 한다고 말하고 있다(김달수 외 pp.334~335). 특히 이즈모 지방을 중심으로 만들어진 사우돌출형분구묘(四隅突出型墳丘墓)는 전방후원분보다 이전에 등장하여 이즈모 왕국의 지배지로 생각되는 산잉(山陰), 호쿠리쿠(北陸), 빈고(備後) 방면으로 확산하였다고 우메하라는 말하였다. 즉 야마토보다 더 빠른 시기인 기원 1세기로부터 2세기 후반의 2백 년 정도의 기간에 만들어졌다는 것이다(우메하라 p.239).

이 사우돌출형분구묘는 청동기 왕국 이즈모의 세력 범위가 동해 일본 연안으로부터 오우미(近江) 그리고 기나이(畿內) 나아가 시나노(信濃)

에서 무사시(武蔵)까지 확대하였다는 것을 증명한다고 오카야 코지(岡谷公二, 1929년 출생)는 저서 『신사의 기원과 고대 조선』(동경:平凡社, 2013)에서 기술하고 있다. 그는 또한 전방후원분이 일반화되어 가는 중에도 이즈모만큼은 특이하게 전방후방분(前方後方墳)으로 변화했고, 이런 전방후방분이 북부 관동 지방까지 퍼졌다고 말했다. 이 방분과 전방후방분은 이즈모가 많은 영향을 받은 신라·가야 지방에 그 조형(祖形)이 있다고 하는데 아직 확정되지는 않았다는 것이 오카야의 견해이다(오카야 코지, 전게서[7], p.154).

• 고분 시대의 극치 전방후원분

이러는 가운데 4세기 초두에 길이 240m 이상의 거대 전방후원분인 숭신천황릉이 기나이(畿內)에서 돌연 등장한다. 장제의 변화가 너무 급격해서 기마민족정복설의 논거의 하나가 되었을 정도였다. 오자키 사사오(尾崎喜在雄, 1978년 사망)는 4세기 전반의 12대 경행천황(景行天皇, 게이코덴노)의 어릉(御陵)에서 에도 시대 말기 무렵에 석침(石枕)이 출토된 것에 주목하였다. 이 석침이라는 것은 매우 대륙적인 것으로 고구려, 백제, 신라 경주에도 있는 유물이기 때문에, 전방후원분으로부터 석침이 나왔다는 것은 지금까지의 일본 고분에 대한 상식으로는 생각할 수 없는 것이었다고 그는 말하고 있다(김달수 외 p.54).

그리고 마침내 5세기 전반에는 왜의 통일자 응신의 왕권이 강대함을 상징하는 분구의 장경이 418m나 되는 응신천황릉이 만들어졌고, 이것은 다음 대인 인덕천황릉(486m)과 함께 일본 고분 중 최대 규모이다.

---

[7] "오카야 코지, 전게서", 이후 "오카야"로 명기함

그런데 이런 고분을 축조하는 기술이 반도계의 기술이라고 추측되고 있지만 실제로는 이런 200m를 넘는 거대 고분은 한반도에는 없다고 카미가이토는 지적한다. 반도에서 가장 오래된 고분은 낙랑군에 있고 기원전부터 고분의 축조가 행해져 왔으나, 그중 큰 규모인 도제리 50호분도 분구의 크기는 남북 약 30m, 동서 약 32m, 높이 6m 정도로서 일본의 것과 비교가 안 되게 작다는 것이다. 고구려의 최대 크기인 대왕총은 기저가 63.6m, 높이 21m의 원분이고, 황남리 98호분은 원분을 두 개 연결한 것으로 장경 110m, 높이 16m이다. 그런 점에서 일본의 초기 대형 고분에 미치지 못한다. 일본의 고분이 그 규모에서 모델로 했던 것은 진시황제릉과 한무제릉 정도에 그친다는 것이다(카미가이토 p.89, p.95).

그러면서도 카미가이토는 김기웅의 견해를 소개하고 있다. 즉 일본 고유라고 하는 전방후원분도 가야·백제에서 원분을 만들고 그 앞에 제사를 지내는 방형의 제단을 설치한 것이 그 조형(祖形)이라는 것이다. 또한 최근 한국에서도 전방후원분이 발견되고 있지만 고구려의 방분 기타 원분이 압도적인 기본 형식이고, 전방후원분은 일본에서 특히 애호되어 발전한 것이라고 구분하고 있다(카미가이토 p.96).

그렇지만 카미가이토는 고분이 대형화된 것에 나름의 의미를 붙이고 있다. 즉 동탁이 본래 한반도의 마령(馬鈴)으로부터 유래하였으나 일본에서는 의례용으로 크기가 몇 배로 커진 것과 유사하다는 것이다. 동검과 동모도 반도에서는 원형을 유지했지만 일본에서는 크게 변질되어 대형화되었다. 하니와(埴輪)도 한국의 고분에서 부장품으로 출토되는 기마인물상이나 동물형 토기의 높이가 대개 20~30cm 정도이지만, 일본에서 고분의 외부에 큰 것은 1m 이상의 높이로 세워졌다. 이것은 일본 속에서도 북규슈보다도 더 개성적으로 반도와 다른 독자적인 것을 만들려는 킨키(近畿) 지방의 움직임이 있었다고 해석된다는 것이다(카미가이토 pp.96~98).

• 한반도의 전방후원분

한국에서도 전방후원분 고분 발견 소동이 1980년대 중반부터 있었다. 한국의 고고학자 강인구가 한반도의 전방후원분이 일본 전방후원분의 조형(祖形)이라고 1984년에 〈삼국시대 분구묘 연구〉에서 주장하였던 것이다.

그러나 나가하마는 쓰데 히로시(都出比呂志) 오사카대학 교수의 견해를 인용하여, 한국의 전방후원분은 지금까지 발견된 것들이 5~6세기에 만들어진 것이라고 반박하였다. 이 중에는 왜의 제작 기법과 닮은 것도 있지만, 매장된 토기는 현지에서 만들어진 도질토기라고 하였다. 그런 점에서 영산강 유역으로 이주한 왜인이나 그 후예, 또는 왜인과 친밀히 교류한 그 지역 수장층의 묘일 수도 있다는 것이다. 이런 고분은 영상강 유역을 중심으로 서울, 충주, 부산까지 넓게 분포하고 있기에 나가하마는 5세기 후반 왜인의 한반도에서의 대외 활동이 활발하였다는 증거로 사용하고 있다(나가하마 pp.96~97).

한편 한반도 전방후원분에 대한 한국 학계 동향을 인터넷 자료 검색한 결과를 소개하면 다음과 같다.

지금까지 영산강 유역에서 15기의 전방후원분이 발견되었다. 그간 '전방후원분=일본 고분' 이라는 입장이 워낙 굳어진 만큼, 한반도에서 이런 무덤들이 발견된 것에 대해 한국 학계는 무척 곤혹스러워했다. 자

첫 일본에서 주장하는 임나일본부설 즉 일본의 신공황후(神功皇后, 진구황후)가 3세기에 군사를 이끌고 쳐들어와 가야를 중심으로 한 한반도 남부를 점령하고 지배했다는 설을 뒷받침해 주는 근거로 사용될 수 있어서이다.

또 한편으로는 영산강 일대에서 발견되는 전방후원분이 5세기 후반부터 6세기 중반에 집중되어 있다는 점에 주목해 이 시기의 특수한 정치사회적 변동과 연관 지으려는 해석도 적지 않았다.

이러한 이유로 매장 주체를 두고 한국과 일본 사이에서 다양한 논쟁이 이어져 왔다. 지금까지 제기된 주장으로, 첫째는 망명 왜인설, 둘째는 토착 세력자설, 셋째는 야마토 정부 파견 왜인설, 넷째는 백제 파견 일본계 백제 관료설, 다섯째는 일본 열도로부터 귀국한 백제인설이 있다(중앙일보 보도 요약, 2022. 2. 3).

그렇지만 이런 전방후원분의 수도 적고 규모도 대부분 20~30m에 불과하므로 현지에서 강력한 세력을 구축한 것은 아니라는 이유에서, 임영진 전남대학교 문화인류고고학과 교수는 이를 전방후원분 대신 장고분(長古墳)이라는 명칭을 사용해야 한다고 주장하고 있다.

한국에서의 전방후원분을 둘러싼 이런 한일 간의 논쟁에 대하여 모리 코이치(森浩一)가 같은 좌담회1에서 매우 타당한 발언을 하였다. 그는, 일본인들이 일본 역사를 배우면서 5, 6세기 동안에 끝없이 신라 주변에서 교전하였고, 적어도 5세기경에는 꽤 우세였다고 알았는데, 경주의 5세기경의 고분을 보면 그 크기가 거대하고 또한 한 지역에 안정적으로 고분군을 만들었던 것을 알 수 있다고 말한다. 일본의 경우는 한 장소에서 고분군을 계속해서 만든 경우가 매우 드물다는 것이다. 이것을 봤을 때 정치적으로 군사적으로 압도된 신라가 저런 고분군을 만들었다고는 도저히 생각할 수 없다는 것이 그의 견해이다(김달수 외 p.72).

또한 모리는 전기 고분과 중기 고분 사이에는 부장품이 일변한 것에 주목하였다. 고분을 연구할 때에 가장 중요한 것은 묘의 형태보다는 어떤 복장 습속을 한 사람이 매장되었고 부장품은 무엇인가인데, 응신묘나 인덕묘와 그 주변에서 기술적으로 새로운 마구나 금은 장신구, 하니와가 나온다는 것이다. 이런 큰 고분의 주변에 있었던 씨족 집단이 후지이(葛井), 후나(船), 쓰(津), 후미(文), 타케후(武生), 쿠라(藏) 등 한반도 도래계였다는 것도 또 하나의 고분 전래설의 근거라고 말하고 있다(김달수 외 p.124). 그리고 6세기 후기의 전방후원분인 와카야마현(和歌山県)의 인베하치만산(井邊八幡山) 고분에서 훈도시(褌)만 걸친 나체인물상의 하니와(埴輪)가 출토되었다. 이 훈도시는 동시대의 고구려 벽화에도 나온다는 것이다(김달수 외 p.64).

- 횡혈식 석실과 횡구식 석곽, 그리고 다카마쓰총

고분 시대의 늦은 시기에 유행한 한반도 전래 양식으로 횡혈식 석실(橫穴式石室)이 있다. 백제, 신라 그리고 가야의 횡혈식 석실과 일본 보통의 횡혈식 석실과의 구분은 매우 어렵다고 한다. 고구려식은 북규슈에 많이 있는데, 의외로 오사카 남쪽인 와카야마현(和歌山県)의 이와세천총(岩橋千塚) 주변에 많이 있다. 약 600기 정도가 있고 그 대부분이 횡혈식 석실이다. 이런 횡혈식 석실이 보급된 것은 아마 6세기 정도라는 것이 모리의 견해이다(김달수 외 p.50, p.54).

그리고 다음으로 중요한 것이 횡구식 석곽(橫口式石槨)과 다카마쓰총(高松塚)이다. 이 다카마쓰총은 높이 5m, 직경 18m로, 크기에 비해 높은 고분이다. 여기에 들어가 있는 횡구식 석곽은 횡혈식 석실 이후인 7세기 초두에 아스카(飛鳥) 지방에서 성행한 일본 고분 역사상 최후의 매장시설로서, 고구려의 것과 아주 닮았다는 평가를 받는다고 모리는 말하였다(김달수 외 pp.217~218). 석곽이라 하지만 안에 목관이 들어갔다고 추정되는데, 이 석관의 내측에 유명한 벽화가 그려져 있다는 것이다. 이 다카마쓰총의 벽화는 역사적 가치가 워낙 큰 문화재여서, 유물·유적이라기보다는 문화 유산으로서 제4장 포럼 언어·문화편에서 상세히 다루도록 하겠다.

• 고분 시대의 종언 – 고분에서 사찰 건립으로

같은 좌담회1에서 오자키 키사오(尾崎喜左雄)는, 킨키(近畿) 지방에서 후기 고분의 끝은 7세기 초이고, 그때까지 폭발적으로 고분을 만들었으나 이때부터 그런 흐름이 멈췄다고 말한다. 다만 횡혈식 석실은 7세기 후반에도 꽤 조성되었다. 나오키(直木孝次郎)도 고분 대신 절을 세우는 호족들이 늘어났지만 불교를 받아들이고도 고분을 계속 만드는 호족도 지역에 따라 있었다고 말한다. 그러나 8세기에는 절 세우는 것으로 거의 다 바뀐다. 역시 고분을 조성하는 것은 쓸데없는 낭비라고 보기 시작하였던 것이다(김달수 외 pp.48~49).

7. 연대측정법의 정확성 문제

이상과 같이 대표적인 고대 유물·유적을 개별적으로 살펴보았지만, 그 연대를 측정하는 방법에 탄소14연대측정법(이하 탄소연대법) 등을 적용하고부터 여러 가지 문제가 제기되고 있다는 것을 알 수 있었다. 이 방법으로 측정한 연도가 기존 고고학 또는 문헌역사학에서 추정한 연도보다 훨씬 더 오래된 것으로 나왔기에 그 정확성을 둘러싼 논쟁이 벌어진 것이다. 더구나 '한반도 도래인에 의한 일본 고대사 형성'이라는 한일 교류사의 근간이 이 측정법을 어설프게 활용한 일부 연구자들에 의해 큰 도전을 받았다. 지금부터는 그러한 과학적 연대측정법의 원리와 문제점, 그리고 과연 한일 고대 교류사를 다시 쓸 정도로 이런 방법들을 신뢰할 수 있는가에 대하여 살펴보겠다.

• 지층연대측정법

연대 측정에 있어서 유물 자체도 핵심 시료이지만, 그런 유물이 놓여 있던 지층의 연대를 알아내어 그 유물 내지 유적의 연대를 추정하는 방법이 많이 사용되고 있다. 한국의 지식백과에 의하면 이런 학문을 지층연대학(Geochronology)이라고 하는데, 암석 광물이나 화석, 퇴적물의 절대연대(絶對年代)를 측정하는 데 유용하다고 기록되어 있다. 요약하여 소개하면 다음과 같다.

지구는 46억 년 전 생성되어 크고 작은 변화를 겪었다. 그 변화의 시대와 길이를 과거에는 화석의 산출과 지층의 분포 순서에 의존했지만, 20세기 들어와서 방사능과 방사능 광물의 발견 등을 통해 광물과 암석의 절대연대를 알게 되면서 이 학문이 지질학의 한 분야로 발전하게 되었다. 지층연대학에서 절대연대를 측정하는 방법도 몇 가지로 나누어 볼 수 있다.

첫째, 방사성 동위원소의 붕괴를 이용하여 측정하는 방법(Radiometric

dating)이다. 이 방법의 원리는 방사능 물질이 시간이 가면서 다른 물질로 붕괴 변화하면, 붕괴한 양과 남는 양을 비교하여 붕괴를 시작한 절대연령을 알 수 있다는 것이다. 방사능 물질의 반감기는 알려져 있기에 반감기가 길수록 오래된 절대연대를 알게 된다.

 이 방법도 동위원소(同位元素)의 종류에 따라 몇 가지로 나눠진다. 지금까지 언급한 탄소연대법이 그중 하나이다. 탄소가 주요한 분석 자료이므로 유기물 탄소가 있는 시료라면 대부분 분석할 수 있다. 이 탄소연대법은 절대연령이 5만~6만 년 정도 된 표본에서 유용하다고 말한다. 그 외에 U-Pb 방법, K-Ar 방법, Rb-Sr 방법이 있는데 반감기가 수억 년에 이른다.

 둘째, 고지자기(古地磁氣, Paleomagnetism)의 자극 변화를 측정하는 연구 방법이 있다. 이 방법은 지구의 자극(磁極)이 지구 역사상 수십 번 반전(反轉)하였다는 현상에 바탕을 두고 연구된 지구 물리학의 한 분야이다. 마그마가 분출되어 고화할 때나 자성 물질을 가진 퇴적물이 퇴적할 때, 자력선의 방향은 당시의 자극을 향한다. 그러므로 지금 암석에서 암석이 생길 당시의 자극 방향을 알아내어 절대연령을 측정하는 것이다.

 셋째, 나무의 나이테(tree ring)를 이용하는 방법인 연륜연대학(年輪年代學, Dendrochronology)으로도 비교적 오래되지 않은 절대연대를 알 수 있다. 특정 지역에서 특정 시기에 형성된 나무 나이테는 생장 당시의 온도와 강수량을 반영한다. 지금은 나무가 생장하지 않아도 과거의 생성 연대와 장소를 특정할 수 있고, 여러 지역에서 자란 다양한 시기의 나이테 자료를 다량 축적함을 통해 과거의 변화에 따른 나무의 생태와 인간의 활동을 알 수 있게 해준다. 이 방법은 미국의 서남부 지역에서 성공하였는데 지금부터 약 8000년 전까지의 연륜이 연결되어 있다.

 기타로는 핵분열 시 생기는 비적을 조사하는 방법, 지의류(地衣類, lichen)의 성장을 측정해서 절대연대를 규명하는 방법 등이 있다.

이러한 지층연대학 분야의 세계적인 조직으로서 국제층서위원회가 만들어져 국제지층연대 차트(International Chronostratigraphic Chart)를 발간해 오고 있다.

• 탄소연대법의 원리

그러면 유물·유적의 연대를 측정하는 방법 중에서 가장 대표적인 탄소연대법에 대해서 상세히 알아보겠다. 제1장에서 나가하마의 저서에서 나오는 이 방법의 개략적인 개념이나 원리 등에 관해 간략하나마 알아보았기 때문에 가급적 중복되는 것은 피하겠다.

이 탄소연대법은 1947년에 미국의 리비(Willard Frank Libby)에 의해 공표되었다. 우주선에 의해 질소로부터 형성된 탄소14가 다시 β선을 방출하면서 다시 돌아가는 원리를 이용해서, 나무테 등 유물에 포함된 탄소14의 반감기 잔량을 측정하여 유물의 연대를 추정한다는 것이 기본 골격이다.

이러한 대기 중의 탄소는 자연계에 3종류가 존재하는데 그 구성비는 탄소12가 98.89%, 탄소13이 1.11%, 탄소14가 1조분의 1이다. 그래서 이 탄소14의 대기 중 전체 존재량은 1톤에도 미치지 못하는 미량이라고 한다. 탄소12와 탄소13은 안정적이고 방사선을 갖지 않지만, 탄소14가 방사선을 갖기 때문에 방사선 탄소라고도 부른다.

이렇게 생성된 탄소14는 다른 탄소12나 탄소13과 마찬가지로 대기 중의 산소 원자와 반응하여 이산화탄소 등의 형태로 저장된다. 이렇게 대기권, 생물권, 해양에 다양한 형태로 존재하는 탄소를 탄소리서버(reservoir, 저장고)라고 총칭한다.

이렇게 저장된 탄소14는 β선을 방출하면서 붕괴를 계속해 나가는데, 그 반감기가 5730±40년으로 일정하므로, 그 함유율을 측정하여 절대연대를 알아낸다는 것이다. 이 측정 방법도 발전하여 가속기질량분석계를 이용한 AMS법을 통해 쉽고 정확한 측정이 가능하게 되었다. 다만 이 탄소연대법은 암석의 연대 측정에는 사용되지 않는다. 살아 있는 동안 조직에 탄소를 함유시켰던 식물이나 동물과 같은 생물학적 시료에만 적용할 수 있다(나가하마 pp.67~70).

• 탄소연대법의 보정과 문제점

그러나 이러한 탄소연대법은 초기부터 문제에 부딪친다. 이 방법의 타당성을 확인하기 위해 다른 여러 방법으로 연대가 확정된 고고 유물을 가지고 검증 실험한 결과 대부분 일치하였으나, 아주 오래되고 이미 연대가 알려진 이집트 왕조의 고고 유물과는 많은 차이가 났다. 그래서 방사성 탄소의 농도 즉 탄소14/탄소12의 비율이 시간과 함께 변화할 수 있다는 가능성이 제기되었던 것이다. 그래서 교정 곡선에 의해 일정한 보정 작업을 해야 하는데, 이 교정 곡선도 수차례에 걸쳐 수정되어야만 했다.

그렇다 보니 일부 고고학계로부터는 환영받았으나 평탄히 받아들여지지는 않았다. 일본에서도 앞의 여러 곳에서 설명된 바와 같이 큰 혼란이 야기되었다. 미국에서 1950년대부터 실용화된 이 방법을 1962년에 야마우치(山內清男), 사토(佐藤達夫) 등은 완전히 부정하는 입장을 발표하였다. 미증명의 가정하에 성립한 측정법이라 신뢰할 수 없다는 것이다. 반면에 세리자와(芹沢長介)와 스기하라(杉原壯介)는 찬성하는 편이었다(나가하마 pp.75~76). 세리자와와 스기하라 모두 구석기 유물 날조 사건과 무관하다고는 할 수 없는 메이지대학 연구팀이다.

　더구나 이러한 보정에도 불구하고 시간이 지나갈수록 또 다른 문제점들이 제기되었다. 이른바 원폭실험효과, 화석연료효과, 해양효과, 반구효과이다. 이것들은 탄소연대법이 처음부터 정한 가정에서부터 재검토가 필요하게 되었다는 데서 시작되었다. 그 가정의 하나가 대기권에 있는 탄소14의 전 지구적 농도가 시간이 흘러도 변하지 않는다는 것이며, 또 다른 가정은 생명체도 대기권과 평형을 이루게 되는 과정에서 방사성 탄소의 전체적 농도가 같아진다는 것이다.

　그런데 첫째 문제는 탄소연대법은 탄소14가 다른 방법으로도 생길 수 있는 것을 전혀 고려하지 않았다는 것이다. 특히 원자폭탄 실험의 결과로 대기 중에 인공적인 방사성 탄소가 추가되는 '폭탄 영향(Bomb Carbon)' 즉 원폭실험효과를 고려해야 하는 문제가 제기되었다. 1950년부터 원폭 실험이 금지된 1963년까지 탄소14의 양이 두 배로 늘었고, 이러한 폭탄 영향은 여전히 남아 있다는 것이다. 리비가 탄소연대법을 발명한 것은 이러한 원폭 실험들이 이루어지기 전인 1946년이었다. 이것으로 그는 1960년에 노벨상을 받았다고 한다.

　둘째 문제는 화석연료에 의한 배출가스 증가로 대기 중의 이산화탄소가 늘어난 '화석연료 효과'이다. 세계 경제가 발전해 갈수록 화석연료 배출가스 즉 탄소12가 늘어나서 탄소14/탄소12의 비율을 떨어뜨린다는 것이다. 이런 현상은 원폭 실험으로 증가한 탄소14를 희석하는 결과가 되어 연대 측정에 또 다른 혼동을 가져왔다. 이런 화석연료효과는 2015년 이후에야 알려지게 되었다.

셋째 문제는 해양 주변 유물의 탄소14의 비율이 낮게 나오는 '해양효과'이다. 대기권의 탄소가 해양 표층에 녹아 들어가는 데는 수년밖에 걸리지 않지만, 해양 심층수까지 영향을 미치기에는 수많은 세월이 걸린다. 왜냐하면, 해양 심층수는 대략 1000년에 걸쳐 순환되어 표층으로 나오는데, 이런 해양 심층수에 해양 탄소의 90%가 저장되어 있다. 그래서 해양 표층의 탄소14 비율은 이런 해양 심층수의 영향으로 대기권에 비해 낮을 수밖에 없고, 이 해양 표층에서 생활하는 생물 체내의 탄소14 비율은 주변의 해수와 같은 비율을 유지하다 보니 대기권보다 낮게 된다. 그 영향으로 현재의 해양 생물을 측정해 보면 육상 생물에 비해 탄소14 비율이 낮아서, 즉 탄소14의 붕괴가 더 진행된 것으로 되어 400년 이상 더 오래되게 나와 버리는 것이다. 이런 차이는 해수의 용승(溶昇)이 있는 곳이면 줄어드는데, 그런 용승은 적도 부근에서 잘 이루어지고, 해저의 지형, 기후, 바람의 패턴 등에도 영향을 받는다.

넷째 문제는 북반구보다 남반구가 40년 정도 오래되게 나오는 '반구(半球)효과'이다. 지구의 북반구와 남반구는 서로 독립적인 대기 순환계를 가지고 있는데, 남반구의 해양 면적이 훨씬 넓기 때문에 대기와 해양 간의 탄소 교환이 활발히 이루어져 결과적으로 대기 중의 탄소14 비율이 낮아지게 되어, 연대를 측정하면 북반구보다 남반구가 40년 정도 오래되게 나온다는 것이다.

그 외에도 연대가 서로 다른 시료가 혼입되는 경우에는 측정 결과는 더욱 부정확해지는 문제가 있다.

그래서 이 측정 방법은 수십 년 동안 많은 개선이 있었으며, 그렇게 했음에도 보정 곡선은 수년에 걸쳐 수많은 업데이트를 거쳤다. 그래서 영국 퀸스대학의 방사성 탄소 연대측정 전문가인 라이머(Paula Reimer)는 이 원폭 실험과 화석연료 배출가스 증가라는 두 가지 효과로 인해 "곧 어떤 것이 1000년 된 것인지 현대에 만들어진 것인지를 구별하기 어렵게 될 것이다."라고 말하고, 미국의 과학정보 전문가인 코프쥐(David F. Coppedge)는 "방사성 탄소 연대측정법은 무용지물이 되고 있다."라고까지 혹평하였다(미국의 방사성탄소 연대측정 연구소인 'Beta Analytic'의 인터넷 자료 참고).

이렇게 탄소연대법은 문제가 많기 때문에 그 결과를 해석하고 활용하는 데는 각별한 주의를 요한다. 특히 일본은 세계에서 두 번이나 핵폭탄을 맞은 나라이고 또 태평양을 끼고 있는 섬나라이므로 이런 오류를 일으키는 영향을 무시할 수 없다고 본다. 그럼에도 불구하고 탄소연대법에 의한 결과만을 가지고 그동안의 고고학적, 문헌적 연구 결과를 무시한 채 각종 유적과 유물의 연대를 올려 잡아 세계에서 최고 오래됐다는 식으로 자랑하는 일부 연구자들의 행태는 심히 염려스럽다고 하지 않을 수 없다. 그런 혼란에 대하여 알아보자.

• 탄소연대법에 의한 대혼란

특히 이러한 효과들이 밝혀지기 전인 초기에 이 측정법을 활용한 연구 결과들이 문제이다. 그로 인해 일본 고대사는 대혼란에 빠지고 그러한 사단의 단초를 국가 기관이 열었다. 국립역사민속박물관(歷博)이 야요이 시대의 토기에 부착된 끓어 넘친 자국을 탄소측정법에 의하여 분석한 결과 종전의 통설보다 500년 정도 시대가 올라간다는 결과를 발표한 것이다.

이 발표에 따른다면 기원전 10세기부터 5세기까지는 조몬 시대 만기이고, 도작이 시작된 시대를 야요이 시대라고 구분하고 있으므로, 이 야요이 시대 초기와 조몬 시대 만기가 그대로 겹치는 결과가 되기 때문이다. 이것이 맞는다면 야요이 시대와 직결되는 도작이 기원전 10세기경에 시작한 것이 된다. 야요이 시대가 한반도 도래인에 의해 시작됐다는 증거로서 수전도작과 야요이토기가 양대 축이었는데 그 기본이 도전을 받게 된 것이다.

여기서 역사 연구가인 와시자키 히로토모(鷲崎弘朋, 1942년 출생)의 논문 〈탄소14연대법과 쟈마다이국 논쟁－연륜연대법과의 연동을 통하여〉가 많은 참고가 되었기에 요약하여 소개한다. 이 논문은 『쟈마다이국(邪馬台国)』 101호(2009년 4월)에 게재된 것이다.

2003년에 국립역사민속박물관(歷博)이 탄소연대법을 통해 북규슈의 야요이 시대의 시작을 기원전 10세기로 500년을 더 앞당겼다고 발표하고, 또 5년 계획으로 '야요이 농업의 기원과 동아시아－탄소연대 측정에 의한 고정밀도 편년체계의 구축' 프로젝트를 진행한다. 이것에 앞서서 2008년 5월에 개최된 일본고고학협회 총회에서 탄소연대법에 의하면 저묘고분(箸墓古墳)의 토기(布留０式)는 3세기 중반이라고 발표하였다. 이 저묘고분이 3세기 중반이라면 쟈마다이국의 여왕 히미코(卑弥呼)의 묘라는 것이 되어, 오랫동안의 쟈마다이국 논쟁은 킨키야마토설(畿内大和說)로 결착하게 된다.

그러나 탄소14의 반감기는 5,568년이라고 생각되었으나, 현대는 5,730±40년이다. 그런데 이 반감기도 '가장 정확해 보인다'로 되었지만 금후 변경되지 않는다는 보장이 없는 만큼 잠정치에 불과하다. 이것이 중간치인 50~100년만 변해도 저묘고분은 270년 축조에서 300년 축조가 됨으로써, 종래의 통설처럼 야마다이국 또는 규슈 세력의 동천설이 타당하게 된다.

현실적으로 태양 흑점 활동의 영향으로 우주선의 양은 변동한다. 사실, 과거 12000년간의 대기 중의 탄소14의 농도는 약 20% 정도의 변동이 있었다고 보고되었다. 1%로 약 80년의 차이가 나므로 4%만 변동한다 해도 320년의 차질이 생긴다. 이렇기에 탄소연대법은 물리학에서 출발하지만 이론의 시작부터 상당한 오차를 내포하고 있다. 따라서 100~200년 정도의 오차는 당연한 것이어서, 석기 시대나 조몬 시대라면 그 정도는 용인될 수 있지만 기원후의 시대에 적용하는 것은 문제가 된다.

더구나 탄소14의 농도가 일정 기간 큰 변화가 없어서 연대 측정이 곤란한 시기가 약 350년간 계속되는데, 그 시기가 기원전 750~400년이어서 야오이 시대의 개시 추정과 관련하여 큰 장애가 되는 '2400년 문제' 등이 있다.

따라서 이 탄소연대법은 오차가 크기 때문에 동일 유적 출토품끼리의 비교에 한정하고, 동일 유적 출토품이라도 토기 부착 탄화물과 목재의 비교는 하지 말아야 한다. 또한 목재라도 동일 목재 시료에 한정하고, 동일 목재 시료 간의 비교도 130년 이내로 한정하여야 한다. 그리고 토기 부착 탄화물의 탄소연대는 오래된 수치로 나온다는 것과, 고분의 주호(周濠)나 구(溝)에서 출토된 유물의 연대측정치를 고분 축조와 직결시키는 것은 위험하므로 참고치로 사용하는 것에 그칠 것 등을 와시자키는 주장하였다.

그러므로 탄소연대법은 어디까지나 고대사를 규명하는 한 방법에 불과하고, 다른 문헌이나 고고학적 성과물들을 종합적으로 고려하여 판단해야 한다고 본다. 와시자키(鷲崎弘朋)의 논문에서도, 소위 역사고고학으로 연대가 확립된 경우에는 탄소연대가 더 오래되게 나오는 것이 현재 상식화되었고, 특히 토기 부착 탄화물의 탄소연대는 오래된 수치로 나오는 위험성이 크다는 내용 등이 나와 있다. 그런 점에서 수전도작의 개시 시기를 그 유적에서 나온 토기나 목재 등에 대한 탄소연대법 결과만을 가지고 단정하는 것은 너무 무리한 판단이라고 아니할 수 없다.

또 하나의 흥미로운 논문이 있어 소개한다. 오사카대학 공학박사 출신이며 한국 국립경상대학교 초빙교수도 역임했던 아라이 히로시(新井宏, 1937년 출생)가 2013년 12월에 '이계(理系)의 시점에서 본 고고학의 논쟁점' 연속 강연회에서 〈탄소14법에 의한 신연대론의 제 문제〉라는 제목으로 발표한 것이다. 요약하면 다음과 같다.

아라이는 역박(曆博)에서 야요이 시대 500년 소상론(遡上論)을 발표한 이후 10년이 지났지만 고고학계에서 아직 이 소상론을 그대로 인정하는 상황이 아니라고 하면서, 그중에 기묘한 것은 탄소연대법의 제 문제로부터 본격적으로 이 소상론을 재검토한 예가 극히 적다는 것이라고 지적하였다.

그는 결론으로서, 탄소14연대를 가지고 판단하자면 야요이 시대 개시 시기의 소상 즉 더 거슬러 올라가는 것은 500년이 아니라 200년 정도라고 추정하였다. 다른 대표적인 연구자도 100년에서 270년 정도 앞당기는 주장을 하고 있다고 정리해 주었다.

특히 탄소14가 주로 생성되는 곳은 성층권에서도 위도가 높은 북극이나 남극권이고, 소멸되는 곳은 해수가 많은 저위도권인 관계로 해양국인 일본이 문제라고 지적하였다. 또한 탄산가스로서 체재하는 시간이

긴 해수 중에는 탄소14 비율이 대기 중에 비해 5~10% 낮은 관계로 탄소14연대가 400~800년 오래되게 나오므로, 특히 해안 유적에 적용하는 것은 문제라고 말하였다. 더구나 토기 부착 탄화물은 목재나 종자와 달리 오염되기 쉬운데, 그 정도가 심하다. 즉 토기 부착물의 탄소14연대를 종자 등의 탄소연대와 비교해 보니 24건의 사례 모두가 수십 년에서부터 백 년 단위로 더 오래되게 나왔다는 것이다.

더구나 역박의 발표도 너무 성급해서 유적의 이름이나 탄소연대 일부를 밝히지 않은 시료 11건에 기초하여 '500년 소상론'을 발표했다는 점이다. 그러나 그 후에 기대와 전혀 다른 측정 데이터가 속출하였다. 지금까지 측정된 12종류의 일본산 수목의 탄소연대를 보더라도 국제표준보다 5~75년 오래된 것으로 나왔다. 역박이 논거로 삼은 시료의 대부분이 탄소연대가 오래되게 나오는 해안 유적의 것이었고, 그 단계에서도 토기 부착 탄화물이 눈에 띄게 오래된 것으로 나온다는 보고가 존재하였다는 것이다.

아라이는 이미 토기 부착 탄화물의 탄소연대의 정확성을 따질 단계가 아니라고 말한다. 특히 수목이나 종자에 비하여 토기 부착 탄화물은 시료에 붙은 오염을 제거하기가 어려운데, 문제는 오염물을 강력히 제거하면 본래의 탄화물도 녹아 버린다는 것이다. 지금 회고해 보면 그때의 이 오염 제거 방법이 과학적인 검증을 거친 것이었다고 말할 수 없을 정도였다고 지적한다.

그의 마지막 마무리가 재미있어 그대로 인용한다. "문제를 지적하지만 탄소연대법을 부정하는 것은 아니고, 이 방법이 안고 있는 문제를 해소하는 것이야말로 '과학다운 고고학'을 여는 길이다. 그러나 고고학에서는 일반 과학과 달리 재현 시험이 곤란한 경우가 많아서 '날조와 비슷한 자의적인 행위'를 방지하기 어려운 문제가 있다. 사실을 말한다면 토기 부착 탄화물의 오염 제거 즉 전 처리조건을 아무리 연구하더라도 정확한 연대가 얻어진다는 보장이 없다."

여기서 또 날조라는 단어가 나온다. 앞에서 후지무라 날조 사건이 '유물의 연대를 그 유물이 매립된 지층의 연대측정을 통해 정한다는 방법상의 약점을 파고든 것'이라는 타나카(田中嘉津夫) 교수의 지적이 다시 생각나지 않을 수 없다. 학자적 양심이 '날조와 비슷한 자의적인 행위'를 과연 어디까지 막을 수 있을까.

• 플랜트오팔분석법

이 탄소연대법과 함께 농경문화의 역사를 판정하는 방법으로 플랜트오팔(Plant opal)분석법이 있다. 그 기본 원리나 또 방법상 문제점에 대하여 지적하는 문헌 내용들을 요약하여 소개하겠다.

유적에서 발견된 벼의 흔적을 가지고 그 연대를 직접 측정한 방법이 바로 오팔측정법이다. 2005년 2월 18일에 공동통신이 오카야마현(岡山県) 나다사키정(灘崎町)에 있는 히코자키 패총(彦崎貝塚)의 조몬 시대 전기(약 6000년 전)의 지층에서 벼의 플랜트오팔이 대량 발견되었다고 이 정의 교육위원회가 발표하였다. 즉 6000년 전으로 추정한 유적에서 오팔측정법에 의해 벼의 플랜트오팔이 나왔으므로 일본에서의 도작 시기는 6000년 전까지 올라간다는 것이었다.

그 보도 내용을 보면, 벼과 식물에는 보석 오팔과 동질의 유리질이 덮인 독특한 모양의 세포 화석이 포함되어 있는데, 40~50μm 크기의 이 물질은 매우 강인하여 벼가 썩어 없어지더라도 이 오팔 부분은 세포의 형태로 몇천 년을 잔류한다는 것이다. 이 방법을 써서 조몬 유적 39개소로부터 도작을 포함한 조몬 농경론이 확실히 밝혀졌다는 것이 결론이었다.

그렇지만 오팔법은 그 정밀도에 의문이 제기되고 있다. 수십 마이크로미터(㎛)의 미세한 것이고, 물보다 비중이 높기에 새로운 시대층 즉 상층부로부터 오래된 층 즉 하층으로 흘러 들어갔을 위험이 있다는 것이다. 실험실에서 잘못 혼입될 가능성도 무시할 수 없다.

나가하마는 이런 위험성을 인정하면서도 검출된 오팔 중에는 토기의 태토 즉 토기를 만든 그 시대의 흙에서 나온 것도 있다고 주장한다. 그 사례로 오카야마현(岡山縣)의 미나미미조테(南溝手) 유적을 말하고 있다. 즉 후 시대의 토층에서 오팔이 들어간 것이 아니라 토기의 원료인 흙을 만들 때 즉 토기와 같은 시기에 섞여 들어갔다는 것이다(나가하마 pp.44~45).

그러나 일본의 인터넷 자료(위키피디아) 등을 검색해 보면, 이 유적 토기의 연대에 대한 의문이 제기되어 다방면으로부터의 분석이 필요하다고 기술되어 있다. 2013년에는 플랜트오팔이 나온 유적의 연대가 아닌 오팔 자체의 연대를 측정하는 방법이 개발되었다고 한다. 그 새로운 오팔법으로 다시 측정한 연구 결과에 대한 보고는 아직 보지 못했다는 것이다.

결국 플랜트오팔에 의한 도작의 시기를 정하는 문제는 앞에서도 논의가 된 것처럼 도작에 수반하는 농구나 수전지(水田址)를 제대로 갖추었느냐는 것과 연계하여 검토되어야 하겠다. 그런 유적에서 나오는 벼의 품종이 무엇이었느냐도 중요함은 물론이다.

〈2차 중간 마무리〉

　유물·유적의 연대 규명에 동원된 과학적 방법들을 섣불리 또는 고의적으로 일본 중심주의에 맞추어 활용한 일부 고고학자들에 의해, 일본의 고대사 특히 한일 교류사는 그동안의 문헌사학자들의 통설마저 부정하기에 이르렀다. 구석기도, 토기도, 도작도 일본이 세계 시초이고, 이런 기술들을 가진 조몬인들이 오히려 한반도로 건너갔다는 것이 그들의 결론이다.

　그러나 탄소연대법으로 대표되는 그러한 유물·유적에 대한 과학적 방법들도 그 정확성에 적지 않는 문제로 인해 이미 폐기됐다고 말하는 전문가들마저 나오는 상황이고, 또 그 발굴과 측정 과정에서 자의적인 날조가 있었고 또 앞으로 재발할 개연성이 열려 있음을 알 수 있었다. 학계의 결론적인 견해는 과학적 분석 방법도 유용하지만 고대사를 규명하는 한 방법에 불과하고, 다른 문헌이나 고고학적 성과물들을 종합적으로 고려해서 판단해야 한다는 것이었다.

　그렇다면 추정이 아니라 문헌으로 남아 있는 일본의 역사 기록은 어떠할까. 여기에도 위조나 왜곡 행위가 없었을까. 다음 제3장 신화·사서 편에서 바로 이 문제를 살펴보도록 하겠다.

제3장
신화·사서 편

1. 강림 신화 속의 한반도 기원
2. 소왕국 간의 쟁투—이즈모 왕국과 시모노세키 왕국
3. 야마토 통일 왕조의 성립 과정
4. 한반도 분쟁 개입
5. 평화 시대의 내부 투쟁과 율령국가의 수립
6. 기기 편찬에 의한 역사 위조와 한국 경시 문제
3차 중간 마무리

제3장 신화·사서 편
— 감춰진 진실은 무엇이고 위조는 없었는가

　어느 나라나 고대사에 신화적인 내용이 들어가고, 그 나라의 자존심이나 긍지를 위해 사서 기록에 과장이나 은폐 행위가 어느 정도 있었기 마련이다. 그러나 일본의 경우는 제1, 2장에서 살펴본 바와 같이 한반도를 위시한 대륙으로부터의 도래인에 의해 점령되어 치환에 가까운 혼혈이 이루어진 역사를 가지고 있다. 그러다 보니 이런 대규모 도래의 이전 즉 조몬 시대를 알 수 있게 하는 역사 기록은 전혀 없고, 또 당시의 도래인의 입장에서는 조몬인의 옛 이야기는 자신들의 역사도 아니어서 관심이 있을 수도 없었다.

　그러면 자기 역사만 솔직하게 기록하면 되는데, 한반도와 일본 열도가 각자 통일이 되고 서로 전쟁을 치룬 후 갈라서게 되자 또 다른 문제가 생겼다. 사실 대로 기록하자니 자신들의 고향 즉 기원이 한반도에 있고, 조선인들은 선생이고 일본인은 그 아류가 되어 버린다는 것이다.

　그래서 한반도에서 건너온 것을 하늘에서 내려왔다는 식의 신화로 위장하여 기록하였다. 여기에서 그쳤다면 자기들끼리 하는 짓이니 남이

뭐라고 할 것도 없지만, 그런 뻔한 거짓말, 위조 행위는 후대에 가서 국수주의자, 군국주의자들에게 이용되어 황국신민이라는 괴물을 만들었고, 자국민은 물론 한국인을 비롯한 세계 인류에게 씻을 수 없는 죄악을 저질렀다.

이번 신화·사서 편에서는 그와 같은 한일 간의 교류와 분쟁을 시대순으로 알아보고, 그런 내용들이 또 어떻게 감춰지거나 변용되어 기록되었는지, 또한 전후에 일본 지성들의 반성과 연구의 결과는 어떻게 전개되었는지를 일본의 신화나 사서 등을 통해서 살펴보기로 한다.

• 사료의 종류

여기서 독자들의 이해를 위해 앞으로 주로 다룰 신화나 전승 그리고 역사 기록들이 실려 있는 일본 등의 주요 사료(史料)에 대해 미리 정리해 두고자 한다.

먼저 가장 핵심이 되는 『고사기』와 『일본서기』이다. 『일본서기』 전체를 처음으로 현대어역한 우지타니 츠토무(宇治谷孟, 1992년 사망)는 그의 저서 『일본서기 전현대어역(全現代語譯)』(동경:講談社, 1988)에서 사서의 이름에 記와 紀를 다르게 쓰는 이유에 관해 설명하고 있다. 『고사기(古事記)』는 '옛일을 기록한 서물(書物)'이라는 의미로 이름을 붙였고, 『일본서기(日本書紀)』의 서기는, 본가인 중국의 예를 들어, 書는 기전체(紀傳體)의 역사로서 제왕의 일에 대한 기록인 記와, 신하의 일을 기록한 列傳 그리고 기타로 구성된다고 말한다. 반면에 紀는 편년체(編年體)의 역사로서 연월의 순서로 기록한 형식을 가리킨다. 따라서 서기는 記가 들어가는 書에다 紀까지를 포괄하는 용어라는 것이다(우지타니 츠토무, 전게서[8], p.349).

『고사기』와 『일본서기』는 함께 시작되어 『고사기』는 712년에, 『일본서기』는 720년에 완성되었다. 『고사기』는 이야기체와 적당한 내용 분량 때문에 근대에 들어 일반에게 많이 보급된 측면이 있지만, 예전에는 경시되었다고 한다. 반면에 『일본서기』는 국가 사업으로 편찬된 사서여서 이미 나라 시대부터 궁정에서 강서(講書)라는 형태로 훈독 등이 행해지고 있었다.

다음에는 『풍토기』를 들 수 있다. 모두 5개 지역(出雲, 播磨, 常陸, 農後, 肥前)의 풍토기가 현존하는데, 『일본서기』나 『고사기』에 없거나 다른 내용들이 많이 포함되어 있다. 특히 한일 고대사의 숨겨진 사실(史實)들이 여기에서 발견되기도 하여, 진실을 규명하기 위한 필수적인 사료라는 평가를 받는다.

또한 『지방 고사(古社)의 전승』도 꽤 유용하다. 그 기원이 의외로 오래되어 거의 4세기대, 더 오래된 것은 그 이전일 정도이다. 고사의 신격에는 청동과 철이라고 하는 금속 정련에 관한 신이 많은데, 이런 신이 신사라고 하는 시설을 갖게 된 것이 거의 4세기부터라고 한다. 이들 고사의 전승 또한 고대사의 비밀스러운 측면들이 포함되어 있어 무시할 수 없다고 말해진다.

『연희식(延喜式)』은 율령 시대라고도 하는 헤이안(平安) 시대 중기에 편찬된 3대 격식의 하나로서, 율령의 시행세칙을 모아 놓은 법전이다. 여기에는 신기(神祇)와 관계되는 법규와 그 법규가 적용되는 신사 명이 열기되어 있다. 고대 한반도계 도래인이 이들 신사에 신으로서 모셔져

---

8) "우지타니 츠토무, 전게서", 이후 "우지타니"로 명기함

있는 경우가 많다고 전해진다.

그리고 일본 서적을 보면 『제왕편년기(帝王編年記)』를 참고로 하여 기록된 경우가 있다. 편자는 승려 영우(永祐)로 전해지고, 천황별로 사적이나 그 시대에 일어난 일을 연대순으로 기입하고, 황족·대신·장군, 큰 사찰의 문적(門跡) 등을 기록하고 있다. 개인이 편찬한 중세 역사서의 대표적인 것이라고 한다.

『신찬성씨록(新撰姓氏錄)』도 사료의 하나이다. 815년에 완성된 것으로, 당시의 수도인 평안경과 주변 지역의 유력한 씨족의 계보를 편찬한 것이다. 모두 1,182씨가 기록되어 있는데, 신의 후예라는 신별(神別), 천황계인 황별(皇別), 도래계인 제번(諸蕃)으로 구분되어 있다.

『선대구사본기(先代舊事本紀)』도 고대를 연구하는 데 참고가 된다. 901~923년경에 편찬된 10권의 책으로, 통설에 의하면 모노베씨(物部氏)가 천황가가 편찬한 『일본서기』의 내용에 불만을 품고 작위적으로 따로 편찬한 책으로 알려졌다. 그다지 평판이 좋지 않고 위서일 가능성이 크다고 한다. 그렇지만 모노베씨의 계보서 부분은 근거가 있는 것으로 중시된다고 말해진다.

그밖에 『정창원(正倉院)문서』나 『신황정통기(神皇正統記)』 등도 참고가 되는 사료이다.

그리고 일본 밖의 사서로는 대표적인 것이 『삼국지 위서』(이하 위지), 『왜인전(倭人傳)』, 『동이전(東夷傳)』, 『후한서』, 『삼국사기』, 『삼국유사』 정도를 들 수 있겠다.

1. 강림 신화 속의 한반도 기원

• 기기 신화의 역사성

『고사기』와 『일본서기』, 이를 합하여 기기(記紀)라고 일본에서는 편의로 쓴다. 이 기기의 초반부에 사실(史實)의 기록 형식이 아닌 많은 신화가 실려 있다. 이런 신화들을 어느 정도까지 믿을 수 있는가, 즉 기기 신화의 역사성에 대하여 먼저 논의를 해봐야 할 줄로 안다. 왜냐하면 일본 고대사의 상당 부분이 이런 신화를 통해서 알아봐야 하기 때문이다.

카미가이토(上垣外憲一)는 『일본서기』가 8세기에 성립됐고 『삼국사기』는 12세기에 성립되었기 때문에, 4세기까지의 고대사는 중국 기록에 의지하지 않는 한 무엇 하나 확실하게 말할 수 있는 것이 없다고 기술하고 있다(카미가이토 p.6). 학문의 범위를 벗어난다는 것이다. (그런데 『삼국사기』는 12세기에 편찬되었어도 『고기』, 『신라고기』, 『해동고기』, 『삼한고기』, 『본국고기』 등의 이전 고대 기록들을 사료로 삼았다고 되어 있다. 다만 이런 사료들이 현재 남아 있지 않을 뿐이다.)

그래서 그는 일본 민족의 형성 문제를 고찰할 때 빠질 수 없는 것이 한반도로부터의 도래에 관한 것인데 지금도 수수께끼라고 하면서, 그렇지만 『고사기』와 『일본서기』를 신중하게 읽으면 반도로부터의 사람 이동은 상당히 명료해진다고 주장한다. 기기의 신대권(神代卷)의 표현은 신화적이지만 비현실적이라고 보지는 않는다는 것이다. 다만 그 내용 대부분이 그대로 사실이라는 황국사관은 과거의 것이지만, 일본인의 조상들이 신화들을 상징법적인 역사로서 전승해 왔다는 것을 생각한다면 기기 신화가 일본 고대사로서 전해 주는 것은 많다고 그는 보고 있다.

한편 4세기 이후부터의 경우도 기기(記紀)가 신화적 표현법을 탈피해서 역사 기술에 가까운 체재를 갖추기는 하지만 한반도와의 관계에 있어서 일본의 입장을 강화하려는 작위가 상당히 있었다. 그러나 『삼국사기』를 보면 당시 양국의 관계를 어느 정도 복원할 수 있다고 카미가이토는 보았다. 적당히 해석한다면, 양국의 고대사서 내용은 그렇게 모순되지 않는다는 것이다. 서로의 기술 내용을 확인해 볼 수 있는 존재로 그는 생각하였다(카미가이토 p.4).

기기의 편찬 과정과 거기에 기록된 기사들의 성향과 문제점은 뒤에 가서 자세히 살펴보도록 하겠다. 이런 기기 신화는 크게 타카마가하라(高天原) 신화와 히무카(日向) 신화, 이즈모(出雲) 신화라는 3개의 신화로 되어 있다고 말해진다. 먼저 타카마가하라 신화이다.

• 창조와 추방 – 이자나기와 이자나미, 아마테라스와 스사노오

기기(記紀) 신화에 의하면 일본 열도에 신의 후손들이 등장하기 이전에 타카마가하라(高天原)를 무대로 하는 전사(前史)가 있었다. 신대(神代) 최후에 출현한 이자나기(伊邪那岐)와 이자나미(伊邪那美)가 나라 만들기를 하였다. 이들은 일본 혼슈(本州)를 시작으로 여러 섬을 만들고, 다음으로 일본의 여러 신을 만들었다. 그러나 최후에 이자나미는 불의 신을 낳을 때 음부를 태워 죽고 말았다.

그 후 이자나기가 강물에 몸을 씻을 때 아마테라스(天照大神), 츠쿠요미(月夜見), 스사노오(素戔嗚)라는 3남매가 탄생한다. 이들에게 이자나기는 아마테라스에게는 고천원, 츠쿠요미는 밤의 나라, 스사노오는 해원(海原)을 지배하라고 명한다. 그렇지만 스사노오는 어머니 이자나미를 그리워하여 울기만 하며 해원을 지배하려 하지 않았고, 노한 이자나기는 스사노오의 추방을 명하였다.

 스사노오가 남매들이 있는 고천원에 이별을 고하러 가자, 아마테라스는 스사노오의 맹렬한 기세에 놀라 그가 자기 나라를 빼앗으러 온 것으로 생각하고 전투를 준비하였다. 스사노오가 그동안의 경위를 설명하자, 서로 힘을 합하여 후손이 되는 신들을 만든다.

 그러나 스사노오는 자신이 깨끗함을 증명해서 이겼다고 생각하여 오만한 행동을 한다. 동생의 난행을 참지 못하게 된 아마테라스가 하늘 바위에 숨자 세상이 어둡게 되어 혼란이 일어났다. 곤란하게 된 신들이 새소리 등을 통해 아마테라스를 꾀어냈고 세상은 다시 밝게 되었다. 신들이 스사노오를 벌을 주어 추방하였다.

 여기까지가 우메하라 등이 기술하고 있는 타카마가하라 신화의 요약 내용이다(우메하라 p.36).

• 다른 신화와의 유사성과 대가야의 시조 이진아시

 그런데 카미가이토는 이자나미의 명계(冥界)에서의 신화는 그리스 신화와 유사점이 매우 많다고 보았다. 이것은 중앙아시아를 중심으로 한 유목민의 신화가 그리스와 일본 즉 동서로 각각 전해진 결과이거나, 그리스인과 흑해 연안에서 접촉한 스키타이인으로부터 동쪽의 유목민에게 전해졌을 가능성이 있다는 것이다. 이런 얘기들은 한반도 경유로 일본에 전해졌다고 하면서, 일본 건국 신화가 전반적으로 한반도 남부에서 시작하는 것으로 생각되는 근거는 그 이자나기라는 명칭 자체에 있다고 그는 기술하였다. 이하 그 요약이다(카미가이토 pp.32~34).

『삼국사기』〈지리편〉에 의하면 경상남도 고령의 대가야국의 시조를 이진아시(伊珍阿豉)라고 불렀다. 이 이지나시는 고구려나 신라와 마찬가지로 신화적 인물이었고, 발음으로 보아 이자나기와 거의 동음이라고 볼 수 있다. 왜냐하면 이지나시의 '지'는 뒤의 모음 'ㅏ'에 의해 '자'로 변화하기 쉬운 음이고, 끝의 시(豉)도 우변의 '支'가 있으면 일본에서 '키'로 발음할 수 있다. 『위지왜인전』에서 일지국(一支國)이 이키(壱岐) 섬으로 부르는 것에서도 가늠될 것이다.

『고사기』의 이자나기와 『삼국사기』의 이진아시가 동일하다면 이 신화의 구성은 기원전 2세기경에 일어난 낙동강 유역의 문화 상황과 일치한다고 말할 수 있다. 왜냐하면 이자나기 신화의 전반부는 나라 만들기 신화인데, 그 유형이 중국 남부의 묘(苗)족, 요(傜)족, 이(彝)족 등에서 발견되기 때문이다. 즉 이 이자나기와 이자나미는 형제였고, 높이 솟은 나무나 산을 도는 모양으로 혼인하며, 그 혼인으로 세상과 사람이 만들어졌다는 점 등이다.

이 소수민족들은 도작(稻作)을 했고 중국 한(漢)민족 이전의 선주 민족이었다. 한민족의 진출로 인해 강남에 살던 이들의 일부가 해로(海路)를 따라 즉 산동반도에서 한반도 남부, 일본으로 넘어왔고, 또 나머지 일부는 중국 서남부의 산간으로 이동했다고 보면 일본과 이 민족들의 신화가 일치하는 것을 쉽게 설명할 수 있다.

중국 강남의 오국(吳國)이 해로를 따라 산동성 부근의 제(齊)나라를 공격한 것이 기원전 485년이고, 기원전 468년에는 오국을 멸한 월나라가 황해 연안으로 북상하여 산동반도로 도읍지를 옮긴다. 오국과 월국이 흥기하기 이전에 이미 산동반도에 다다랐던 선주 도작민이 더욱 밀려서 한반도를 경유, 마침내 일본에 이르렀다고 보는 견해도 있다.

일본에 도작민과 청동기 문화가 별도로 도래했으므로 이자나기 신화에서의 강남 요소와 북방의 그리스 신화 요소가 겹치게 된 것은 일본에서 만들어진 것으로 볼 수도 있으나, 이자나기라고 하는 시조의 이름으로 보아 낙동강 유역에서 합쳐진 후 일본에 전래되었다고 그는 보고 있다.

• 타카마가하라(高天原) 한반도설

그렇다면 일본 창조 신화가 일어나는 타카마가하라 즉 고천원(高天原)이 현재 한국의 경상남도 즉 구 가야 지역을 가리키는 것이 된다. 이런 신화와 함께 당연히 상당한 사람들이 도래했을 것이다.

이렇게 '고천원=한반도설'에는 또 하나의 유력한 방증이 있다. 바로 가야의 건국 신화가 일본과 매우 유사하다는 것이다. 고려 시대의 승려 일연에 의해 편찬된 『삼국유사』의 가락국기에, 기원 42년에 구지봉(龜旨峰)에 이상한 기운이 있어 사람들이 모여 들었더니 하늘에서 나라와 임금을 만들라는 소리가 들리고 금란이 내려왔다고 기록되어 있다. 일본 신화의 천손도 타카마가하라에서 타카치호(高千穂)봉으로 내려온다. 왕가의 시조가 하늘로부터 산으로 내려온다는 기본형이 일치한다는 것이다.

카미가이토는 아마테라스와 스사노오의 대결은 가라국과 타국과의 대립, 항쟁 관계를 반영한 것으로도 보았다. 『일본서기』의 별전에는 스사노오와 아마테라스가 밭을 두고 싸우는 내용이 있는데, 누나보다 나쁜 밭을 받은 스사노오가 누나의 밭을 질투해 둑을 부수고 말을 몰아넣는 등의 난폭한 짓을 한 것으로 되어 있다. 이런 내용에 말이 등장하는 것이 기마민족과 뭔가 관련이 있어 보인다. 낙동강 하류에 비해 토질이 좋지 않은 낙동강 상류의 사람들이 침입한 것을 신화적으로 표현했다고 그는 보았다(카미가이토 pp.44~45).

그리고 『고사기』나 『일본서기』에 고천원 신화의 한반도와의 관련성을 내보이는 구체적인 지명이 혼입되어 있고, '무나카타(宗像)의 3여신 설화'에서도 한반도와의 관련성을 알아낼 수 있는데 그것들에 관해서는 뒤에 따로 살펴보도록 하겠다.

한편 유카와 히데키(湯川秀樹, 1981년 사망)는 좌담회2 편찬서 『일본의 조선 문화』에서 "타카마가하라는 일본의 외부에 있었다. 그런 의식이 고대인의 의식에 있었다는 것은 고천원으로부터 일본 열도로의 이주가 그렇게 먼 옛날이지 않았다는 것을 가리킨다."라고 말하고 있다. 천손 강림 즉 천황가의 도래가 아주 먼 조몬 시대의 일이 아니라는, 의미가 있는 언급이라 생각된다(우에다 외 p.240).

• 2계통의 왕조 건국 신화

이러한 타카마가하라 신화에서 이미 2계통의 왕조가 출현하는 것을 예고하고 있다. 시조인 이자나기의 3남매로부터 갈라지게 된다. 그중에 아마테라스(天照大神)의 별명은 소우루, 세우리츠히메(瀬織津媛)라고 하고 여신이다. 츠쿠요미(月夜見)와 스사노오(素戔嗚)는 남신이라고 한다. 츠쿠요미는 남신이지만 영향력이 약했고 스사노오가 적남(嫡男)이라고 할 수 있다.

이자나기에게서 추방을 명 받은 스사노오가 그 사유를 설명하려 아마테라스를 찾아갔을 때 맹렬한 기세에 산천이 떨고 국토가 흔들렸다. 이것이 자신을 습격하러 온 것으로 오해한 아마테라스에게 작별을 고하러 온 것이라 말하자, 이를 증명하기 위해서 서약하여 아이를 생산하자고 제안한다. 아마테라스가 검을 깨물어 '무나카타(宗像)신사'에 모시는 3주(柱)의 여신을 만들고, 스사노오가 구옥(勾玉)을 씹어 5주의 남신을 만들었다.

그 결과 자신의 마음이 깨끗하다는 것을 증명해서 이겼다고 생각한 스사노오가 오만하게 되어 아마테라스가 만든 논밭을 망가지게 하는 등 악행을 반복했다. 그러자 신들이 노하여 스사노오의 죄를 물어 유배하였고, 그런 사유로 스사노오가 이즈모(出雲)국에 오게 된 것이라고 우메하라는 기술하고 있다(우메하라 pp.37~38).

한편 아마테라스와 스사노오의 서약으로 만들어진 5주의 남신 중에 하나가 아마테라스 직계의 남신이 되고 그 아들이 천손 호니니기(火瓊瓊杵)이다. 호는 관(冠)으로 붙이는 것으로 보아, 니니기라고도 부른다. 이 호니니기가 아마테라스가 총애하는 손신(孫神)으로서 고천원으로부터 일본국에 강림하여 신무천황(神武天皇)을 초대로 하는 천황가의 선조가 되었다는 것이다.

이와 같은 신화에 의하면 일본의 건국은 이자나기, 아마테라스, 호니니기의 야마토(大和) 왕조의 계통과 이미 추방된 스사노오의 이즈모(出雲) 왕조라는 2계통으로 나누어지게 된다. 스사노오는 적남으로서 일본국의 지배를 맡는 위치에 있었으나 아마테라스 계통에 밀리게 되어 어둠 속의 신이 되었다는 내용으로 신화는 각색이 된 것이다(우메하라 p.39).

• 천손 강림의 주재자 타카미무스비

따라서 정통 천손 강림이라고 하면 천조대신 즉 아마테라스가 손자인 호니니기를 하늘에서 땅으로 강림하게 하였다는 것이 된다. 그렇지만 서기의 기술에 의하면 그 주재자는 타카미무스비(高皇産靈)라고 우지타니(宇治谷孟)는 기술하고 있다. 가야의 도읍이었던 고령의 2자(字) 사이에 황제(皇)를 낳다(産)는 문자를 넣어 만든 것이 '高皇産靈'이라는 것이다(우지타니 p.352).

우에다 마사아키(上田正昭, 2016년 사망)도 이와 비슷한 견해를 좌담회2에서 말하였다. 타카미무스비를 모시는 신사가 『연희식(延喜式)』에 보면 4곳에 있는데 모두 한반도와 관련된다는 것이다. 야마토(大和)에 2사, 야마시로국(山城国)에 1사, 그리고 대마도에 1사 있는데, 야마토 2사 중의 하나는 대마도로부터 옮겨온 것이고, 다른 하나도 신라의 사절이 왔을 때 그들이 공물을 바치는 곳이라고 하니까 무언가 신라와 관계가 깊다. 다른 신사도 대마도에 있거나 이키섬으로부터 온 신을 모시는 등 모두 신라와 관계가 있다.

우에다는 또 고황산령의 별명이 고목신(高木神)으로, 이것은 이모로기(神籬) 즉 신성한 곳을 나무로 둘러친 울타리를 뜻한다고 하면서, 모두 한반도와 관계가 있다고 주장한다(우에다 외 pp.242~244).

• 천손족의 북규슈 도착 시기와 장소

그러면 고천원으로부터 일본 열도로는 언제, 어디로 넘어오는 것인지 신화 기록에 기초하여 추정하는 견해들을 살펴보기로 한다.

카미가이토는 천손 강림 즉 호니니기가 일본에 도착한 장소를 『고사기』와 『일본서기』에서는 '츠쿠시(筑紫)의 히무카(日向)에 있는 타카치호(高千穗)의 쿠지후루타케(久士布流多気)'라고 기록되어 있다고 기술하였다. 그래서 후쿠오카의 과거 명칭인 츠쿠시, 즉 한반도의 대안(對岸)인 북규슈의 해안부를 상정하는 것이 자연스럽다는 것이다. 그래서 반도 남부로부터 북규슈로 천황가의 조상이 넘어왔다는 해석이 성립한다.

여기서 타카치호의 '쿠지후루타케(久士布流多気)'라고 하는 것도 이 '久士'가 가락국기에서의 강림의 산 '龜旨'와 일본어로 아주 동음이다. '후루'(布流)라는 음도 한국의 산을 의미하는 고어 '무레'가 전화했을 가능성이 크다. 이 강림 신화를 가지고 있던 가락국은 『위지왜인전』의 구사한국(狗邪韓國)으로서, 현재 경상남도 김해시에 있는 시조 수로왕릉 고분의 후방에 있는 산이 구지봉(龜旨峰)인 것이다. 이런 설화가 바다를 건너 북규슈에 넘어간 뒤에 '츠쿠시의 히무카에 있는'과 같은 지명이 부가된 것으로 보인다는 것이 카미가이토의 견해이다(커미가이토 p.36).

그러나 일본의 통설은 '츠쿠시'를 일반적으로 알려진 후쿠오카현 일대가 아니라 규슈섬 전체로 확대하고, 미야자키현(宮崎県) 즉 옛 효가(ひょうが, 日向)의 타카치호(高千穗)봉을 천손 강림의 장소라고 생각하여 왔다. 그렇지만 日向이라고 하는 지명은 동향을 가리키는 것이므로 전국 어디에도 있을 수 있는 지명이다. 또한 일향은 효가 외에도 히무카(ひむか)나 히나타(ひなた)로도 읽히고 있다. 그래서 그 장소에 대한 여러 가지 설이 제기되고 있는 것이다.

그런데 그 장소를 판단할 수 있는 정보가 바로 『고사기』에 있다는 것을 후루타 타케히코(古田武彦, 2015년 사망)가 주장하였다(유감스럽게도 필자가 그의 글을 직접 찾지는 못했고, 일본의 한 인터넷 자료(筑紫の日向は「ひゅうが」か「ひなた」か?)를 통해 그의 견해를 알게 되었음

을 밝힌다). 즉 '이 땅은 한국(韓國)을 향하고, 입사(笠沙)의 땅 전면과 연결되며, 아침 해가 바로 비추고, 저녁 해가 비추는 곳'이라고 기록되어 있다는 것이다. 이 문장은 장소를 정할 때 동서남북 4방향을 검토한 내용을 기록하는 '사지문(四至文)'과 같다고 그는 말하면서, 이것을 보면 대한해협에 접해서 한국에 직행으로 갈 수 있는 입사(笠沙)의 땅 즉 미사카강(御笠川) 유역을 가리킨다고 볼 수 있다는 것이다.

더구나 천손 강림 신화가 야마토 조정의 사관에 의한 창작이지 않고 역사적 사실을 반영하고 있다고 한다면, 도작과 청동기를 가진 세력이 한반도에서 건너왔음을 뜻하므로 이에 상응하는 기원전의 야요이 시대 유적이 존재하여야 한다. 그런 점에서 후루타는 야요이 유적이 밀집된 후쿠오카현 서부의 이토시마시(糸島市)와 후쿠오카 평야의 경계 부근에 있는 히나타고개(日向峠)를 유력한 천손 강림의 장소로 보았다. 반면에 남규슈에 위치한 미야자키현이나 가고시마현은 『고사기』의 사지문 내용과 어울리지 않고, 주변에 관련된 유적도 없어서 천손 강림의 장소 기록과 맞지 않다는 것이다.

한편 카미가이토는 후루타와는 약간 다른 견해이다. 그의 주장을 이해하려면 무나가카(宗像) 3여신의 신화를 먼저 알아볼 필요가 있다.

• 천손족의 오키섬 경유

대마도에서 정동쪽 방향에 있는 작은 오키섬(沖の島)에서 4세기 후반부터 8세기에 걸친 막대한 유물이 발견되었다. 4세기 후반의 고분 출토품과 같은 옥과 도(刀), 동경, 5세기 신라제로 생각되는 화려한 금동제 마구 등이다. 카미가이토는 이 섬에서 모시는 무나카타(宗像)여신에게

바치는 헌납품이었다고 기술하였다. 이 여신은 해상 교통의 신이었다.

이 무나카타여신은 『고사기』와 『일본서기』에도 등장한다. 우메하라가 언급한, 아마테라스가 검을 깨물어 '무나카타신사'에 모시는 3주(柱)의 여신을 만들었다는 그 여신이다. 고천원(高天原)의 천안강 강변에서 탄생한 이 3명의 여신 중에 첫 번째가 오키섬에, 둘째가 육지에 가까운 대도(大島)의 중진궁(中津宮)에, 셋째가 후쿠오카현 현해정(玄海町, 현재의 宗像市)의 항구인 코노(神湊)의 변진궁(辺津宮)에 자리를 잡고 있다. 대마도 → 오키섬 → 대도 → 코노항이 고대의 항로였던 것이다. 이 지역을 지배했던 고대의 귀족 무나카타(宗像)씨가 이 해상 교통로와 3개의 궁의 제사를 관장하는 씨족이었다. 『일본서기』의 별전에는 이 무나카타여신이 천손을 돕기 위해서 고천원으로부터 츠쿠시(북규슈)로 내려왔다는 것으로 되어 있다. 고천원이 한반도라는 생각이 확실히 내포되어 있다고 카미가이토는 보았다(카미가이토 pp.13~16).

이 오키섬에는 조몬 시대에 사람이 왕래한 유적도 있지만, 놀라울 정도로 많은 유물은 4세기 후반부터의 것들이다. 그래서 3세기부터 4세기 사이에 왜의 정치·경제·문화의 중심이 북규슈로부터 기나이(畿內) 즉 현재의 나라·오사카 지역으로 이동한 것에 대응하여, 종전의 한반도 서남부 → 낙동강 유역 → 대마도 → 이키섬(壱岐島) → 사가현(佐賀県)의 카라츠(唐津)라는 메인 항로가 대마도 → 오키섬 → 대도(大島) → 코노항(神湊港)이라는 훨씬 동쪽의 루트로 변한 것을 알 수 있게 해준다.

이런 무나카타 신화를 기초로 하여 판단하면 후쿠오카시보다 동쪽, 현재의 무나카타대사가 있는 주변 즉 현해정(현재의 무나카타시)에 상륙하였다고 카미가이토는 보았다. 소위 왜의 나국(奴国)이 있었던 하카타 즉 후쿠오카 평야의 나카강(那珂川) 유역보다 동쪽이라고 말할 수 있다(카미가이토 p.20).

그러면 이러한 천손족의 한반도로부터의 도래 시기를 언제쯤으로 보아야 할까. 카미가이토는 그 시기를 기원전 2~3세기 정도로 보는 후루타 타케히코(古田武彦)의 견해를 일단 수긍하면서도, 앞에서 말한 바와 같이 오키섬이나 북규슈 지역에서 발견되는 다량의 청동기·철기 시대 유물이 기원 4세기 후반부터의 것들이라는 데에 근거하여 빨라야 기원 3세기 초두 정도로 보고 있다(카미가이토 p.62).

그러니까 신화와 고고학적 유물을 놓고 볼 때, 천손족은 도작민들이 도래할 때의 해상 루트를 통해 즉 북규슈의 서쪽, 현재의 사가현 쪽으로 도착한 것이 아니라, 그보다 후 시대인 '기원 3세기 초두에' 청동기와 철기를 가지고 새로운 해상 루트를 따라 더 동쪽인 후쿠오카현의 무나가타시 해안으로 도착한 것이 되겠다. 필자도 이런 카미가이토의 견해에 공감이 가는 점이 많다고 생각한다.

• 또 다른 아마쿠다리

일본의 고서에서 하늘로부터 조상신이 내려오는 아마쿠다리(天降り) 즉 강림 설화를 가지고 있는 것은 천황가만이 아니다. 먼저 『일본서기』에서 보는 바와 같이 무나카타여신이 천손보다 먼저 아마쿠다리하여 뒤에 오는 천손을 도왔다고 되어 있고, 『이즈모(出雲)국풍토기』에도 이즈모국을 만든 조신(祖神)인 아메노후히(天乃夫比)가 신하들을 데리고 또 다른 왕자로서 지상에 온 것으로 되어 있다. 야마토 조정이 지방 호족을 복종시켜 나가는 과정에서 아메노후히는 천황가의 신하로 짜 맞춰졌다는 것이다.

또 이 풍토기에는 이 이즈모 국조(國祖)의 출신지보다 동쪽에 또 다른 세력의 아마쿠다리가 있었다는 부분이 나온다. 이를테면 모노베(物部)

씨도 그 원조(遠祖)라고 하는 쿠시타마 하야히(櫛玉饒速日命)도 아마테라스 즉 천조대신의 후손인 호니니기와 형제로서, 신무천황에 의한 야마토 왕조의 성립 이전에 이 기나이(畿內)에 강림한 단야신(鍛冶神)을 믿는 한반도계 도래인 집단이라고 나온다는 것이다(카미가이토 p.37).

• 한반도의 소국가들

여기서 이러한 아마쿠다리 즉 강림 설화가 시작되는 원래의 장소, 즉 한반도의 상황은 어떠했을까를 살펴볼 필요가 있겠다.

고대의 가라국도 변진(弁辰) 12개국의 하나였다. 이런 고대 소국가들은 1~2세기경에 형성된 후 서로 경쟁하고 통합되어 가는 과정을 거친다. 거기에서 힘에 밀린 세력들이 일본으로 건너오게 되는데, 그들이 낙동강 하류에서의 통치 경험을 천손 강림형 신화로 꾸며서 일본에 새로운 소국가를 수립해 나갔을 가능성이 크다고 보는 것이다.

『삼국사기』에는 수로왕이 건국한 후 다른 영토 분쟁의 중재에 나설 정도로 세력이 있었지만, 3세기 초반에 완전히 쇠퇴하여 경주의 사로국에 인질을 보내는 등 약화하다가 그 후 『삼국사기』의 기술에서 모습을 보이지 않게 된다. 이때부터 망국의 상태로 떨어진 것이라고 카미가이토는 보았다.

또한 3세기 초두에 『삼국사기』 신라본기에는 209년에 '포상 8국'이 가라를 침공한 일로 가라 왕자가 구원을 요청해 와, 태자 등이 병사를 이끌고 가 이를 격파하고 6천 명을 포로로 하여 돌아왔다고 되어 있다. 그 후 가라에서는 왕자를 인질로 보냈는데, 이 포상 8국은 낙동강 상류나 남부의 해안 또는 도서부의 나라를 가리킨다. 카미가이토는 이런 가라국의 약체화가 천손 강림과 관계가 있는 것으로 보는 한국의 고대사가 천관우의 견해를 인용하고 있다.

그는 나아가 한 가지 더 예로서, 가락국 수로왕의 자손이라고 하는 김해김씨의 전승 중에는 다음과 같은 내용을 소개하였다. 수로왕과 왕비 허씨 사이에 10명의 아들이 있었는데 그 왕자의 후손 중에 왕자 주(仙) 등이 현세가 쇠망해져 가는 것을 보고 실망하여 천계로 갔다는 줄거리이다. 한반도는 일찍부터 개척이 진행되어 각국 간의 쟁투가 치열했지만, 여기서 패한 사람들은 아직 미개척지가 많이 남아 있는 일본으로 넘어갔다는 것이다. 이런 왕자들이 건국 신화를 잊지 않고 가지고 와 국가를 건설했던 셈이다(카미가이토 pp.39~40).

• 히무카 출발 전후

그럼 다시 기기(記紀) 신화의 주인공인 천손족으로 돌아가겠다. 그들이 북규슈로 들어온 그 이후의 행적 즉 해를 향하여 나간 히무카(日向) 신화가 되겠다.

이러한 아마쿠다리 이후 천손족이 머무는 곳은 규슈에 한정되지 않았다. 인구가 조밀한 후쿠오카의 하카타(博多)평야보다는 아직 미개척 부분이 많은 더 동쪽 방면의 온가강(遠賀川) 유역이 새로운 식민지로서는 적당했을 것으로 카미가이토는 보았다.

이때의 천손족은 일종의 피난민과 같아서 하카다(博多)에 이미 있었던 나국(奴国)을 제압하는 것이 곤란했을 것이다. 이런 천손족의 동정 이야기가 시작되는 시기는 『위지왜인전』에서 언급한 왜국대란의 상태로부터 쟈마다이국(邪馬台国)을 중심으로 질서가 만들어지던 도중이었다고 한다. 『위지왜인전』에 이런 천손족의 강림과 그 이후 활동이 전혀 기술되지 않는 것은 그 세력이 아주 약체였음을 증명한다고 볼 수 있다. 천손족의 첫 번째 활동 영역이 쟈마다이국의 영역 외라고 한다면 북규슈에서는 온가강 유역밖에 없다고 카미가이토는 보았다. 이 온가강 하구 인근의 강전궁(岡田宮) 주변에서 신무천황이 잠시 머물렀다는 전승이 있다고 전한다(카미가이토 pp.45~48).

우에다(上田正昭)도 이런 견해를 지지하는 전승 한 가지를 앞의 좌담회2에서 언급하였다. 즉, 백제의 왕도가 웅진인 것처럼 한국에서는 곰(熊, 쿠마)을 신성시하고 일본도 지명 등에 이 熊이 많이 들어가는데 이 온가강의 수문이 있는 지역의 호족은 곰이 선조라는 전승을 가지고 있다는 것이다(우에다 외 p.225).

• 해인족과의 결합

이 온가강 유역에서 천손족은 더 동쪽으로 이동하게 되는데, 강력한 연합 세력을 얻는다. 바로 해인족(海人族)과의 결합이다. 카미가이토의 기술 내용을 요약하면 다음과 같다(카미가이토 pp.48~54).

고대 일본 문화의 중심지가 북규슈였다고 한다면, 그곳으로부터 동방의 해안 즉 부젠국(豊前國)의 세토내해(瀨戶內海) 연안이 히무카(일향)라고 할 수 있다. 북규슈의 온가강 유역에서 일차 정착하였던 천손족은 대를 거듭하면서 해를 향하여(日向) 동정에 나서고, 맨 먼저 이 세토내해 연안의 우사(宇佐)에 도착한다. 그렇지만 이 지역은 현재의 규슈 동남쪽 미야자키현(宮崎縣) 일대에 본거지를 둔 해인족 세력이 이미 진출해 있던 곳이다.

그 해인족의 일부가 북규슈의 반도계 요소가 강한 신무부족과 융합 동화하고, 남은 사람들은 남규슈의 하야토(隼人)로서 알려지게 되었다. 신무천황(神武天皇)의 어머니가 해인족 출신이라고 하는 것으로 보아 신무의 동정에 큰 힘이 되었다고 할 수 있다.

따라서 히무카(日向) 신화에는 천손족인 신무의 전승에 인도네시아 등 남방계의 요소가 강한 남규슈 하야토족의 전승이 가미되었다고 볼 수 있다. 해인족도 아마쿠다리와 같은 이야기를 도입하여 그들의 고향인 미야자키를 천손 강림의 전설지로 만들었다. 일본에서 관동이라는 개념이 동쪽이 개척되면서 점차 동으로 옮겨진 것처럼, 일향(日向)이라고 하는 지명도 그 해인족이 점차 남쪽으로 축소되면서 남하했다. 그래서 미야자키의 옛 이름도 일향의 다른 발음인 효가가 되었다.

그런데 후세에 한반도와의 대립이 격화하자 천황가와 한반도와의 연결을 말소할 필요가 있다고 생각한 사람들이 『고사기』의 천손 강림의 장소를 효가(日向) 즉 미야자키현의 타카치호봉(고천수봉)이라고 조작했다는 것이다. 미야자키현의 일향이 천손족과 전혀 무관계하지는 않다는 것을 교묘히 이용한 것이라고 카미가이토는 보았다.

그 결과 천손족은 가라 → 무나카타 → 온가강 유역 → 우사라는 동정의 경로를, 가라로부터의 도정을 말소하기 위해서 해인족의 발전 경로를 받아들여 미야자키의 타카마가하라(고천원) → 효가(일향) → 우사로 되었던 것이다. 그렇지만 온가강의 강전궁에서 신무천황이 머물렀다는 전승을 버리기가 어려워 동정 이야기에 일부 끼워 넣은 것이 되었다.

• 신무 동정의 이유와 경로

규슈섬의 동북쪽 해안까지 이동한 천손족은 그 후 세토내해를 건너 기나이(畿內) 즉 현재의 나라·오사카 지역의 고대 중심지인 야마토(大和)로 들어가게 되는데, 이것을 동정(東征)이라고 한다. 그렇게 하지 않을 수 없었던 이유는 무엇이고 구체적인 경로에 대하여 알아보기로 한다.

신무부족 즉 천손족이 동정을 하게 된 때는 호니니기가 3세기 초에 가라로부터 강림한 지 2대 정도 지난 3세기 중엽이었고, 마침 쟈마다이국(邪馬台国)의 패권이 확립되어 위(魏)의 사자가 왕래하던 시기였다고 카미가이토는 기술하였다. 이때 북규슈가 뭐라 해도 선진 지역이었고, 천손족도 최초는 북규슈의 패권을 노렸으나 쟈마다이국에게 압박을 받아서 할 수 없이 동정으로 나아갈 수밖에 없었다는 것이다.

이런 천손족은 청동기 나아가 철기 기술을 습득한 집단이었다. 그것을 알게 해주는 것이 천손족의 계보를 보면 '火'가 붙은(皆冠) 이름이 많다는 것이다. 일본에 최초 강림했다고 하는 호니니기의 이름을 『일본서기』에는 火를 써서 '火瓊瓊杵'로 쓰고 있다. 『고사기』에 이자나기가 불의 신을 검으로 잘라 죽이는 내용으로 최초의 검이 등장하고, 3종의 신기에도 검이 포함되어 있다.

북규슈에서 출토되는 철제품 유물은 2세기 전반 정도로 비정되고, 그 제작법은 중국 남부와 한반도 남부의 것과 같은 계통이다. 그래서 이 지역의 무기나 농기가 3세기 전반에는 석기에서 철기로 완전히 대체되었다. 그러나 기나이(畿內) 지역은 이것보다 약 100년 정도의 시간차가 난다. 그래서 북규슈는 철기, 기나이는 청동기라는 무기의 차이가 3세기 신무 동정의 원동력이 되었다고 카미가이토는 추측하였다(카미가이토 p.57, pp.61~62).

2. 소왕국 간의 쟁투 – 이즈모 왕국과 시모노세키 왕국

• 이즈모 신화는 가공의 이야기인가

그럼 다음으로 이즈모(出雲) 신화에 관하여 살펴보겠다. 우메하라는 처음에는 이런 기기(記紀) 신화에 대하여 아주 부정적이었는데, 지금은 정반대라고 하면서 그 연유를 다음과 같이 설명하고 있다. 요약하여 소개한다(우메하라 pp.24~26).

그는 기기 신화 중에서 고천원 신화는 하늘에서 일어난 얘기로 확실하게 할 필요도 없지만, 히무카 신화와 이즈모 신화는 일본 땅에서 일어난 얘기이므로 신화의 흔적을 방문을 통해 점검해 보았다.

특히 히무카(日向) 신화는 아마테라스의 손 호니니기가 히무카의 고천수봉에 강림한 이후 3대가 지나 증손 신무가 동정 길에 나서, 마침내 야마토를 점령하고 천황가의 조상이 된 이야기라서, 역사 시대에 가까운 신화이다. 그중에서 히무카 신화는 그가 미야자키를 여행하면서 들은 천황가 신화를 통해 다분히 역사적 사실을 반영하고 있다고 보았다. 그렇다면 이즈모 신화도 그렇지 않는가라고 생각하고 또 이즈모 여행에 나서게 됐다는 것이다.

전후의 많은 일본의 역사가들은 "이즈모(出雲) 신화는 야마토에 전해진 신화를 이즈모에 가탁(假託)한 것이다."라는 견해를 가졌다고 한다. 기기에서 말하는 장대한 이즈모 왕국이 존재했더라면 이런 신화를 뒷받침하는 고고학적 유적이 존재해야 하는데, 그런 것이 이즈모에는 없다는 게 그들 주장의 근거였다.

그런데 그런 통설은 앞의 제2장 유물·유적 편에서도 언급된 바와 같이, 1984년에 코진타니(荒神谷) 유적이 발견됨으로써 설 자리가 없게 되었다고 우메하라는 기술하였다. 이 유적에서 동검 358본과 동탁 6개, 동모 16본이 출토되었던 것이다. 그때까지 일본 전국에서 출토된 동검의 총수는 약 3백 본으로 일거에 2배 이상이 되었던 셈이다. 그리고 1996년에 카모이와쿠라(加茂岩倉) 유적이 발견되어 39개의 동탁이 출토되었다. 이렇게 많은 동탁들이 한 곳에서 출토된 것은 여기가 처음이었다.

더구나 이즈모의 중심지에서 수많은 사우돌출형분구묘(四隅突出型墳丘墓)가 발견되었다. 이 분구묘는 네모반듯한 방형(方形) 분구묘의 4귀퉁이가 돌출한 특수한 모양의 대형 분구묘이다. 3세기에 출현한 전방후원분으로부터 2백 년 전에 이런 거대한 고분이 축조되었다는 것은, 이즈모를 중심으로 동해 일본 연안에 강력한 하나의 권력이 존재해 왔다는 것을 의미한다고 볼 수밖에 없다.

그렇다면 우리들이 학문적 양심을 가지고 있는 한, 이즈모 신화는 완전히 가공의 이야기라는 설을 근본적으로 재검토해 바꾸지 않으면 안 될 것이다.

카미가이토도 코진타니 유적에서 대량 출토된 동검이 고대 이즈모문명의 존재를 현실의 것으로 만들었다는 데 동의하고 있다. 고대 신화나 전승을 진지하게 받아들일 필요가 있다는 것이다. 그는 이런 것은 황국사관과는 다르다고 하면서, 천손 강림의 신화는 한반도에서 일본으로 많은 선진 문명과 함께 사회 지배층의 사람들이 도래한 것을 의미한다고 그의 저서 끝마무리로 기술하였다(카미가이토 pp.297~299).

여기서 스사노오(素戔嗚)에 대해서 좀 더 살펴볼 필요가 있다. 이 이름을 아는 한국인이 얼마나 될까 모르지만, 필자도 이 책을 집필하기 전에는 그 존재에 대해 전혀 몰랐다. 그는 한반도와도 깊은 관련이 있다.

『고사기』, 『일본서기』에 의하면 스사노오는 이즈모(出雲)의 신이 되기 전에 고천원을 무대로 하는 전사(前史)에서, 아마테라스, 츠쿠요미와 함께 이자나기의 3자녀로 탄생했다. 그러나 그의 행동에 노한 이자나기에 의해 고천원으로부터 추방되고 말았다. 그가 고천원에서 추방되어 바로 이즈모로 온 것으로 되어 있으나, 『일본서기』에는 스사노오가 아들 이타케루(五十猛)와 함께 신라국의 소시모리(曾尸茂梨)에 내려왔다고 되어 있다. 우메하라는 이 소시모리는 통일신라 시대의 소시보루(蘇之保留) 즉 서라벌(徐羅伐)을 가리키는 것으로 해석하였다(우메하라 p.45).

카미가이토가 김달수의 견해를 인용한 바에 의하면, 한국의 강원도 춘천에 우두산이 있는데, 조선어로 훈독하면 소모리 즉 소의 머리라는 뜻이다. 스사노오가 왔다고 하는 소시모리가 이 우두산이라는 것으로, 그래서 스사노오를 우두천왕이라고도 한다는 것이다. 이 소시모리가 고유명사가 아니라 왕성이 있는 땅을 말하는 보통명사라고 하여 신라의 경주라고 하는 설도 있다고 한다(카미가이토 p.245).

『고사기』에 기록된 스사노오의 인생은 파란만장하였다. 그의 업적의 하나가 유명한 야마타노오로치 퇴치 이야기이다. 스사노오는 배를 타고 이즈모국의 강을 거슬러 올라가 사람을 잡아먹는 큰 뱀(야마타노오로치)을 잘라 죽이자, 뱀 꼬리에서 검(草薙劍)이 나오고 이것을 하늘에 바친다는 내용으로 되어 있다. 이 야마타노오로치 신화는 한국으로부터 넘어온 스사노오가 머리가 8개인 뱀 즉 이즈모의 동쪽인 월(越)의 세력권 내 호족들의 이즈모 지방에 대한 악행을 물리치고 주민들을 해방시킨 것을 이야기하고 있다고 우메하라는 보았다. 그랬던 월국을 역으로 이즈모의 지배하에 둔 것이 스사노오의 6대손 오오쿠니누시(大國主)라는 것이다(우메하라 p.56).

 스사노오와 한반도와의 관련성을 말하는 것 중에 또 하나가 동탁이다. 그에서부터 시작하는 이즈모 왕국이 가장 소중히 한 제기(祭器)가 동탁인데, 그 원류가 한반도에서 말의 머리에 달았던 마령(馬鈴)이다.
 또 스사노오의 아들인 이타케루(五十猛)가 강림할 때에 많은 수종(樹種)을 가져왔으나 신라의 땅(韓地)에는 심지 않고, 일본의 츠쿠시(筑紫) 즉 북규슈를 시작으로 일본 전국에 심어서 푸른 산이 되게 하였다. 일본 국토의 3분의 2가 숲으로서, 선진국 중에 이렇게 산림이 우거진 나라는 없는데, 그런 일본이 되게 하는 데 스사노오가 있었다고 기록되어 있다 (우메하라 p.48).

• 오오쿠니누시와 조력자들

 이즈모 신화의 주인공은 스사노오라고 하기보다 오히려 6대손인 오오쿠니누시(大國主)라고 우메하라가 기술할 정도로 그는 유명하다(우메하라 p.29). 이즈모 왕국을 강국으로 최대한 확장시킨 사람이 이 오오쿠니누시였기 때문이다.
 도래계인 스사노오의 왕조는 2대에 걸친 도착지의 호족과의 결혼을 통해 이즈모에서의 지위를 확실하게 만들었다. 그리고 3대째에 이르러 토착민으로부터 존경받는 위치를 차지하고, 주변으로 여러 번 확장을 거듭해 4대손 때에는 한반도와 동쪽 월(越)의 왕조와 교류하는 거대한 왕국이 되었다. 그것을 이어받은 사람이 6대손인 오오쿠니누시로서, 그는 마침내 조몬 시대 이래 히스이(翡翠) 생산으로 번성해온 동쪽의 월국을 정벌하고, 그 여왕과 결혼하여 동해 일본 연안에 강대한 세력을 갖는 국가로 이즈모를 성장시켰다.

그리고 이에 만족하지 않고 남진하여 야마토(大和) 지역의 정복에 나선 결과, 오오쿠니누시는 동해 연안만이 아니라 킨키(近畿), 시코쿠(四国), 산요(山陽) 지역까지 지배하에 두었다. 그것은 이런 지방에 오오쿠니누시와 그 자식들을 모시는 신사나 이즈모라는 이름이 전해지는 장소가 매우 많다는 것이 이를 증명한다고 우메하라는 보았다(우메하라 p.110).

오오쿠니누시가 이렇게 정복한 땅들을 통치하는데 참모로서 두 사람의 한반도 도래인이 활약하였다고 우메하라는 소개하고 있다. 요약하면 다음과 같다(우메하라 pp.117~122).

먼저 스쿠나히코나(少彦名)인데, 오오쿠니누시가 해외로부터 홀로 온 그를 국가 건립의 최대 협력자로서 중용하였다. 그가 참모로서 한 최대의 공적은 일본에 한반도의 선진 의료 기술을 가져온 것이다. 이런 기술은 작물에 해를 미치는 조수나 해충의 구제에도 효과가 있어서 많은 사람이 깊이 감사했다고 『일본서기』에 기록되어 있다. 그런 의료에 관련된 시설로서 온천요법이 활용되기 시작한 것으로 보아 그는 온천의 개척자이기도 하다. 또한 술 양조 기술을 가져왔고, 농업의 개량 정책을 추진하였다는 것이다.

그런데 스쿠나히코나는 국가 건립이 끝나자 돌연 이즈오 왕국을 떠났는데, 그 이유가 『일본서기』에는 대국을 급속히 만들었지만 해결되지 못하는 여러 가지 모순들로 인해 언젠가 망해 버리는 것을 걱정해서 떠난 것으로 되어 있다.

그가 떠나고 오오쿠니누시(大國主)는 이 나라가 아직 미완성이라는 그의 말에 신경이 쓰여 자신이 다스리는 나라의 시찰에 나서고, 마침내 바다의 저편에서 빛을 발하며 나타난 사람을 만난다. 그 이름이 오오모노누시(大物主)로서 그의 왕국 통치를 돕게 되었다. 또 도래인이 온 것이다.

• 소국 이즈모 왕국의 존속

이렇게 스사노오가 만들고 광대하게 커진 대국의 지배를 6대손인 오오쿠니누시가 돌연 아마테라스의 자손인 호니니기에게 맡기고, 자신은 작지만 아름다운 이즈모 일국의 지배에 만족하였다고 전해지고 있다. 이즈모 왕국은 적어도 6대에 걸쳐 존속하였고, 이즈모 일국만을 지배하는 왕으로서는 훨씬 더 오래 계속되었다는 것이다.

이런 이즈모 신화에서 활약한 신들을 모시는 신사가 이즈모에는 매우 많다. 또한 여기만이 아니라 산잉(山陰), 산요(山陽), 킨키(近畿) 지방에까지 넓게 존재하고 있고, 이즈모 신화의 일단을 말해 주는 제(祭)가 남아 있다. 이 신사 및 제사에는 문헌에는 나오지 않는 예로부터 전해져 오는 이야기가 많이 남아 있다.

이즈모 왕국의 나라 만들기 고생담과 성공 이야기가 담긴 기록이 『이즈모국풍토기』이고, 이 왕국의 분열과 붕괴의 고정을 기술한 것이 『하리마(播磨)국풍토기』이다. 또한 다른 지역의 풍토기에도 단편적으로 스사노오와 오오쿠니누시의 일이 등장하고 있다고 우메하라는 기술하고 있다(우메하라 pp.30~34).

• 이츠츠히코의 시모노세키 왕국

이즈모(出雲) 왕국이 어떻게 붕괴하게 되었는가에 대해서는 『고사기』나 『일본서기』에 기록되어 있지 않다고 한다. 신화나 전승 기록은 물론

이를 해석하는 학자들에 따라서 의견이 엇갈리는데, 외부로부터의 요인을 몇 가지 들고 있다. 먼저 신라 인접 이서국 출신이라는 이츠츠히코(伊都都比古) 왕국과의 경쟁이고, 그다음이 신라의 왕자 출신이라는 아메노히보코(天日槍) 세력과의 전투, 그리고 모노베(物部)씨족 세력, 쓰루가의 아라시토(阿羅斯等) 세력 등과의 갈등이다.

먼저 이츠츠히코의 시모노세키 왕국과의 경쟁이다. 카미가이토에 의하면, 3세기 말은 『위지왜인전』에서의 히미코(卑弥呼)가 위(魏)나 낙랑군에 사절을 보낸 238~247년의 이후에, 그 히미코를 13세의 여왕 일여가 이어받았다는 것을 끝으로 쟈마다이국(邪馬台国)은 역사의 기록에서 사라지고 만다.

그런데 이 시기에 한반도에서는 낙랑군과 대방군의 지배에 대항하는 한족(韓族) 제국(諸國)의 저항이 계속되었고, 이런 움직임은 313년의 낙랑군 멸망의 전주곡이 되었다. 이런 반도의 상황은 당연히 낙랑군과 왜국 즉 쟈마다이국과의 연락 두절을 가져왔고, 쟈마다이국의 권위를 뒷받침하는 위국의 영향력 감소는 13세의 소녀가 왕이 된 불안정한 정권의 붕괴를 가져오게 된 것으로 카미가이토는 해석하였다.

한편 반도 남부에는 한족 내부의 지배체제가 재편성되는 격동기가 계속되었다. 그 와중에서 전쟁에 진 사람들의 일부가 왜국으로 도래하였고, 그 흐름 중에 이츠츠히코(伊都都比古)가 있었다. 이때의 왜국도 내란 상태여서 북규슈, 야마구치(山口), 산잉(山陰)의 해안부에 반도로부터 넘어온 사람들이 꽤 정복자적이고 폭력적인 방법으로 거점을 획득하고 있었다. 이러한 상황을 말해 주는 것이 이토테, 이타케루 신화이고 그러한 세력을 통합한 것이 이츠츠히코의 시모노세키(下関) 왕국이었다는 것이다.

그런데 이 이츠츠히코는 잘 알려지지 않은 인물이다. 카미가이토에 의하면, 그는 한반도의 한족 제국 중에서 4세기경에 경주의 사로국과 경쟁하던 이서국(伊西國) 출신이었다. 이서국은 현재의 경상북도 청도 정도에 근거한 소국인데 그 일본식 발음이 이소로 난다. 이즈츠히코의 '히코'는 존칭이고, '츠'는 '의'이므로 '이즈'만 남는데, 이즈는 이소와 음이 가까우므로 이즈츠히코는 '이서국 출신의 왕자'라고 생각할 수 있다는 것이다.

그런데 이 이서국에 관한 기록이 『일본서기』에 나온다. 즉 훗날의 일이지만 이즈츠히코 왕국이 멸망할 때에 마지막 지배자인 이토테(五十迹手)가 시모노세키에서 14대 중애천황(仲哀天皇, 주아이덴노)을 맞아 3종의 신기와 같은 조합의 곡옥과 거울 그리고 검을 바치는데, 그 이토테의 본도가 이소국(伊蘇國)이라고 나온다는 것이다.

이처럼 도래계인 이서국 사람 이즈츠히코가, 그의 나라가 신라의 영역으로 들어가게 되자, 시모노세키로 건너왔고 이곳을 근거지로 하여 이즈모(出雲)까지 세력을 넓혔다는 것이다. 그런데 이즈모 신화에는 이토테(五十迹手)와 음이 매우 닮은 이타케루(五十猛)가 등장한다. 『일본서기』에서 스사노오(素戔鳴)가 아들 이타케루와 함께 신라국에 강림하였다가 배를 타고 일본으로 건너와 이즈모국에 도달하였다고 나오는데, 스사노오가 고천원으로부터 추방되어 이즈모국에 내려온 이야기와 그 후에 신라에서 넘어온 이즈츠히코의 시모노세키 왕국 이야기를 결합하여 부자 관계처럼 전승을 만든 것으로 카미가이토는 보았다(카미가이토 pp.100~113).

그러한 추론이 가능한 증거로서 카미가이토는 『연희식』의 신(神)명부를 들고 있다. 즉 신사의 제신으로 '韓國伊太氐'라는 기록이 많이 나오는데, 이 이타테(伊太氐)는 이타케루(五十猛)와 동음으로 같은 내용을 표시하는 것으로서, 반드시 그 앞에 한국이 붙어서 한반도계의 신이라는 것을 명확히 하고 있다는 것이다. '타케루'는 그 후의 세대에서도 이름의 끝에 붙어 주로 정복자를 상징하였기 때문에 카미가이토는 이 이타케루의 이즈모로의 도래를 정복적인 것으로 보았다.

이런 이츠츠히코, 이타케루, 이토테는 원래 동음으로 생각되며 이 이름으로 대표되는 세력이 시모노세키를 중심으로 북규슈로부터 이즈모까지 세력을 떨쳤다고 생각하는 것이 자연스럽다. 즉 이 시모노세키 세력이 이즈모를 제압한 것을 야마토(大和) 세력의 이즈모 정복으로 해석하는, 즉 '오오쿠니누시의 국가 양도 이야기'로 위장한 것이 아닌가 하는 추정이 가능하다는 것이다.

이츠츠히코의 왕국이 시모노세키에서 이즈모로 진출하는 가장 큰 목적은 바로 옥의 교역로를 제압하는 것이었다. 이를 통해 왕을 자칭하고, 천손족의 후예인 야마토 왕조의 숭신천황 등을 안중에도 넣지 않을 정도의 강한 세력을 자랑하고 있었다는 것이다(카미가이토 pp.101~104).

• 아메노히보코

다음은 신라의 왕자 출신이라고 하는 아메노히보코(天日槍)이다. 그는 일본 사료의 여러 곳에서 등장하는데, 특히 시모노세키 왕국과 관련된 『치쿠젠국(筑前国)풍토기』에 그의 이름이 등장한다. 이 풍토기에서는, 천황이 시모노세키 왕국의 최후 집권자인 이토테에게 누구냐고 물으니 '코마(高麗)국의 오로산(意呂山)에 강림한 히보코의 후예 이토테'로 답하는 기사가 나온다는 것이다(앞에서 『일본서기』에는 '본도가 이소국'이라고 기록되었다는 것과는 약간의 차이가 있다). 오로산은 경주의 동남쪽 해안인 울산으로 카미가이토는 비정하고 있다. 즉 이토테는 신라계로서 아메노히보코(天日槍)를 조상으로 한다는 전승이다(카미가이토 p.108).

한편 『고사기』에 의하면 아메노히보코는 도망간 처를 쫓아 일본에 와서, 타지마(但馬, 多遲摩)국에 정착하였다고 한다. 이와 비슷한 이야기가 『삼국유사』에서 나오는 '연오랑과 세오녀'이다. 즉 신라의 남자가 왜로 넘어와 왕이 되었는데, 신라의 여자도 넘어와 왕비가 되었다는 것이다. 이런 히보코가 가지고 온 물건은 옥으로 나온다. 즉 그는 옥의 교역 루트를 따라온 인물이라고 볼 수 있다.

한편 『일본서기』에는 아메노히보코는 신라의 왕자 출신으로 나온다. 그 4대 후손으로 타지마모리(多遲摩手理)가 등장하고, 그의 손녀가 신공황후(神功皇后)의 어머니가 되었다. 수인천황(垂仁天皇) 때에 아메노히보코의 후손 세력이 야마토 왕조로 귀순하였다고 카미가이토는 기술하였다(카미가이토 p.123).

• 天(천)이라는 冠(관)의 의미

아메노히보코에 대해서 중요한 것은 야마토의 세력이 그를 천일창(天日槍)으로 불렀다는 것이다. 시바 료타로(司馬遼太郎)는 앞의 『일본의 조선 문화』 좌담회1 편찬서에서, 이 시대에는 천조대신(天照大神) 즉 아마테라스와 같이 천손민족 계통 즉 한반도로부터 강림한 신들에게만 존칭으로 '天'자를 붙였다고 말한다. 『일본서기』를 기록할 때와는 달리 그가 왔던 시기에는 한반도에서 온 중요한 인물에게 천을 붙인다는 생각이 아직 남아 있었다는 것이다(우에다 외 p.35).

우에다도 같은 좌담회2에서 아라이 하쿠세키(新井白石)의 견해라고 하면서, 천(天)이 중국에서 말하는 천상의 뜻과는 달리 일본에서는 그 발음이 '아마' 즉 해(海)와 같다는 점에서 '바다로부터 온 사람'들에게 '天'자를 붙였다고 말하였다. 즉 아마가타리(天語)도 실제에는 바다 이야기(海語)들을 모아 놓은 것이라는 주장이다(우에다 외 p.36).

또한 『신찬성씨록(新撰姓氏錄)』에 실려 있는 신의 후예라는 신별(神別)은 천진신(天津神), 국진신(國津神), 천손(天孫)의 3유형으로 되어 있는데, 국진신 그룹은 이미 토착화된 신들이고, 천진신 그룹은 고천원의 신들이라는 것이다. 이 천을 붙이는 천진신 그룹 중에 한반도와 매우 관계가 깊은 신들이 포함되어 있다고 우에다는 말했다(우에다 외 p.241).

언어학자인 김사엽(1992년 사망)도 그의 일본어판 저서 『고대 조선어와 일본어』(동경:明石書店, 1998)에서 일본의 신의 이름 처음에 天 또는 國이란 자를 붙이는(冠) 경우, 천은 본토인 가야나 신라를 가리키고 국은 이주지(규슈) 지방을 의미한다고 기술하였다. 또한 박시인의 견해(일본사화연구, 『조선학보』 65집)라고 하면서, 이키섬을 '天一柱'라고 부르고 대마도를 '天之狹手依日女'라고 부르는 것도 본토인 한국의 천으로부터 넘어온 중간 땅이라는 것을 나타내는 한 증거하고 기술하였다(김사엽, 전게서[9], pp.305~306). 그렇다면 천황도 '한반도에서 바다를 건너온 왕'이라는 의미가 있겠다.

• 이즈모 왕국의 붕괴

일반적으로 급격히 대국이 된 나라를 붕괴시키는 최대의 요인은 내부

---

9) "김사엽, 전게서", 이후 "김사엽"으로 명기함

분열이라고 말해진다. 강국 이즈모 왕국도 이러한 내부 분열이 있었다. 그것은 오오쿠니누시(大國主)가 후계자를 정하지 않았고, 스쿠나히코나와 오오모노누시는 국가 만들기의 협력자였지만 모두 밖에서 온 사람들이어서 후계자가 될 수 없었기 때문이었다. 많은 세력의 후원을 받는 부인들과 그들 소생의 자식들 간의 암투가 따르기 마련이다.

그렇지만 결정적인 것은 아메노히보코(天日槍) 세력과의 전투라고 우메하라는 보았다. 신라의 왕자로서 도래하였다는 아메노히보코는 타지마(但馬) 지방에 본거를 둔 씨족의 선조가 되었고, 그 세력이 이즈모 왕국을 위협하는 가장 강력한 적이 되어 서로 땅을 경쟁하여 차지하는 관계가 되었다.

이렇게 내부 분열과 함께 아메노히보코라는 한국에서 온 강력한 집단의 출현으로 인해 압박을 받은 오오쿠니누시에게, 마침내 또 다른 세력 시모노세키 왕국으로부터 국가 양도를 권하는 사자가 왔다고 우메하라는 보았다.

그렇지만 이런 이즈모 왕국이 어떻게 망했는가는 사실(史實)로서 확인할 수 있는 것이 전혀 없다. 다만 이즈모 왕국을 멸망시킨 것은 모노베(物部)씨의 선조였다는 설도 있다고 전한다.

『고사기』에는 천손족인 아마테라스가 사자를 보내 국가 양도를 강요하였고, 오오쿠니누시가 이를 승낙한 후 나라를 호니니기에게 넘기고 자신은 이나사(稻佐) 해변에 은둔하였다고 기록되어 있다. 천황가의 치적으로 각색한 역사 변용이라고 우메하라는 보았다(우메하라 p.140, p.144).

한국사에서의 가야보다 더 심하게 이즈모 왕국의 이런 이야기들이 역사에서 삭제된 것이라고 평가할 수 있겠다.

• 이즈모 양도의 뒷이야기

이런 국가 양도를 상징하는 제(祭)가 시마네(島根)반도의 동쪽 끝 미호(美保)신사에서 열리고 있다. 반면에 이즈모대사(出雲大社)에서는 전국으로부터 모인 8백만의 신들을 영접하는 신재제(神在祭)가 개최된다. 이 기간에는 현지 사람들은 결혼이나 상량식은 물론, 이발이나 손톱 깎는 것조차 삼간다고 한다. 이것은 오오쿠니누시의 제사를 위해 전국의 신들이 모인 것이다. 이 신재제는 『고사기』나 『일본서기』 등에서 말하는 국가 양도의 신화가 결코 가공의 것이 아닌 사실이라는 것을 후세에 길이 전하는 행사이다. 우메하라는 이즈모가 얼마나 일본 고대사에 큰 위치를 차지하고 있고, 이즈모 왕조가 야마토 주변 지역을 선 지배한 것이 거의 확실한 것인지 알 수 있게 해준다고 기록하였다(우메하라 p.158).

참고로 이즈모대사의 신재제는 매년 음력 10월 11일부터 17일까지 신을 영접하고 기다리는 신사(神事)가, 그리고 10월 26일에는 신을 보내는 신사가 행해진다고 알려져 있다.

한편 동탁이 다량 출토된 코진타니(荒神谷) 유적은 정권 붕괴 후 미약하나마 17대를 계속해 온 이즈모 왕국의 최후의 왕인 이즈모타케루가 있었던 곳이라고 우메하라는 기술하였다. 여기에서 ×표시를 한 동탁이 발견되었다. 나라를 빼앗긴 오오쿠니누시의 원(怨念)을 달래기 위해서 작은 언덕의 중턱에 황천의 왕이 된 그에게 애석한 마음을 담은 일종의 선물로서 그가 소중하게 생각했던 이즈모국 왕으로서의 심볼인 동탁을 매장하였고, 저세상에서의 완전성을 위해 이 세상에서의 동탁에 ×표시를 한 것으로 해석된다는 것이다(우메하라 p.238).

3. 야마토 통일 왕조의 성립 과정

• 신무 야마토 왕조의 출발

그러면 지금부터는 이즈모(出雲) 계통과는 다른 천손족 즉 아마테라스 세력은 어떻게 하고 있을까에 관하여 살펴보기로 한다.

천손족이 일본 땅에 강림하고 그의 후손인 신무 세력이 히무카(日向)로부터 동정하여 세토내해를 건너서, 마침내 야마토에 자리 잡고 있었던 모노베(物部)씨 선조 세력의 연합군을 멸하고 야마토를 점령한다.

그러나 점령군이 권력을 안정적으로 쥐기 위해서는 과거에 이 나라를 지배했던 오오쿠니누시 일족 즉 이즈모계의 피를 이은 여성을 얻어, 그 여성과의 사이에 태어난 자식을 다음 천황으로 하는 것이 필요하였다. 그래서 이즈모 왕국과 연이 있는 여성을 찾아 황후로 정했고 그 사이에서 태어난 황자가 야마토인들의 지지를 받아 제2대 수정천황(綏靖天皇)이 됨으로써 신무의 야마토(大和) 왕조는 안정을 기할 수 있었다(우메하라 p.161).

여기까지가 우메하라가 기술한 신무 야마토 왕조의 출발 과정 요약이다. 이 새로운 왕조는 질병이 발생하거나 재해가 일어났을 때는 전대 왕조의 원한을 진정시키는 노력이 있어야 한다고 생각해, 그 이후에도 오랫동안 이즈모대신(出雲大神)에 대한 진혼을 중요한 국가적 과제로 여겼다고 전해진다.

• 모노베씨

여기서 말이 나오고 있는 모노베(物部)씨에 대하여 좀 더 살펴보도록 하겠다. 하타이 히로무(畑井弘, 1927년 출생)의 『모노베씨의 전승』(동경:講談社, 2008)에 상당히 구체적인 내용이 나와 있어서 요약해서 인용해 보겠다.

모노베라는 씨족은 존재하지 않았다. 존재한 것은 물구(物具) 즉 병기를 위시한 금속기 생산과 함께 군사(軍事)에 종사한 '物의 部' 관계 여러 씨족 군(群)과 이를 통솔하는 모노베무라지(物部連) 가문 정도의 씨족이 있었을 뿐이다. 천황가의 만세일계설이 믿기 어려운 전설인 것처럼 이 모노베무라지 가문의 계보도 한 계통이라고는 도저히 말할 수 없다. 어떻든 모노베씨는 오오토모(大伴)씨와 나란히 야마토 조정의 군사를 담당한 씨족이고, 나카토미(中臣)씨와 인베(忌部)씨는 제사를, 소가(蘇我)씨는 재정을 담당한 씨족으로 알려져 있다(하타이 히로무, 전게서[10], pp.3~4).

『일본서기』에는 모노베씨의 시조는 쿠시타마하야히(櫛玉饒速日命)라고 나온다. 이 하야히는 천신의 아들로서 신무 동정 이전부터 존재하였던 신무천황족과 동족이라는 것이었다.

한편 『고사기』에서는 『일본서기』처럼 하야히를 모노베씨의 원조라고 기록하지 않고, 모노베무라지(物部連)의 조상이라고 쓰고 있다. 신보(神寶) 봉정과 같은 복속의식은 그대로 전하고 있으나, 신무동정군을 맞아 자기 편을 주살하고 항복한 내용은 전혀 없다. 신무천황은 귀순한 하야

---

10) "하타이 히로무, 전게서", 이후 "하타이"로 명기함

히(饒速日)에게 범(凡) 모노베의 신좌(神坐)를 주었던 것이다(하타이 pp.15~17, p.19, p.69).

모노베 가문에서는 『일본서기』의 편찬에 불만을 품고 작위적으로 따로 역사서를 편찬하였는데, 그것이 『선대구사본기(先代舊事本紀)』이다. 이 기록에 의하면, 그들의 원조라고 하는 하야히는 아마테라스 즉 천조대신의 후손인 호니니기와 형제로서, 존칭 표기도 '命'이 아닌 '尊'이다. 신무천황에 의한 야마토 왕조의 성립 이전에 기나이(畿內)에 강림한 한반도계 도래인 집단의 나라 만들기가 어느 정도 있었고, 그 집단마다 하늘에서 내려오는 시조라고 하는 북방계의 전승이 말해져 왔다는 것을 알 수 있다(하타이 p.28, p.33).

하타이는 하야히의 '饒·速·日'을 고대 한국어 발음 등을 기초해 '번개처럼 간(磨) 칼(의 빛)'으로 해석하여 철의 제조와 관련된 단야신(鍛冶神)으로 추정하고 있다. 또한 일본어에서의 카미(カミ, 神)는 한국어에서처럼 하늘님이 아니고 검(kə:m), 검(劍)을 신령처럼 여기는 단야왕으로부터 온 것으로서, 야마토 왕국이 발전하는 과정에서 만들어진 고어(古語)라고 생각한다.

또한 그는 고분 시대에 들어 도(刀)를 만드는 양질의 철재와 높은 야금 기술 역시 한반도로부터 들어온 것이고, 야마토 숭신(崇神) 왕조의 성립이야말로 고대 일본의 단야신 신앙이 새롭게 발전하는 시작이었다고 기술하고 있다(하타이 p.36, p.54, p.64).

이상과 같은 하타이의 견해를 종합하면 모노베씨는 한반도에서 야마토 일대로 들어온, 제철 관련 신을 믿는 도래인 소왕국의 대표 씨족으로서, 신무의 야마토 왕조에 귀순하여 그 정권을 좌우하는 힘을 가질 정도로 번성하였다는 것을 알 수 있다.

• 숭신천황의 확장

일본의 황실 계보에서 신무천황을 1대라고 한다면 10대에 해당하는 숭신천황(崇神天皇)의 치적은 매우 뚜렷하다고 한다. 그의 아버지로 기록된 9대 개화천황(開化天皇, 가이카덴노)은 그 활동 영역이 동해 일본 연안인 쓰루가(敦賀)를 기점으로 하여 동으로, 서로, 남으로 뻗어 간 것으로 나온다. 그런 점에서 숭신이 이러한 동해 연안 세력을 등에 업고, 비와호(琵琶湖)를 둘러싸는 오우미(近江) 지방으로부터 야마토(大和)까지 지배하게 되었다고 카미가이토는 기술하고 있다.

그는 오우미 남부 출신인 숭신이 개화천황 계통에 사위로 들어가 그 힘으로 야마토를 제압했다고 보았다. 그것은 숭신천황의 이름이 미마키이리비코 이니에(御真木入日子印恵)인 점에서 엿볼 수 있다. 즉 미마키 가문에 사위로 들어간(入日子) 이니에(印恵)인 것이다. 그리고 이 미마키(御真木)는 미마키(御間城)로도 쓰여지며, 미마나(任那)의 키(城) 즉 한반도의 임나로부터 온 사람들이 사는 마을이라고 해석하였다(카미가이토 pp.82~84).

그런데 필자가 또 이상하다고 생각한 것이 야마토에 있어야 할 개화천황의 활동 거점이 북쪽 항구인 쓰루가라는 것이다. 더구나 이 개화천황은 아버지였던 효원천황(孝元天皇)의 비(妃)를 황후로 맞아들여 숭신천황을 낳았다고 하는데, 이것도 정상은 아니다. 아버지의 비를 아들이 황후로 맞았다는 것을 고대이니까 있을 수 있다고 치더라도, 이 개화천황도 아버지 효원천황의 진짜 아들이 아니고 쓰루가의 세력가였는데 힘으로 기존의 천황을 억누르고 그 비를 빼앗아 천황 계보에 들어갔다고 볼 수도 있지 않을까 생각한다.

이처럼 2대 수정천황(綏靖天皇)으로부터 9대 개화천황까지는 기기의 기사가 매우 적고 그 치세 기간도 너무 길거나 고분 분포와도 일치하지 않는 등 창작성이 너무 농후해서 결사 8대(欠史八代)라고 부른다고 한다.

한편 『고사기』와 『일본서기』에서는 숭신천황이 북륙로(北陸路), 단파, 동국에 4도 장군을 보내 지배했다고 나오나, 그 구체적인 내용은 거의 쓰여 있지 않다고 말해진다. 있는 것은 반란 진압에 관한 것 정도이다. 그래서 카미가이토는 숭신의 세력 범위는 야마토(大和)와 야마시로(山城, 현재의 교토) 정도이고, 쓰루가로부터 비와호 연안 지역은 다른 세력 즉 숭신과 결혼한 미마키히메 쪽의 영역으로 보았다.

마침내 숭신조의 말년에 천황이 이즈모(出雲) 측에 신보를 헌상하도록 명하였지만, 이즈모의 지배자가 부재여서 동생이 이를 헌상하자 형이 돌아와 노해서 동생을 죽였다는 설화가 있다. 그것으로 보아 4세기 중엽에 신라계 세력 즉 이즈모 세력에 비해 가야계(또는 이미 토착화된 왜인계)인 야마토 왕조의 세력이 우세한 상황이었다는 것은 확실하다고 카미가이토는 기술하고 있다(카미가이토 p.78, p.125).

• 쓰루가와 아라시토

이와 같은 이즈모 왕국과 야마토 왕조와는 또 다른 세력이 동해 일본 연안인 쓰루가(敦賀)에 거점을 두고 그 힘을 펼치고 있었다는 얘기를 군데군데 한 바 있다. 현재의 후쿠이현(福井県)의 중앙 부분에 있는 이 쓰루가는 과거의 에츠(越)라 불리던 세력의 중심으로서, 한반도 특히 신라와의 주요 교역 항구였다. 에츠는 지금의 후쿠이현, 이시카와현, 토야마현, 니이가타현에 걸친 지역에 해당한다. 이 쓰루가가 우리 동해와 야마토를 이어주는 요지로서, 산 하나만 넘으면 비와호의 수운을 이용할 수 있고, 천을 따라 내려가면 쉽게 야마토(大和)에 도달할 수 있다고 말해진다.

이 에츠의 지배 영역이었던 동해 일본 연안 각지에서 생산된 옥이 쓰루가를 통해 북규슈, 한반도 나아가 중국까지 운반되었다는 것이다. 그런데 이 쓰루가 출신으로 또 한 사람의 역사 인물이 등장한다. 바로 도래인 쓰누가 아라시토(都怒我阿羅斯等)이다.

『일본서기』에는 숭신천황(崇神天皇)의 아들인 수인천황(垂仁天皇) 때에 "이마에 뿔을 가진 사람이 배를 타고 에츠(越)국의 포구에 머물러서 그곳을 쓰누가(角鹿)라고 불렀다. 의부가라국(意富加羅國)의 왕자로서 이름은 쓰누가 아라시토이다. 일본국에 성황이 있다는 것을 듣고 귀화하였다."라는 기록이 있다. 아라시토가 쓰누가 즉 현재의 쓰루가에 왔다는 것이다.

카미가이토는, 이병도의 한국 고대사에 의하면 변한의 고분으로부터 이마에 뿔 모양이 붙어 있는 변모(弁帽)가 출토한 것으로 나오는데, 아라시토를 이마에 뿔이 난 사람으로 묘사한 것도 이 특이한 모자를 쓰고 있는 것을 가리키는 것으로 보인다고 말한다. 변한이라는 '위지'에서의 호칭도 이 변모에서 유래한다는 것이다.

이 아라시토가 말하는 의부가라국은 가야 제국의 북부 중심이었던 대가야국(경남 고령)으로서, 가야 북방의 미마나(任那)와 일본과의 통교가 시작된 기원을 나타내는 설화로 그는 보았다. 이 임나 즉 미마나는 아라시토가 귀국할 때에 숭신천황의 이름 미마키(御間城)천황의 이름을 따서 지은 것이라고 『일본서기』는 기록하고 있지만, 오히려 이야기가 거꾸로 숭신천황이 임나와 관련이 있어서 자기 이름을 미마키천황으로 지었을 가능성이 오히려 큰 것으로 카미가이토는 기술하고 있다(카미가이토 pp.74~75, p.85).

이 숭신천황과 임나 출신의 아라시토와의 관계는 『일본서기』에는 아라시토가 숭신천황을 섬겼다고 되어 있으나 신뢰하기 어렵다. 그것은 아라시토를 신으로 모시고 있는 쓰누가신사의 전승에서 천황이 이 신사의 사제와 그 지역 정치를 아라시토에게 맡겼다고 나오는 것으로부터 유추할 수 있다. 즉 이 지역에 정착하여 호족으로서 세력을 떨쳤다는 것이 오히려 진실에 가깝다는 것이다(카미가이토 p.76, p.78).

• 2개의 왕국의 공존

이러한 제 세력들 중에서 숭신천황 쪽이 키비(吉備)에서 북륙로(北陸路)까지 힘을 미치고 있었다고 볼 수 있다. 그러나 지방에는 독립성이 강한 권력자들이 있었다. 특히 북규슈에서 시모노세키 나아가 이즈모에 걸친 세력은 야마토 숭신조의 영향력이 미치지 않았다. 아라시토(阿羅斯等)의 설화에서도 시모노세키의 아나토(穴門)에서 이츠츠히코라는 자가 숭신조의 권위를 인정하지 않고 왕으로 칭한다는 이야기가 나온다고 카미가이토는 기술하였다(카미가이토 p.99).

그런데 여기서 카미가이토는 상당히 단정적인 견해를 내보였다. 즉 이와 같은 이츠츠히코 왕국은 한반도의 이서국 또는 신라 시대를 거슬러 올라가면 진한과의 연관성이 높지만, 야마토 왕조와 북륙의 정치 집단 지도자는 원래 가야계 즉 변한 쪽일 가능성이 크다는 것이다. 이 당시의 숭신조와 이츠츠히코와의 대립은 반도에서 변한과 진한의 민족적 문화적 차이, 대립에서 유래했다고 보았다(카미가이토 p.109). 변한과 진한이 일본에서도 연장전을 치룬 셈이다.

(키비국(吉備国)은 고대 일본의 지방 국가로서, 현재의 오카야마현(岡山県) 전역과 히로시마현 동부, 카가와현(香川県) 도서부 및 효고현(兵庫県) 서부를 영역으로 하고 있었다. 야마토, 츠쿠시, 이즈모와 함께 고대 일본 4대 왕국의 일각을 이뤘다고 말해진다.)

• 시모노세키 왕국의 신라 침공

이렇게 지금까지 진행된 한반도로부터 일본 열도로의 사람과 문화의 도래를 기록한 문헌들이 3세기 말부터는 거꾸로 소위 왜의 한반도 침공에 관한 기사로 채워진다. 그 진위에 대해서는 여러 가지의 견해들이 있지만, 우선 그 내용에 대해서 알아보도록 하겠다.

『삼국사기』 신라본기에서 3세기 말부터 4세기 전반에 걸쳐 왜국 관련 기사는, 유래이사금 287년부터 걸해이사금 346년까지 11번 나온다고 한다. 왜병이 내습하여 포로를 한번에 1천 명을 겁탈해 갔다거나, 동해안의 한 성을 함락시키기도 하였다.

그런데 카미가이토는 이 시기인 3세기 말부터 진행된 왜인의 신라 침공은 반도로부터 왜국까지 힘을 발휘하던 위국 낙랑군의 권위 실추와 관련이 있다고 보았다. 왜냐하면 일본 내에 강력한 정권이 없어서 지방의 해상 세력들을 통제하지 못하고, 반도의 내부 정치도 혼란하여 유력한 방어책을 세우지 못할 때 격렬한 왜인의 침공이 있었다는 것이다. 3세기 말에도 대개 이와 비슷한 상황이었다.

이때 경주의 사로국을 내습한 왜병의 중심 인물이 이서국(伊西國) 출신의 이츠츠히코라고 하는 것은, 신라 기록으로부터도 추론할 수 있다고 그는 기술하였다. 즉 신라본기에 의하면 이서국이 296년에 금성 즉 경주를 포위할 정도로 사로국에 대해 공세를 취하고 있었다는 것이다. 즉 이 이서국과 이츠츠히코가 연합하였기에, 사로국은 서쪽 육지로부터는 이서국, 동쪽 해로를 통해서는 왜가 공격해 왔던 구도이다(카미가이토 p.113).

한반도에서 고구려, 백제, 신라가 서로 싸우고, 연합하듯이 일본도 할거한 소왕국들이 독자적으로 한반도의 소국가들과 연합하여 싸웠다는 것이 된다.

• 국제 결혼에 의한 평화

신라본기에 유래이사금은 바다를 건너 왜의 본거지를 직접 공격할 계획을 세우나, 수전에 능하지 못하다는 간언을 듣고 포기하는 기사가 나온다. 그다음의 기림이사금 때는 왜와의 관계를 우호 증진으로 전환하고, 다음 걸해이사금 때인 312년에 왜국왕이 왕자의 처를 구혼하자 대신(大臣)의 딸을 보냈다고 기술되어 있다.

그런데 카미가이토는 이렇게 신라본기에 나오는 왜국의 왕이 이츠츠히코라고 생각하였다. 이유는 왜국 왕자의 처가 신라에서부터 오는 대사건이 『일본서기』에는 전혀 기록되어 있지 않기 때문이다. 이때 쓰누가 아라시토(都怒我阿羅斯等) 같은 경우는 상세히 기록된 것에 비해 신라와의 교섭 이야기는 전혀 없다는 것이다. 즉 신라의 바로 대안(對岸)인 시모노세키에 야마토의 숭신조와는 별도의 왕조가 있어서, 그것이 왜국으로서 신라의 기록에 남아 있는 것으로 그는 보았다. 게다가 왜왕인 이츠츠히코가 원래 사로국과 같은 진한의 하나인 이서국 출신이라면, 이런 왜왕의 아들과 사로국 대신의 딸 간의 결혼이 부자연스럽지는 않다. 그렇지만 서로 적국으로 싸우던 나라를 향해 바다를 넘어가는 신부로서는 일대 결심이 필요한 일이다. 카미가이토가 이 여성을 한국판 왕소군(王昭君)으로 보았는데, 그런 국제 결혼이 있었는지에 대해 일반인들은 잘 모를 것으로 생각된다.

이 고대 최고의 데탕트 외교의 수단인 결혼을 통해 평화가 찾아왔다. 322년 이후 343년까지 왜구의 기사는 신라본기에 나타나지 않게 되었다고 한다. 이 시기에 일본 내에서도 야마토 왕조와 시모노세키 왕국이 평화 공존하던 시기였다(카미가이토 pp.114~115).

• **가야와 야마토 왕조의 교섭**

그런데 이렇게 만든 평화가 과연 얼마나 지속되었을까. 이런 평화 공존의 상황에서 가장 불안한 쪽은 가야 제국(諸國)이었다. 이서국이라면 가야 제국의 바로 이웃인데, 그 이서국 출신이 왜왕이 되어 경주의 사로국과 혼인동맹을 맺었다는 것은, 가야로서는 양쪽에서 공격당하는 처지가 된다. 카미가이토는 이런 상황이 가라국의 왕자라는 아라시토가 내항(來航)의 진짜 이유라고 보았다. 이 아라시토가 숭신천황의 말년에 왔으니까 320년경의 일로서, 시모노세키 왕국과 신라의 동맹이 맺어진 직후 정도일 것이다. 숭신천황은 원래 가야와의 연이 깊은 사람이니까 배후에서 이츠츠히코를 견제해 주길 바랐다고 할 수 있다. 아무래도 이츠츠히코보다 숭신이 일본 전체의 패자다운 존재였기 때문에 그 영향력을 가야가 기대했을 것이다. 카미가이토는 『일본서기』 숭신천황 65년에 임나국에서 조공하였다는 기록도 이와 관련이 있을 것으로 보았다. 조공이라면 후대의 과장일 것이고, 가야 제국이 선물을 보내면서 부탁하는 정도이었을 것이다.

그런데 수인천황 2년의 기록에 의하면, 그 사신에게 상을 후하게 주고 임나의 왕에게도 적견(赤絹) 1백 필을 주어 보내는 도중에서 신라인에게 선물을 빼앗긴 사고가 발생하고 말았다. 그래서 이걸 계기로 두 나라 사이에 원한이 처음으로 생겼다. 여기에서 빼앗은 신라인을 시모노세키의 신라계 왕이라고 생각한다면 지리적으로 설명이 될 수 있다고 카미가이토는 보았다. 즉 사신이 돌아가는 길목에 있는 이츠츠히코 왕국이 가야 제국과 야마토 왕조의 연합에 의해 오히려 양면 공격을 받을까 우려하여 사신의 귀로를 막았다고 해석할 수 있다는 것이다(카미가이토 p.117).

• 346년 전투의 내막

공동 대응하기 위한 새로운 동맹이 맺어지고, 또 분쟁의 불씨가 생겼으니 그다음은 전쟁이 일어날 순서이다. 즉 시모노세키 왕국과 야마토 왕조와의 대립이 더 심해졌다는 것이다. 그런데 외교 분쟁은 엉뚱하게 시모노세키 왕국과 신라와의 사이에서 벌어진다. 이 두 나라 사이에는 혼인동맹으로 평화가 찾아왔지만, 그 이후 『삼국사기』 열전에는 다음과 같은 기사가 나온다는 것이다.

점해왕 재위기에 왜국의 사신이 왔을 때 신라의 우로(于老)라는 각간(角干)이 접대하면서, 농담으로 왜왕을 '소금 만드는 놈', '왕비를 보면 여자로 만들겠다'라는 말을 했다고 한다. 왜왕이 이 말을 전해 듣고 노해서 장군을 보내 신라를 치고 우로를 불에 태워 죽였다. 그 후 미추왕 재위기에 왜의 사신이 왔을 때 우로의 처가 접대를 자원해, 사신이 취하자 마당에 끌어내어 불로 태워 죽였다. 왜인들이 이것에 노해 경주까지 침공했으나 승리를 얻지 못하고 물러갔다고 한다.

그런데 이 설화는 『일본서기』의 신공황후 조에 거의 같은 내용으로 기록되어 있다. 여기서는 우로가 신라왕이고 신공황후의 신라 정벌 때의 이야기로 기술되었다. 여기에서는 왕의 처가 왜군의 침공 결과 살해되었다고 한다.

그런 우로의 아들이 걸해왕이 되었다. 그는 재위 3년에 왜국의 구혼 요청에 따라 대신의 딸을 또 왜로 보내지만, 30년 후인 344년에 왜국에서 통혼을 요청해 왔으나 마땅한 신부감이 없다는 이유로 거절하였다. 이때는 이서국과의 문제도 없어지고 여자를 시집보내는 것도 굴종이라 생각하여 거절한 것으로 보인다. 그러자 왜국은 동맹의 파기로 보고 345년에 절교장을 보내고 346년에 대규모 침공을 개시하여 경주까지 포위하였으나 신라는 성문을 굳게 닫고 상대하지 않았다. 마침내 왜병이 아무런 성과도 없이 퇴각하자 이를 추격하여 격멸하였다.

이 사건은 비교적 상세한 내용이어서 지어낸 이야기 같지는 않고, 신라와 시모노세키 왕국 간에 벌어진 전투였다고 카미가이토는 보았다(카미가이토 pp.117~118).

• 시모노세키 왕국의 강복과 중애천황

지금부터는 일본 측 사정으로서, 이츠츠히코(伊都都比古)의 시모노세키 왕국이 야마토 왕조에 굴복하는 과정이다. 카미가이토는 시모노세키 왕국이 힘없이 붕괴하고 중애·신공정권이 통일 왕조의 패권을 잡아가는 과정을 알아보는 데는 『삼국사기』의 기록이 참고가 된다고 기술하였다. 의외라고 생각할 수 있으나 그의 견해를 요약하면 다음과 같다.

시모노세키 왕국이 이렇게 346년의 신라 원정에서 실패한 것이 그 패망으로 이어지는 계기가 되었다. 국력이 급격히 약체화됨에 따라 이즈모를 위시한 세력 내 부족들이 줄줄이 이반하자 규슈 서남부의 웅습(熊襲)과 연합을 꾀하였다. 이러자 규슈 중부에 근거를 둔 훗날 중애천황(仲哀天皇)이 되는 세력은 시모노세키 왕국과 웅습 세력의 양면 공격을 받는 처지가 되었다. 그 한 장면이 이미노미야신사(忌宮神社)의 전승이라고 말해진다.

야마구치현 시모노세키시 이미노미야신사는 중애천황을 주 제신으로 하는 고사(古社)로서, 중애의 토요라궁(豊浦宮)의 이야기가 전해지고 있다. 중애가 규슈 웅습의 반란을 평정하기 위해 아나토(穴門, 長門이라고도 함. 현재의 시모노세키시 동부 지역)의 토요라(豊浦)에 궁을 설치하였다. 이때 신라국의 진륜(塵輪)이 웅습을 선동하여 토요라궁을 공격해 왔다. 황군은 고전했지만 천황이 활을 쏘아 진륜을 떨어뜨려 적군은 퇴각하였다고 한다. 이 풍포궁이 세토내해 세력이 서쪽으로 뻗어 가는 전진 기지이자 방위 거점이었던 것이다. 이 신라국이라는 적군은 천황군을 패퇴시키는 등 위기에 빠뜨릴 정도로 강했다. 카미가이토는 이 신라가 시모노세키 왕국이었을 것으로 보았다(카미가이토 p.106, p.129).

이 이야기가 한 신사의 전승에 불과하다고 할 수 있지만, 일본 내에서 신라군과의 연합이 또 다른 세력과 전투를 벌어졌다는 것은 필자도 처음 들어보는 내용이다.

이처럼 북중부 규슈의 부젠(豊前)과 세토내해 서부의 아나토(穴門)에서 시모노세키 왕국과 대치하던 중애천황은, 이때 쓰루가로부터 대조선 교역 루트를 확보하기 위해 서쪽으로 뻗어 오던 신공황후의 오키나가(息長)씨족 세력과 결혼 동맹을 맺는다. 이런 가운데 시모노세키 왕국 밑으로 들어가 간신히 명맥을 유지해 오던 이즈모 세력은 시모노세키 왕국이 수세를 취하자 이걸 파악하고 즉각 이반하였다. 그러자 시모노세키 세력은 저항도 제대로 못한 채 항복하고 말았다(카미가이토 pp.129~140).

드디어 중애와 신공의 결합을 통해 통일 일본의 막이 열리게 된 것이다.

• 신공황후

그러면 문제의 신공황후(神功皇后, 진구황후)에 관해 좀 더 알아보기로 한다. 14대 중애천황의 황후라고 하는 신공황후는 이름이 오키나가 타라시히메(息長帶比売)이다. 오키나가는 성이고 히메는 공주이니 이름이 타라시(帶)라는 것이다. 이 인물도 가공의 존재라고 알려졌으나 다르게 살펴볼 필요가 있다고 카미가이토는 보았다.

오키나가(息長)씨는 청동기 제작자들의 근거지인 오우미(近江) 지역에서 서로 통혼을 거쳐 인근 여러 세력을 규합한 집단이다. 신공의 어머니는 앞에서 언급한 타지마(但馬)의 아메노히보코(天日槍)의 자손이라고 『고사기』는 전한다. 즉 한반도 도래계이다.

이 신공황후가 한반도를 원정했다는 기록이 기기에 있는데, 그 시기를 간지(干支) 2운(運) 즉 120년을 조정해야 하는 문제, 역사 기술이라기보다는 구전의 이야기 형식으로 되어 있다는 문제 등으로 인해 그 실재성이 의문시되었다. 그래서 카미가이토는 신공의 삼한 정벌과 같은 이야기도 시모노세키 왕국과 같은 왜국 내부의 신라계 소왕국 등을 무너뜨린 부족의 전승이라고 보았다. 그러다 보니 일본의 입장에서는 이것은 일종의 국토 회복 운동이고 왜인의 해방운동 같은 성질을 가지고 있었다. 그래서 신공황후 인기의 비밀은 외정(外征)과 식민지 지배가 아니라 해적왕 색채가 농후한 신라계 시모노세키 왕국으로부터 인민을 해방시킨 자로서의 역할이었다고 보았던 것이다(카미가이토 p.151). 이런 견해까지 제기되고 있다는 것을 주목할 필요가 있다.

이 중애와 신공의 연합 정권은 야마토 왕조의 정통이라고는 말할 수 없다. 그렇지만 만세일계를 표면에 내세운 『고사기』나 『일본서기』의 편자는 중애를 전설상의 인물인 야마토타케루의 황자로 꾸며서 황실 계보 즉위 순서로 14대인 중애천황으로 기록하였다고 카미가이토는 보았다.

문제는 신공황후였다. 그녀에 관한 역사 기술은 전무였고, 신내림과 예지 능력이 있는 여성 샤먼의 영웅담 형식의 이야기만 남겼다. 쟈마다 이국(邪馬台国)의 히미코(卑弥呼) 여왕의 경우와 유사하다. 특히 그녀는 해상교역을 업으로 하는 사람들에게는 우상적 존재였다고 말해진다.

여성 샤먼인 신공이 신라를 정벌하면 성공할 것이라는 신탁을 말하면, 합리적인 중애가 이를 믿지 않았다. 그는 웅습 토벌을 우선으로 하는 신중파=육상파였고, 신공은 열도 내의 신라계 왕조를 타도하고 그 기세로 한반도의 본거지까지 공격하려는 적극 공세파=해상파였다. 그 결말에 대하여 카미가이토는, 『고사기』에서는 중애가 신의 노여움을 사 죽었다고 나오나, 『일본서기』에는 신공의 말을 무시하고 웅습 토벌에 나가 승리하고 돌아왔으나 적의 화살을 맞은 후유증으로 급사한 것으로 되어 있다고 기술하였다(카미가이토 pp.156~160).

신공이 마치 해적단의 신녀와 같은 이미지이다. 그녀의 삼한 정벌이라는 것도 결국은 해적선의 약탈 정도가 아닐까.

• 복속의식과 3종의 신기

그러면 여기서 시모노세키 왕국이 항복하면서 치렀다는 복속의식과 함께 한반도를 비롯한 다른 곳의 유사 사례들에 대해서 알아보기로 한다.

『일본서기』에는 시모노세키 왕국의 마지막 지배자 이토테(五十迹手)가 지배권의 상징인 거울, 검, 옥의 3종 신기를 바치고 항복하면서 중애를 맞이했다는 기사가 나온다. 이런 강복 즉 복속의 의식은 시대와 국가에 따라 차이가 있으나 유사성도 갖고 있다. 서양의 중세 도시는 도시 성문의 열쇠가 도시 지배권의 상징으로서, 도시가 항복하면 시장이 열쇠를 적장에게 넘겨주는 의식이 있었다.

일본의 경우 규슈의 쟈마다이국 시대에는 성, 속 또는 내, 외의 두 가지 대립 관념으로 동검과 동경이라는 2가지의 신기가 있었다. 여왕 히미코와 남자 동생이라는 2인의 조합이다. 오오바야시 타로(大林太郎)는 이것을 폴리네시아의 성주속주(聖主俗主)의 이중 왕국과 유사하다고 말했다고 카미가이토는 인용하였다.

그런데 그 이후인 야요이 시대에는 동경, 동검에 동탁 또는 옥이라는 3종의 신기가 의식에 사용되었다. 이 3분법은 사회의 계층을 주권자(제사자)와 전사, 생산자로 나누어 각자의 역할을 규정하는 사고법으로서 인도유럽어족 신화와 사회계급의 특징이다. 카미가이토는 이런 3종 신기와 사회 계층의 3분화라고 하는 이데올로기가 역시 반도 경유로 일본으로 들어왔을 가능성이 크다고 보았다(카미가이토 pp.168~169).

신화에도 이러한 2분법과 3분법이 반영되어 있다. 특히 일본의 신화에는 천신과 태양신이라는 대립 구조가 기본으로 깔려 있다. 이즈모 왕국의 국가 양도 신화에서 이런 양도의 지령자인 타카미무스비(高皇産靈)는 이츠츠히코 등 신라계 사람들의 최고 신인 천신이고, 아마테라스(天照大神)는 야마토 왕조의 최고 신인 태양신이다. 한쪽은 남신인 하늘신이고 다른 쪽은 여신인 태양신인 것이다. 이런 타카미무스비를 모시는 시모노세키 왕국을 신공의 부족들이 강복시키자 시모노세키 왕국의 이즈모 정복과 같은 이야기들을 자신들의 것으로 만들었다. 카미가아토는 태양신인 아마테라스의 이름 즉 天照大神에 아마=天이 들어간 것도 이렇게 천신을 흡수했다는 의미 때문이라고 보았다(카미가아토 p.175).

한반도의 경우도 고구려 주몽의 아버지가 천신이고 어머니가 강의 신인 하백의 딸로 나온다. 일본의 신무천황(神武天皇)의 부 쪽은 천손, 모 쪽은 일향의 해신 계통으로 기기에 기록되어 있는 것과 같다. 2분법이다.

3분법은 고조선의 단군 신화부터 나온다. 천신으로부터 천부인 3개를 받아 태백산으로 강림한다는 내용이 신화에 들어가 있다. 그리고 고구려 신화에서 제1대 주몽은 의례의 악기인 고각(鼓角)을, 2대 유리왕은 검을, 3대 대무신왕은 식물은 끓이는 가마솥을 손에 넣는다. 카미가아토는 이런 한반도 북부의 기마민족 사이에 있던 왕국의 3분법 관념이 민족의 남하에 따라 반도 남부로, 마침내는 일본으로 서기 200년경 신무천황의 선조에 의해 넘어왔다고 보았다(카미가아토 p.170).

4. 한반도 분쟁 개입

• 백제와 왜의 연합 성립

그러면 이제부터는 일본 열도 내에서 가장 강력한 라이벌인 시모노세키 왕국을 항복시켜 사실상 통일 왕조의 길을 연 중애·신공정권이 격변하는 한반도의 역학관계에 개입하였다는 일본 문헌들의 기록에 대하여 살펴보기로 한다. 사실 여부를 떠나 일단 일본에서 주장되고 있는 내용을 알아둘 필요는 있다고 본다. 역시 카미가이토 저서의 요약이다(카미가이토 pp.178~182).

『삼국사기』나 『일본서기』를 보면 왜와 신라와의 교류가 오래전부터 있었으나, 백제와의 교류는 『일본서기』 신공황후 때인 366년에 처음 있었다. 그 내용을 보면, 대구의 옛 국명인 탁순국(卓淳國)의 왕이 왜의 사신에게 이렇게 말했다고 한다. 백제인 구저(久氐)가 탁순국에 와서 자기 나라의 왕이 왜와 통교하고 싶으나 가는 길을 모르니 가르쳐 달라고 하였다. 그리고 만약 일본의 사신이 탁순국에 오면 자신들에게 꼭 알려달라고 하면서 돌아갔다는 것이다. 이것을 들은 왜의 사신이 사람을 백제 왕 근초고왕에게 보내자 왕은 이들을 후하게 대접하고 여러 가지 선물을 보냈다.

이 내용은 인명 표기 등이 포함된 매우 구체적인 역사 기록 체재를 갖추고 있어서, 지금은 없어진 『백제기』를 원래 자료로 한 이야기라고 카미가이토는 생각하였다.

그다음 해인 367년의 『일본서기』 기록에 의하면 왜는 군대를 보내서 탁순국 즉 현재의 대구로부터 신라를 공격하고, 증원군으로서 백제의 장군인 목라척자(木羅斤資)가 참가하여 함께 신라를 공격하였다. 그러나 『삼국사기』 신라본기에 의하면 내물이사금 9년인 364년에 왜가 대군으로 공격해 왔으나, 인형을 세우고 복병을 두는 방법 등으로 왜병을 물리쳤다고 되어 있다. 『일본서기』와는 3년 정도의 차이가 있으나 정확한 기년(紀年)이 확립되지 않는 시대여서 이 정도의 오차는 인용될 수 있다고 카미가이토는 보았다.

이 시기에 신라본기에는 왜의 침입이 3번 기록되었는데, 첫 번째는 346년 즉 이츠츠히코의 시모노세키 왕국에 의한 침입, 두 번째가 364년 중애·신공정권의 침입, 그리고 마지막인 393년이 응신천황의 침입이다. 모두 경주까지 침입하였으나 격퇴된 것으로 되어 있다. 카미가이토는 이런 상황에서 백제와 왜가 통교를 시작했다는 것은 서울 부근의 신흥 세력인 백제가 점점 신라와 접하게 되었다는 것을 의미한다고 기술하였다.

• 364년 전후의 전투

그럼 두 번째 침공인 364년 전투이다. 카미가이토가 다음과 같이 기술하고 있는 내용들이 필자를 비롯한 일반 한국인들에게는 매우 낯설지만, 진위 여부를 떠나 알아두는 차원에서 요약하여 소개해 보겠다(카미가이토 pp.183~197).

신라와 왜가 혼인동맹으로 사이가 좋았던 때에는 탁순국을 위시한 가야 제국(諸國)의 입장이 어려웠다. 신라는 이런 시기를 이용해 가야 제국을 압박하여 지배하에 두려는 움직임을 보였다. 그러나 신라계의 시모노세키 왕국을 무너트린 중애·신공정권이 되자 상황이 달라졌다. 이번에는 왜와 백제의 양국이 가야 제국을 자기들의 세력권에 넣으려고 하였다. 그래서 『일본서기』에는 신라를 공격한 데 이어서 가야 7국을 평정하였다고 기록되어 있다고 카미가이토는 기술하였다. 정벌이 아니라 평정이라는 용어를 사용한 것에서 이미 기득권이 있었다는 의미가 엿보인다.

그러면 이때 백제가 무슨 이유로 왜를 공동 작전에 끌어들였을까. 카미가이토는 『일본서기』에 왜군이 서쪽을 돌아 고해진(古奚津)에 이르러 남만의 침미다례(忱弥多礼)를 정벌해 백제에 주었다고 나온다고 하면서, 백제의 근초고왕이 마한을 멸망시킨 것이 이『일본서기』기사의 원천이라고 말하는 이병도의 견해를 인용하였다. 백제가 4세기 후반에 반도 남부의 마한 세력을 흡수한 것과 시기적으로 일치한다는 것이다.

이 『일본서기』의 지명 고해진은 오늘날의 전라남도 강진으로 비정된다. 그리고 남만의 침미다례(忱弥多礼, 일본 발음으로는 토무타레)에 대해서도 여러 설이 있지만, 『삼국사기』 지리지에 강진이 백제의 도무(道武)군이고 타레(多礼)는 고대 촌락 국가를 의미한다는 고증 등으로 판단하면 강진을 주읍으로 하는 고대 국가를 토무타레라고 불렀다고 그는 보았다. 남만이라는 것도 북방의 백제인들로서는 문신의 풍습이 있는 마한인을 남방의 만족(蠻族)으로 보았다고 말할 수 있다는 것이다. 그런데 이 『일본서기』의 기록에 남만이라는 표현이 들어갔다는 것은, 아무리 『백제기』를 인용했다고 하더라도 마한을 남쪽으로 보는 백제 도래인들이 이 『일본서기』를 직접 썼고 그게 또 이상하게 받아들이지 않았다는 것을 의미한다고 보인다.

한편 근초고왕이 왜까지 끌어들인 이유에 대하여 카미가이토는, 백제가 왜의 수군 힘을 빌려 고대 해상교통의 요지인 고해진를 정복하기 위해서였다고 기술하고 있다. 마한 50국의 하나였던 백제국(伯濟國)이 313년에 낙랑군의 멸망 무렵부터 마한의 북부를 통일하고 대방 지역을 병합한 후 그 힘을 뻗어 가지만, 남하하는 고구려 세력과 접하게 되었다. 이때 염려되는 것이 남쪽에 남은 마한의 잔존 세력이다. 그래서 마한을 토벌하려 했으나 백제는 부여계인 북방민족 계통이라 기마에는 강하나 수군에 약하다. 반면에 전라남·북도 세력은 해상교통로를 장악하고 있었고, 강진이 그런 수상 세력의 중심이었다. 그래서 왜와의 동맹을 꾀했다고 볼 수 있다는 것이다.

그리고 강진 주변 말고도 『일본서기』에는 이때 강복시켰다는 비리(比

利) 등 4읍이 나오는데, 이를 김제에서 나주에 이르는 해안 지역 또는 나주를 중심으로 한 일대로 비정하는 견해들이 있다.

아무튼 백제가 왜와 동맹을 맺었다는 『일본서기』의 기술에 의한다면 이때 백제의 범위는 금강 이남까지는 이르지 못한 상태였다. 그래서 『일본서기』에는 왜군이 토무타레를 함락시키고, 거기에서 백제왕 부자와 만났고, 4읍이 자연히 항복하였다고 나온다. 그러나 이 기사에는 백제왕이 전투가 끝난 뒤에 왔다고 되어 있으나 사실은 백제가 주도권을 잡아 시작했고, 최종적으로 백제가 마한의 영유권을 차지하게 된 것은 그 나름의 실적이 있었기 때문이라고 보지 않을 수 없다고 카미가이토는 기술하였다.

결국 백제 군사가 공주 부근의 방위선을 돌파하여 김제를 시작으로 전라북도의 요지를 점령하고 남진을 계속했으며, 동시에 왜군이 반도 남해안을 배로 서진하여 강진을 함락시켰다. 앞뒤로 적을 맞은 전라남도 영산강 유역의 4읍은 저항이 어렵다는 것을 알고서 항복한 것으로 보아야 한다는 것이 카미가이토의 견해이다.

그러나 전쟁의 결과는 전과물인 땅을 모두 백제에게 주는 것으로 끝났다. 신라는 왜의 공격에 굴복하지 않았고, 마한은 완전히 백제의 지배하에 들어갔다. 가야 제국에 대한 왜의 영향력은 늘었지만, 그 후의 『일본서기』 기록 등을 보더라도 가야 소국의 왕들은 여전히 지배권을 행사하고 있었다. 조공은 가끔 받기 때문에 종주국의 기분은 맛볼지 몰라도, 실질적으로 얻는 것은 아무것도 없었다는 것이다.

여기서부터 카미가이토의 비유가 재미있어진다. 이 사건과 그 후의 진행이 마치 중국 『삼국지연의』에서의 적벽대전(208년)을 닮았다는 것이다. 이 전투에서 가장 분투한 쪽은 오의 수군이었고 공이 가장 많았던 사람은 제독 주유이었지만, 조조 격퇴 후 가장 이득을 본 쪽은 양자강 유역의 요충지인 형주를 확보한 유비였다. 제갈공명의 교묘한 동맹 전략에 의해 얼마 안 된 병력을 가진 유비는 오의 수군을 빌려 대적을 격파하고 가장 큰 실리를 차지한 것이다. 오나라는 큰 희생을 치렀지만, 영토를 거의 얻지 못하고 유비에 대한 원한을 품은 채로 끝났다. 364년 전후의 전투에서 왜는 오나라 꼴이 되고 말았다는 것이다.

 이런 과정에서 혁혁한 공을 세운 백제의 사자가 앞서 말한 구저(久氐)였다고 전해진다. 364년에 탁순국에 파견된 이래 대왜 외교에는 반드시 등장하는 인물이다. 『일본서기』에는 매우 겸양한 말투로 백제가 왜에 조공하는 것을 맹세하였다고 묘사되고 있으나, 매우 의문스럽다고 카미가이토는 보았다.
 다만 다사성(多沙城)을 선물로 받았다고 기록된 점으로 보아 왜국 측을 여러 가지로 기분 좋게 하는 외교 수완을 발휘했다고 볼 수 있다. 이 다사성은 강진으로부터 동쪽, 섬진강 하구 부근으로 비정되는데, 이곳은 이전부터 마한과 가야의 계쟁지(係爭地)였다. 백제는 마한 통일의 명목으로 이 지역을 원했고, 가야 제국으로서는 이제는 백제의 동진에 대한 염려가 생길 수밖에 없는 변화였다. 카미가이토는 이렇게 백제에게 일방적으로 유리한 결과가 되었다는 것은, 백제가 말하는 대로 응할 수밖에 없었던 왜의 실력에 의문을 품게 한다고 기술하였다.

• 칠지도

 이런 상황이었기 때문에 백제가 칠지도를 왜에 선물하는 것이 이상하지는 않다고 카미가이토는 기술하고 있다. 『일본서기』에는 신공황후 때인 372년 가을에 백제왕이 신(臣)이라 칭하면서 나라 서쪽의 곡나(谷那) 광산의 철로 만든 칠지도를 헌상한 것으로 기록되어 있지만, 후세에 들어 조공문의 형식으로 개찬(改竄)한 것으로 보았다. 여기서 개찬은 글의 뜻을 달리하기 위해 글의 일부 구절이나 글자를 일부러 고친 것을 말한다.

곡나철산은 근초고왕이 372년의 고구려와의 전쟁에서 평양까지 공략하고 고국원왕을 전사시킨 대승리 끝에 획득한 광산이다. 즉 서울의 서쪽인 임진강과 예성강 유역 및 그 상류인 황해도 곡산군(谷山郡) 일대를 점령함으로써 중요한 군사물자인 철을 확보했다는 것이다. 그렇기에 마한의 잔존 세력이 고구려와 손을 잡는 경우를 대비하기 위해 왜와의 관계를 좋게 유지할 필요가 있다는 판단 아래 왜에 칠지도를 선물하였다는 것이다(카미가이토 p.199).

참고로, 언어학자인 김사엽은 앞의 저서 『고대 조선어와 일본어』에서 이 곡나철산(谷那鐵山)을 『삼국사기』 지리지 곡성(谷城)의 고 지명인 욕내(欲乃)로 비정하였다. 곡나는 일본 발음으로 고쿠나, 욕내는 요쿠나이라는 것이다(김사엽 p.339).

그런데 카미가이토는 여기서 한 걸음 더 나아갔다. 즉 372년의 백제의 평양전 승리 직후에 이러한 일이 이루어진 것으로 보아, 왜의 수군이 평양 공격에도 참가한 것으로 추측하였다. 고구려와 백제의 전쟁에서는 한강, 임진강, 예성강, 대동강이라고 하는 수심이 깊은 큰 강이 있으므로, 이 강의 제수권을 확보하기 위해서 왜의 수군을 활용한 것으로 보인다는 것이다. 그 근거로서 그는 '광개토왕 비문'을 들고 있다. 즉 404년에는 왜가 배로 대방 즉 황해도를 침공해 온 것을 격퇴하였다는 내용이 비문에 있다는 것이다. 따라서 시간적으로 많이 차이가 나지 않는 372년 전투에서 백제가 왜의 수군을 빌리기 위해 많은 보물로 왜를 유도했고,

성공한 후 칠지도 등을 보답품으로 보냈을 가능성이 충분히 있다.

여기서 카미가이토는 일본 측을 아주 신랄하게 비판한다. "아무리 칠지도가 귀할지라도 백제가 왜와의 동맹에서 획득한 과실에 비하면 거의 애들 장남감 정도의 보상이다. 근초고왕은 이런 선물에 기뻐해서 계속 중대한 양보를 하는 왜국의 수뇌진을 마치 어린애들과 같이 생각했을 것이다." 카미가이토는 한반도에서의 지략을 동원한 외교전에 비하면, 왜 측은 마치 소박한 미개인과 같았다고 평가했다(카미가이토 p.201).

한편 일본의 고분에서 발견된 칠지도는 토치기현(栃木県) 오야마시(小山市) 고분에서 출토된 한반도제의 칠지도와 이소가미신궁(石上神宮)에 국보로서 보관된 칠지도 두 개가 있다. 그중 이소가미의 칠지도가 주목을 받고 있다. 거기에 새겨진 글씨에 대한 해석이 여러 가지인데, 우에다 마사아키(上田正昭)가 앞의 좌담회1 편찬서 『일본의 조선 문화』에서 밝힌 다음과 같은 견해가 주의를 끈다(우에다 외 pp.29~30).

이 칠지도의 표면에 태화(太和, 東晉의 연호) 4년 즉 397년에 왜왕을 위해 백제왕이 만들었다고 해석되는 새긴 글(銘)이 있다. '~供候王 □□□□作'이라고 된 것을 대부분의 일본 학자들은 백제왕이 왜의 왕에게 헌상한 것이라는 견해이나, 백제왕(근초고왕)이 왜왕을 후왕(侯王)이라 하면서 준다(供)로 되어 있는 점에서, 백제 측에서는 헌상한다는 의식이 전혀 없고 오히려 후왕 즉 속왕(屬王)에게 준다는 하행문서의 형식이라는 것이다.

우에다의 이런 견해에 의한다면, 왜군의 한반도 출병도 속국 왜에 대해 종주국인 백제가 병사를 동원하도록 명한 것이라고도 해석할 여지가 있다고 필자는 본다.

• 신라의 해상 능력과 신라구

그런데 이러한 이야기들은 왜의 해상 능력 즉 배를 만들고 항해하는 능력이 뛰어났다는 전제하에 성립한다. 과연 그런가? 오히려 신라 쪽이 더 우수했다는 기록과 주장들이 다른 문헌 속에 보인다.

오카야(岡谷公二)는 앞의 저서 『신사의 기원과 고대 조선』에서, 신라인은 항해를 좋아했고 그 조선 기술이 뛰어난 것으로 정평이 났다고 기술하였다. 견당사로서 당나라에 갔던 사람들이 귀로에 신라의 배를 타는 것을 선호했고, 승려 엔친(円珍)이 장보고 휘하의 신라 배의 구조를 받아 무사 귀국한 후에 신라선신당(新羅善神堂)을 세웠다는 이야기도 있다는 것이다.

또한 『일본서기』 15대 응신천황(應神天皇) 31년에 항구에 정박해 있던 배에서 불이 나 많은 배들이 타버렸기 때문에 신라왕이 그걸 듣고 솜씨 좋은 장인을 보냈는데, 이것이 조선(造船) 목공에 종사하는 저명부(猪名部)의 시작이라는 기사도 있다. 나중에 무라지(連) 성을 받은 신라계 씨족은 대부분 항해에 관계하였다고 나오키(直木孝次郎)의 『일본 속의 조선 문화』 32호에서의 견해를 인용하고 있다(오카야 p.52).

그리고 그런 측면을 증명하는 것의 하나가 신라구(新羅寇)이다. 인터넷 자료에 등장하는 이 신라구는 통일신라 후기 9세기부터 후삼국 시대 무렵 10세기 초반까지, 일본 헤이안 시대 중반기에 신라 쪽 해안을 근거지로 해서 일본을 약탈한 한반도계 해적 집단이다. 894년 9월의 침입 규모는 100여 척의 전선에 2,500명의 병력이었으며, 당나라 사람도 포함되었다고 한다. 이 정도 병력 규모라면 후삼국 시대 고려나 후백제의 정규 수군 규모와도 맞먹을 정도이다. 그 결과 일본 규슈 등 서부 해안 지역이 초토화되고 신라와 일본의 우호 관계도 단절되었다고 한다.

또한 이런 신라구와 별개로 『해동제국기』 등에 따르면 718년과 720년에 신라가 서일본 변방을 두 차례나 공격했다는 기록들이 있다. 이 기록들은 『삼국사기』에는 전혀 없는 내용들이다. 820년 신라인의 난(弘仁新羅의 亂)에서는 일본 내에 거주하던 신라인들이 반란을 일으켜 해적이 된 사건이 기록되어 있다고 한다.

한국 측에도 이 시대에 남해안 도서 지역에서의 해적에 대한 기록이 남아 있다. 장보고가 청해진을 세워 해적을 토벌하는 활동을 한 시기가 827년부터 약 20년 동안이었다. 또한 견훤 열전에 의하면 신라 조정은 장군 견훤을 시켜 서남해 바다의 해적을 소탕하게 했고, 견훤은 해적을 소탕하면서 세력이 모이자 자기 휘하에 넣고 이를 기반으로 서남해에서 반란을 일으켜 892년에 왕을 자칭했다고 나온다. 지금의 전라남도 신안군인 압해현을 거점으로 활동한 능창(能昌)도 그와 같은 해적 세력의 두목이다.

물론 인터넷에 등장하는 이런 신라구 이야기는 훨씬 후대의 일이고, 한국이나 일본 모두 당시 서로 유리한 것만 기록에 남겼기에 그 진상이 아직 명확히 규명된 것도 아니다. 다만 신라가 왜보다 전통적으로 해상 활동에 오히려 능했다는 증거로 볼 수도 있다. 그렇다면 왜가 배의 건조나 해상 전투를 잘해 한반도 전투에 개입하였다는 것은 생각해 볼 여지가 있다. 망해 버린 신라계 이즈츠히코의 후예들이 한반도 남부와 동해 일본 연안에 근거지를 이리저리 옮겨 가면서 해적 활동을 계속하였을 가능성도 상상해 볼 수 있다.

• 382년 왜의 가야 침공

다시 전쟁으로 돌아간다. 카미가이토는 신라본기에 없는 왜의 382년 신라 침공이 『일본서기』에 나온다면서 상세히 기술하고 있다. 다만 『일본서기』에서는 '『백제기』에서 전하는 바로는' 이라는 전제가 붙어 있다고 전한다. 요약하면 다음과 같다(카미가이토 pp.210~211).

신라가 조공을 태만한 것이 382년 공격의 발단이었다. 아마 신라 측은 364년에 왜병을 격퇴하였다고는 하나 수도까지 침략을 당하는 등 곤경을 겪었기에 다시 내습하지 않도록 사자를 파견하여 화평을 모색해 왔다고 볼 수 있다. 신라로부터 돌아온 장수도 자신의 패배를 그대로 보고하지 않았을 가능성이 있다. 따라서 왜의 조정에서는 신라로부터 조공의 사자가 당연히 와야 하는데 아무리 기다려도 소식이 없자, 이런 신라를 철저히 두들겨야 한다고 생각하고 준비를 거듭해 출병한 것이 382년의 침공이었다.

그런데 항구에서 영접하는 신라의 사자가 미녀 2명을 왜의 장군에게 헌상하면서 왜병이 가락국을 공격하도록 유도한다. 단순한 왜장은 신라가 강적인 점도 있고 하여 공격 목표를 가야로 바꾸었다. 아무런 준비도 없던 가야는 왜의 정예 병사에게 바로 함락되었고, 가야국왕과 귀족 등은 백제로 망명하였다.

가야국왕은 왜국의 횡포를 백제왕에게 호소하였고, 여동생인 기전지(旣殿至)를 왜에 보내 경위를 알리고 왜장의 부당함을 호소한다. 사정을 알게 된 왜왕이 크게 노해서 왜장의 소환을 명령하고, 불응할 경우를 대

비해 백제의 출동을 요구하였다. 그래서 백제군인 목라근자가 가야를 평정하고 가야국왕을 복위시켰다. 이 기전지는 동족이 위기에 처했을 때 대한해협을 넘나들면서 사명을 수행한 한일교섭사에서 잊어서는 안 될 여성 외교관이었다. 『일본서기』에는 『백제기』를 인용하여 목라근자와 신라 여자 사이의 아들 목만치(木滿致)가 그후 임나를 관장한 것으로 나온다.

결국 제일 바보가 된 것은 왜로서, 오랫동안 준비한 원정군이 아무런 전과도 없이 돌아오고 말았다. 그때까지 다소 남아 있었던 가야에 대한 영향력도 백제가 대신하게 되었다. 여기서 왜장이 왜 신라 대신에 가라국을 공격하였는지 그 이유가 궁금하다. 카미가이토는 미인계만으로는 설명이 부족하고, 당시에 가야가 왜에 대하여 우호적이지 않았다고 해석할 수밖에 없다는 견해를 기술하였다. 왜냐하면 왜가 가야의 중요 거점인 다소성을 백제에 양도했기 때문에 거기에 대한 불만이 있었다는 것이다.

• 야마토 평정과 응신천황

중애·신공정권의 반도 진출 시도가 무산되자, 이들의 아들인 15대 응신천황(應神天皇)은 실추된 권위를 회복하고 지도부에 대한 불만을 다른 곳으로 돌리고자 신라 정벌이 실패로 끝난 382년 직후부터 야마토(大和) 진출을 획책하였다. 이때의 야마토 왕가는 숭신, 수인의 전성기가 지난 쇠퇴기여서 신흥 세력인 응신 측 무력에 대항할 수 없었다. 시모노세키 왕국을 통합하여 실질적으로는 통일 왕조의 서막을 열었던 응신 세력은 반도에서 얻은 신식의 무기와 전술 등을 통해 힘없는 야마토를 정복하고 왕가끼리의 정략 결혼으로 385년경에 인심을 거의 수습함으로써, 응신천황이 일본의 선진 지역 대부분을 다스리는 왜국의 통일자로 등극하게 되었다.

그런데 이 응신의 계보도 조작된 것으로 카미가이토는 보았다. 그가 야마토 왕가와는 다른, 즉 북규슈에서 태어나 야마토로 들어갔다는 전승이 있다는 것이다. 야마토 왕가는 경행천황 후 쇠퇴기에 들어갔고, 정복담을 기록한 야마토타케루는 2인 이상의 지방 패자였으며, 그중 한 사람인 응신이 야마토에 들어가 왕국을 제패했다. 그는 자신을 격상하기 위해 조상이 천황가의 일원이었다는 전승을 창작하였다는 것이 카미가이토의 주장이다. 또 계보를 조작한 사례이다.

그 근거로는 12대 경행천황의 이름이 '오오타라시히코+오시로와케'로서 두 사람의 이름이 합쳐진 모양을 하고 있다는 점이다. 15대 응신천황의 이름이 '호무타와케'라고 와케를 붙이는 것을 보면, 경행천황 이름에 덧붙인 '오시로와케'가 중부 규슈의 패자였던 응신천황의 실재 조부 또는 그 이상의 선조였던 것으로 보인다는 것이다. 이 시대에 천황의 황위는 능력 있는 자라면 승리해 차지할 수 있었고 천황이라는 관념도 존재하지 않았다. 그런데 후세에 황실 이야기 전승자가 만세일계라는 신화를 만들기 위하여 응신을 황실의 계보에 집어넣은 것이다(카미가이토 pp.220~222).

다만 그가 중애와 신공의 자식이 아니더라도 동해 일본 연안의 해상 세력과 세토내해에서 북규슈에 걸친 세력의 연합체에 근거를 두었다는 것은 확실하다고 카미가이토는 보았다. 그는 야마토 왕가 정통 계보의 딸에게 장가드는 형식으로 계보를 이어 간다. 그 왕권의 강대함을 상징하는 것처럼 응신의 능은 분구 지름이 418m에 달해, 그다음 대인 인덕릉과 함께 일본 고분 중 최대 규모이다.

군사적 지도자 성격이 강한 응신은 신라와의 전투에서 말이 없어서 패하는 일이 자주 있자 말의 도입에 적극적으로 나선다. 말의 사육 기술은 당시에는 최신 병기를 만들어 내는 기술이기에, 백제로부터 그런 사육 전문가와 함께 마구나 의복을 제작하는 기술자가 도래하였다고 전해진다(카미가이토 p.246).

• 고구려의 남하와 393년 전후의 전투

이렇게 응신은 왜국 내부를 평정하고 또한 전투 기술을 향상시켜서 다시 해외로 눈길을 돌린다. 그것이 고구려의 남하와 맞물린 393년의 전투이다. 카미가이토의 기술 내용을 요약하여 소개한다(카미가이토 pp.226~229).

382년의 가야 침공 소동 때에 마지막에 가서 가야국왕의 복위를 실현시킨 사람이 목라근자였기에 백제는 공공연히 가야 제국(諸國)을 자기의 지배하에 넣으려 했다. 왜는 이를 백제의 배신으로 생각하고 있었다. 그 무렵 백제의 내부에서도 왕자 아신(阿莘)과 숙부 진사(辰斯) 간의 왕위 쟁탈전이 있었고, 392년 고구려와의 전쟁에서 지게 된 진사왕에게 패전 책임을 묻는 형태로 왜가 밀었던 아신왕이 승리하게 되었다.

그러나 이 392년에는 신라와 고구려의 동맹이 성립되어 강력한 후원을 얻은 신라가 가야 제국으로의 진출을 꾀하고 있었기에, 왜로서는 출병하더라도 백제보다는 신라의 이런 동향을 더 경계해야 할 상황이었다.

『삼국사기』 신라본기 내물이사금 38년인 393년에는, 왜가 배로 쳐들어와 신라의 수도인 금성을 5일간 포위하였으나 응전하지 않다가 왜가 퇴각하자 기마대와 보병으로 추격하여 격살하였다는 기록이 있다. 그러나 『일본서기』에는 이것에 대응하는 기사가 보이지 않는다. 광개토왕비에도 나오는 왜의 패전 기사가 『일본서기』에는 없는 것이다. 즉 왜는 승전만 기록하였다고 볼 수밖에 없다.

그다음 반도에서의 대사건은 고구려의 광개토대왕에게 백제의 아신왕이 395년(광개토왕비에는 396)에 대패한 것이다. 이때 광개토왕은 수군을 이끌고 백제를 공격하였다. 『백제본기』에는 백제가 대패하고 사망자가 8천 명이었다고 나오는 데 그치지만, 광개토왕비에는 백제왕이 복종을 맹세하고 생구(生口, 노예)를 바치며, 왕의 동생과 대신 10명이 인질로 잡히고, 58개 성, 7백 개의 마을을 할양했다고 되어 있다.

그다음 해인 397년의 『백제본기』에는 백제가 왜국과의 결속을 강화하기 위하여 왕태자인 전지(腆支)를 인질로 보냈다는 기사가 나온다. 그리고 『일본서기』에는 『백제기』에서 인용한 것이라고 하면서 아신왕이 왜에게 무례하였기에 왕자 직지(直支)를 보내 왜를 달래면서 양국 동맹을 복원시키려 했다고 되어 있다. 무엇이 무례였냐면, 고구려에 왕제까지 인질로 보낸 것을 뜻하는 것으로 카미가이토는 보았다.

- **광개토왕비문과 400년 전후의 전투**

이 시기의 진실을 규명하는 자료로서 광개토대왕의 비문이 있다. 그 해독에 대해 사연이 많다는 것은 한국인들에게도 잘 알려져 있다. 카미가이토도 한국 학계의 많은 의문 제기가 있었다는 것을 전제하면서 그의 견해를 기술하였다. 요약하면 다음과 같다(카미가이토 pp.234~239).

유명한 것은 비문에 '而倭以辛卯年來渡海 破百殘□□新羅 以爲臣民'으로 쓰여진 구절이다. 이것을 일본에서는 "왜가 바다를 넘어와 백제와 신라를 쳐서 신민으로 삼았다."라고 해석한다. 그러나 한국의 학자들은 당시 왜가 바다를 넘어 백제를 복속시킬 힘이 있을 리 없다고 주장한다. 그렇지만 백제의 왕태자 전지가 왜에 질(質)로 보내진 것은 『삼국사기』, 『일본서기』에 함께 기록되어 있어 사실로 보인다.

이런 사태들은 왜가 반도에 대하여 상당히 강력한 군사력을 보낼 수 없으면 있을 수 없는 일이다. 왜가 가령 군사력이 아주 무력했다면 소중한 왕태자를 인질로 보낼 필요가 없었을 것이다. 광개토왕비에 대한 일본의 종래의 해독처럼, 서울 이북 근처까지 왜군이 침입할 정도의 힘이 없었다면 고구려를 노하게 할 왜와의 동맹을 백제가 장난으로 취할 리도 없었을 것이라는고 카미가이토는 기술하고 있다.

이 397년의 백제와의 동맹으로 왜는 반도 남부에 대한 입장을 강화하였다. 그렇다면 지금껏 실패한 신라 공략에 목표를 두는 것이 당연한 수순일 것이다. 광개토왕비에는 그 2년 후인 399년의 일로서 왜의 신라 침략 사실도 전하고 있다. 광개토왕은 백제가 왜와 연통하는 것에 책임을 물으려 남평양(현 서울)까지 남하할 때, 신라의 사자가 와서 왜인이 국경에 가득 차 성을 부스고 인민을 약탈하고 있다고 보고한다. 그래서 광개토왕은 신라 구원에 나서서, 그다음 해인 400년에 보병과 기병 5만의 대군을 신라에 파견하였다. 고구려 구원군이 도착하자 신라 성 중의 왜병을 쫓아내고 임나가야까지 진출하여 그 성을 귀복시켰다는 것이다.

이러한 고구려의 승리에 대해서도 『일본서기』는 침묵하고 있다. 결국, 패전이었기 때문일 것이다. 그런데 이 비문에는 4년 후 왜의 반격에 관한 기사도 나온다고 카미가이토는 기술하였다. 404년에 왜가 서울에서 평양 사이의 구 대방군 지역을 배로 침입해 왔다는 것이다. 백제로서도 396년에 빼앗긴 58개의 성을 왜의 힘을 빌려 되찾으려 했겠지만, 비문에 의하면 어디까지나 공격의 주체는 왜였다고 카미가이토는 보았다. 이 공격은 백제와 왜의 참패로 끝났다.

이런 결과 고구려의 백제에 대한 영향력은 강화되었다. 『삼국사기』 백제본기에 의하면 왜에 인질로 가 있던 전지가 부친인 아신왕의 죽음을 전해 듣고 귀국을 청하자 왜왕이 병사 백 명을 붙여 호위하게 하였다고 전해진다. 그러나 그 귀국 전에 차제인 훈해(訓解)가 섭정이 되어 전지의 귀국을 기다리고 있었으나, 말제인 설례(碟礼)가 훈해를 살해하고 왕을 자칭하였다. 전지는 섬에서 머물러 있는 사이에 백성들이 설례를 죽이고 전지를 받아들였다.

이 사건도 왕자들 개인 간의 권력욕에 원인이 있지만, 지원 세력 간의 암투도 개입되어 있었다고 카미가이토는 보았다. 왜국에서 10년 가까이 인질로서 머물고 왜병의 호위를 받으며 귀국하는 전지를 친왜파라 한다면, 찬탈자인 설례도 왜의 영향력을 싫어하고 고구려의 실력을 두려워하는 사람들 즉 친고구려파의 지지를 받았다고 생각한 것이다. 결국, 숙적 고구려를 향한 증오나 경계심이 더 컸던 백성들의 봉기에 의해 친왜 정책으로 향방이 정해지는 결과를 가져왔다.

필자는 과문해서 광개토왕비에 그런 후속 내용까지 있는지는 몰랐다. 이에 대한 논박은 본 저서의 주된 목적이 아니니 그런 내용이 일본의 문헌 속에 있다는 정도로만 그치고자 한다. 그 이후의 신라 상황에 대해서만 좀 더 알아보기로 한다.

• 강국 신라의 흥기

400년에 5만 명의 보병과 기병을 보내 신라를 구한 고구려가 잠자코 철병했을 리가 없다. 402년 재위 46년이었던 내물왕이 죽었을 때 고구려에서 인질 생활을 했던 왕족 실성(實聖)이 즉위하는데, 친고구려파와 신라 독립파의 암투 속에서 고구려의 후원이 있었기에 가능하였던 것으로 카미가이토는 보았다.

왜가 이 틈새를 파고들어 신라 독립파를 친왜파로 만들 우려가 있기에 이를 막기 위해 실성은 교활한 수를 두었다. 내물왕의 왕자 미사흔(未斯欣)을 인질로 왜국에 보낸 것이다. 이것으로 왜의 공격 예봉을 둔하게 하면서 왕위 쟁탈전의 장애물을 외국으로 보내, 설사 전쟁이 나서 죽더라도 자신의 입장에서는 정적의 하나가 죽을 뿐이라는 계산이 그의 머릿속에 있었다. 이렇게 미사흔의 인질 기사는 그가 왜국으로부터 극적으로 도망 나온 얘기가 『삼국사기』나 『일본서기』 양쪽에 약간 다르지만 자세히 기재되어 있는 것으로 보아 사실(史實)이라고 카미가이토는 기술하였다.

물론 이런 인질만으로 왜국이 신라를 믿을 리 없었고, 3년 후인 405년에 다시 신라를 공격한다. 또한 407년에도 왜인이 변경을 침입하자 참을 수 없게 된 실성왕이 대마도의 왜인 근거지를 공격하여 화근을 도려내려 했지만, 참모들이 위험하다고 간언하여 중지하였다고 나온다.

실성왕 다음으로 즉위한 눌지(訥祇)왕의 즉위 전기(前紀)에 의하면, 실성왕이 또 다른 내물왕의 왕자 눌지를 고구려에 인질로 보내면서 고구려인을 통해 눌지를 죽이려 했다. 그러나 그의 인품에 반한 고구려인이 그런 내용을 알려준 채 죽이지 않았다. 이에 원한을 품은 눌지가 실성왕을 죽이고 왕위에 올랐다는 것이다. 이러한 약소국 인질의 운명을 오래 겪은 왕자들이 집권하면서 국가는 차츰 안정을 찾게 되었다. 특히 눌지왕 때부터 신라의 국내 체제는 점차 정비되었고, 그 후 한반도의 강국, 신라의 기초가 확립되어 갔다고 카미가이토는 기술하고 있다(카미가이토 pp. 240~243).

외국에서 인질로서의 시련이 오히려 강국 신라가 출범하는 계기가 되었다는 것이다.

• 왜의 한반도 전쟁 개입은 사실인가

한일 고대사에 있어 가장 심하게 부딪힌 시기가 점점 지나가는 것 같다. 다만 왜의 한반도 전쟁 개입에 대해서는 그 사실 여부에 대한 논쟁이 아직 남아 있다. 이를 인정하면 황국사관을 수용하는 것으로 오해받기 쉽다. 그래서 카미가이토도 "천손 강림의 길은 한반도에서 일본으로 넘어오는 길이었고, 많은 선진 문명과 함께 일본 열도 사회에 우수한 신문화를 가지고 지배 계층을 형성한 사람들은 대부분 반도로부터의 도래인이었다. 그 지배층의 최상위에 있는 천황가는 혈통으로 보면 반도에서 그 선조를 찾아야 한다."라고 그의 기본 입장을 먼저 밝히고 있다. 즉 그는 오히려 우익적인 국수주의의 대척점에 서 있다는 것이다.

다만 그는 『일본서기』에 기록된 5, 6세기의 한반도 관련 기술에 있어서 한국의 고대사가가 말하는 것처럼 이 시기의 일본이 한반도를 지배하지는 않았다 하더라도 왜가 한반도에 대한 정치적 영향력을 전혀 가지지 못했다고 하는 것에 대해서는 찬성할 수 없다고 기술하였다. 그러면서 그가 서울대학교의 한국연구소 연구원이었던 시절에 광개토대왕 비문에 대한 심포지엄에서 한국의 고대사가인 천관우가 "왜의 한반도 침공을 전면 부정하고, 그 이유를 당시의 일본 국력으로는 바다를 넘어 반도를 공격할 능력이 없었다."라고 말한 것에 대해서는 이의를 달고 있다. 황국사관에서 한반도에 임나라고 하는 식민지가 존재하였다고 주장하는 것이 일본의 역사 왜곡이라면, 이런 왜곡을 반대로 강하게 또 왜곡시키는 역 황국사관이 한국에 존재하는 것 같다고 기술하였다.

그는 『일본서기』를 그대로 읽더라도 실제 당시의 왜가 임나를 실효 지배했다는 기사는 있을 수 없고, 임나에는 소국들의 국왕 이름도 『일본서기』에 기록되어 있기에 이런 국가들이 독립국가임을 『일본서기』도 인정하였다는 것이다. 다만 가야의 소국 연합체에 일본이 군사 개입한 이유는 중요한 광업 제품인 철을 놓고 신라와 긴장 관계에 있었기 때문이라고 주장한다. 4세기 말에서 5세기 초에 응신천황이 거의 전국 규모의 통일 정권을 성립시켰기에 한반도와 이해 관계가 대립되었을 때에 어느 정도 규모의 군대를 파송할 정도의 힘은 비축하고 있었다고 보았다(카미가이토 pp.299~302).

또한 그는 고대 일본인의 항해 능력을 의문시하는 것에 대해서도 중국 사서의 기록을 들어 논박하였다. 즉 후한 시대에 왜왕이 노예 백여 인을 보냈다고 기술되어 있는데, 이런 인원수를 데려가기 위해서는 이와 맞먹는 수의 사절단 인원이 필요하고, 그러기 위해서는 운송선과 항해술이 생각 이상으로 갖춰져 있어야 한다는 것이다(카미가이토 p.297).

그런데 필자는 여기서 가정에 가정을 한번 더해 본다. 만일 카미가이토가 주장하는 대로 천황가의 한반도로부터의 도일이 3세기 때였다면 시기적으로 먼 옛날의 일이 아니다. 또 시모노세키 왕국이 신라계 해적 집단과 같은 성격이었다고 한다면 어느 정도의 해상 전투 능력은 갖췄다고도 할 수 있겠다. 그렇다면 이런 시기의 왜 세력은 한반도와 무관하지 않았고 그 능력도 분쟁에 동원될 정도는 되었다는 추정이 가능하다. 다만 이 문제는 첨예한 대립 의견도 있기 때문에, 카미가이토의 견해를 소개한 정도에서 그치겠다.

5. 평화 시대의 내부 투쟁과 율령국가의 수립

• 외교의 시대와 인덕천황

남진해 오던 고구려 광개토왕이 407년경부터 동쪽과 북쪽으로 영토 확장의 방향을 변경하면서 한반도에 안정기가 찾아왔다. 신라와 마찬가지로 백제도 인질 생활을 한 전지왕이 즉위한 뒤로는 내외적으로 진정되어 갔다. 큰 쟁란이 없는 채 '고구려와 신라' 대 '백제와 가야 그리고 왜'의 동맹이 대립하는 도식으로 고정되었다.

광개토왕이 413년에 죽고 나서도 장수왕이 재위 80년의 초기에는 영토 확장 사업에 착수하지 않았다. 북중국도 5호 16국의 쟁란이 북위의 건국으로 일단락되었고, 일본도 응신천황 치세의 후기로부터 16대 인덕천황(仁德天皇, 닌토쿠덴노)에 걸쳐 안정기에 들어갔다. 그래서 국제 관계에 있어서 전쟁에서 외교로 그 중심이 옮겨가는 시대가 시작되었던 것이다(카미가이토 p.253, pp.257~258).

413년부터 왜국은 고구려의 도움을 받아 동진(東晉)에 사신을 파견해 작위를 받는 등의 화평 외교에 힘을 쏟는다. 이 당시의 왜인은 동지나해를 바로 건너지 못하고 한반도의 현 황해도 서안에서 중국의 산동반도로 넘어가는 루트를 이용하였다.

그런데 장수왕이 473년에 대거 남진하여 백제의 수도 한성 즉 현재의 서울을 함락하자 백제는 공주로 수도를 옮기게 되었고, 일본은 중국과의 통교가 어렵게 되었다.

이 시기에 유교가 일본에 본격적으로 전래되었다. 응신천황은 백제로부터 넘어온 아직기 및 왕인을 황태자 우지 와키이라츠코(菟道稚郎子)의 스승이 되게 하였다. 태자 등의 제왕학 강의를 위해 중국적인 중앙집권 국가의 통치술과 그 기본 이념인 유교를 가르칠 수 있는 인물을 초청한 것이다. 이 와키이라츠코는 뛰어난 수재로 알려졌고 본래 친백제계이며, 그의 모친도 도래계인 와니(和珥)씨 출신이었다. 그런데 후에 인덕천황이 되는 배다른 형제와 대립하는 관계에 서게 되었다. 그 형제의 모친은 과거 숭신천황의 계통 즉 야마토 왕가의 정통을 잇는 인물이었다. 그는 『일본서기』에 의하면 인덕에게 양보하기 위해 자살한 것으로 전해지고, 그가 했던 일들은 인덕의 것으로 기록되었다고 카미가이토는 기술하였다.

인덕의 치세 중에는 한반도의 정세도 안정되어서 해외 파병의 필요도 줄고, 그런 면에서의 부담도 경감된 평화로운 시기였다. 그러나 안정은 이완을 불러서, 재력이 붙은 지방 호족을 중앙정부가 제어할 수 없는 상황이 그의 말기에 생긴 것이다. 응신조의 후기로부터 인덕조의 초기에 그 정점을 찍은 야마토 조정의 지배력은 점차 감퇴하였고, 동시에 한반도에서의 영향력도 점차 후퇴하였다.

『삼국사기』에 의하면 5세기 중엽 이후 신라와 백제가 우호를 맺고 공동 작전을 하는 상황이 생긴다. 신라가 점차 고구려의 속국적 상황에서 빠져나와 국내 체제를 굳건히 하고 6세기에 들어서는 가야에 진출하여 왜와 백제 연합의 반격을 배제하고 562년에 가야를 영토로 획득하는 일이 일어났다. 반면에 일본은 인덕 이후에 긴 쇠퇴의 길로 접어들었다고 카미가이토는 기술하고 있다(카미가이토 p.282).

• 6세기 이후의 한일 관계 변화

399년에 16대 인덕이 사망하고 697년 41대인 지통(持統)이 양위하기까지 『일본서기』에 기록된 한반도 관련 기사는 계속 등장한다. 일본은 특히 신라에 의해 멸망한 가야의 부흥을 위해 천명 내지는 1만 명의 병사를 파견하나 이끄는 장수가 전사했다거나, 황자가 출발하기도 전에 두 번이나 병사하는 등 실패를 거듭하였다고 기술하고 있다. 그리고 백제가 660년에 나당연합군에 의해 멸망하자, 663년에 소위 백촌강 전투(白江戰鬪)가 벌어졌다. 그 결과 백제와 왜의 구원군이 패배하자, 백제의 유민들이 대거 일본 열도로 넘어가고 일본은 도읍을 한반도에서 좀 더 먼 쪽으로 천도하였다.

이 대격변 이후에 일본은 전쟁에서 당에 패했음에도 불구하고 견당사 파견을 계속하였다. 한편 고구려와는 계속 적대관계에 있었기에 당이 고구려를 멸망시킨 것에 대하여 축하의 사절을 보냈을 정도였다고 우에다는 말하였다(김달수 외 p.351).

한편 신라와의 관계는, 668년에 고구려가 멸망하고 669년부터 702년까지 견당사가 파견되지 않았어도 견신라사는 이 시기에만 10회, 신라로부터의 사절은 24회 왔었다(우에다 외 p.349). 이때 백촌강 전투에서 당에 포로가 되었던 사람이나 견당 유학생으로 갔었던 일본인들이 함께 귀국하였다. 그리고 신라가 675년에 중국과 국교를 회복하면서, 신라로 유입되는 당의 문화가 견신라사를 통해 일본에 들어오게 되었다고 말해진다.

김달수는 앞의 좌담회1에서, 신라가 통일한 이후 문무왕이 해중릉을 만들어 일본의 위협에 대비하였다는 등으로 해석되지만, 통일신라의 입장에서 보면 백제가 멸망했다는 것은 백제와 야마토의 합체로 인식할 수 있다고 말하였다. 백제가 한반도에서는 없어졌어도 일본 열도에 가서 반격하러 올 가능성이 있다는 것이다(김달수 외 p.339).

카미가이토도 이 이후부터는 일본과 한반도와의 주된 교류 품목이 철이나 말과 같은 군수품에서 학문이나 복식과 같은 평화 시대의 도래에 어울리는 것들로 변화하여 갔다고 기술하고 있다(카미가이토 p.271).

이렇게 일본 측의 한반도 정세 관여가 미약하게 되고 특히 가야가 멸망한 이후 일본에서는 모노베(物部)씨에서 소가(蘇我)씨, 다시 후지와라(藤原)씨로 넘어가는 격렬한 내부 권력 투쟁이 벌어졌다. 그 과정에서 한반도에서 오래전 또는 새롭게 도래한 유력 씨족들의 개입도 치열하게 전개되었다.

• 모노베씨에서 소가씨로

일본에서 옛 씨족들의 중심은 모노베(物部)씨라는 것을 부정할 수 없다고 말해진다. 당시 고대의 호족은 모두 쇠퇴하여 카츠라기(葛城), 헤구리(平群), 오오토모(大伴)가 망하고 최후에 남은 것이 모노베였다. 이 씨족은 병기를 위시한 금속기 생산과 함께 군사(軍事)에 종사한 호족이라고 우메하라는 말하였다.

이런 최후의 고대 호족을 대표하는 모노베씨와 신흥 세력인 소가(蘇

我)씨 사이에 전쟁이 벌어졌고, 마침내 587년 31대 용명천황(用明天皇, 요메이덴노) 때에 소가(蘇我馬子)가 모노베(物部守屋大連)를 무찔렀다. 그런 소가씨에게는 새로운 신이 필요했다.

　소가씨의 선조는 타케시우치 스쿠네(武內宿禰)라고 한다. 그는 가공의 인물이라는 설도 있지만 삼한과 관계가 있는 무장이라고 우메하라는 보았다. 소가씨 말고도 紀氏·巨勢氏·平群氏·葛城氏 등 중앙 유력 호족의 선조라고도 말해진다.

　각 세력들이 기기에 조상신의 신화를 끼워 넣었지만 소가씨는 이런 것이 전혀 없었기 때문에, 우리가 믿을 종교는 외래의 것이라는 생각이 있었다. 새로운 이데올로기가 필요했던 것이다. 그래서 소가씨는 불교로 갔다. 그들은 쇼토쿠(聖德)태자와 결탁하여 고분 시대를 끝내고 절을 새로운 정치적인 상징물로 만들었다. 『일본서기』에는 588년 32대 숭준천황(崇峻天皇, 스슌덴노) 때에 소가노우마코(蘇我馬子)가 법홍사를 세웠다고 나온다. 여기에 종사한 목공들의 조상은 대부분 도래인이었다고 말해진다(우메하라 p.284, p.295, pp.298~299).

　이런 우메하라의 견해에 반대하여 우에다(上田正昭)는 소가(蘇我)씨가 도래민족이 아니라 나라분지 남서쪽인 카츠라기(葛城) 산울에 거점을 둔 토착민이라고 보았다. 야마토의 중앙에 세력을 가지면서 오오토미(大臣)가 되고 소가씨가 되었다. 보수적이고 오랜 전통을 가지고 있던 세력이었으나 스스로 그래서는 안 되겠다고 오히려 백제계의 아야(漢)씨와 관계를 맺어 갔다는 것이다(우에다 외 p.293).

　그러나 언어학자인 김사엽에 의하면, 고대사에 등장하는 인물들의 성씨는 출신지를 성에 명시하거나, 자가 과시를 위해 상징 신과 존경의 대상을 성씨에 넣는 경우가 많았다고 한다. 이것을 규명함으로써 숨겨진 진실을 찾기도 할 수 있다. 그는 소가(蘇我)씨도 이런 추정을 하자면 고구려 계통이라고 말할 수 있다고 주장하였다. 즉 북방의 부여나 고구려에서는 웅신(雄神)을 숭배하는 풍습이 있는데, 이 웅(雄)을 조선어에서는 수컷 즉 수라고 말하고 한자로 추(墜)를 썼다는 것이다. 이 추신(墜神)은 수굼이고, 이 수굼을 모시는 풍습은 삼한에도 있었다. 그 장소를 蘇塗(소터)라고 하였다. 이 tso-kʌm 〉 tso-ka, tso-ga가 되어 소가라는 성씨가 되었다고 앞의 저서에서 기술하고 있다(김사엽 p.341).

이 소가씨와 도래계 아야(漢)씨의 관계를 알 수 있는 기록을 하야시야 타츠사브로(林屋辰三郎, 1998년 사망)가 앞의 좌담회1에서 소개하고 있다. 즉 소가씨가 정권을 좌지우지하게 된 이후인 601년에 신라 정토가 계획되었으나 실행되지 못했다고 한다. 이것에 대해 소가씨가 상당한 불안감을 가지고 있었다. 일종의 군부가 신라 정벌을 원했으나 소가씨가 억눌렀다는 것이기 때문이다. 당시의 숭준천황이 군부에 의해 추켜올려져 정토 명령을 발했으나, 소가노우마코가 도래인 씨족인 아야(漢)씨를 통해 숭준천황을 살해하였다는 것이다. 소가씨의 개명적인 평화정책에 의해 숙청되었다고 하야시야는 보았다(김달수 외 p.343).

• 쇼토쿠태자

한편 하야시야는 이 시기에 등장하는 쇼토쿠태자 즉 성덕(聖德)태자에 대하여 잘 알려지지 않은 이야기를 하고 있다. 요약하면 다음과 같다(김달수 외 pp.340~342).

604년에 헌법 17조를 제정하는 등 불완전하나마 율령제의 도입의 맹아를 키운 쇼토쿠태자는 그의 양친들이 소가노우마코와 혈연관계에 있었다. 그러나 서로 일체라고 할 수 없게 된 것은 백제로부터 아좌(阿佐)태자가 오고 나서부터다. 이 두 태자는 같은 젊은이로서의 친근감이 있었고, 그 영향으로 쇼토쿠태자는 백제로 기울어졌다.

이런 태도는 고구려 노선으로 개혁해 가려는 소가씨와의 사이에 미묘한 균열을 가져올 수 있었다. 여기에서 태자는 단독으로 수(隋)나라와의 교섭을 시도해 본다. 그래서 아스카(飛鳥)의 소가씨와 위화감이 생기고, 태자도 도래인 최대 씨족인 하타(秦)씨의 지원을 받아 다른 곳에 궁전을 짓는 등 탈 아스카를 꾀한다. 이런 동향에 소가씨는 노골적으로 반대하지는 않았지만 매우 냉담한 태도를 취한다. 수의 문화는 기나이(畿內)에 들어오지 못하고, 세토내해의 하구에 수 양식의 불상을 갖는 절을 세우는 데 그쳤다.

이런 소가씨와의 갈등으로 인해 마침내 태자는 일종의 정치적인 은퇴와 같은 처지가 되었다. 혈연관계여서 이 정도로 그친 것이 아닌가 생각된다. 하타씨 세력은 쇼토쿠태자에게 스폰서로서 돈은 내지만 정치적으로는 중립을 지켜 화를 면할 수 있었다.

• 소가씨에서 후지와라씨로

이러한 소가씨를 무너트린 세력이 후지와라씨이다. 모노베씨 시절에 이에 반대하는 세력에 나카토미(中臣)라는 씨족도 있었는데, 34대 서명천황(舒明天皇) 때에 중앙 정계에 등장한다. 마침내 36대 효덕천황(孝德天皇) 때인 645년에, 후에 천지천황이 되는 중대형황자(中大兄皇子)가 소가노이루카(蘇我入鹿)를 살해하는 것을 나카토미 가마타리(中臣鎌

足)가 도운 공적으로 처음으로 귀족으로 들어갔다. 후지와라(藤原)라는 성을 받은 신흥 귀족의 등장이다. 이것으로 정권은 소가씨에서 후지와라씨에게로 넘어가게 되었다. 하야시야에 의하면 대화개신(大和改新)도 소가씨의 정치 노선을 중대형황자와 후지와라씨가 대행한 것이었다(김달수 외 p.350).

김사엽은 이 후지와라(藤原)의 기원에 대하여 흥미로운 이야기를 하고 있어서 소개한다. 그는 후지와라가 한국 경상남도의 창녕을 가리킨다고 기술하였다. 따라서 이 씨족은 가야계 혹은 신라계인 것을 암시한다는 것이다. 그것은 창녕이라고 개명하기 전의 지명과 관련이 있다. 『삼국사기』에 경덕왕 때에 창녕군으로 개명하기 전에는 화왕군(火王郡)으로서, 본래는 비자화군(比自火郡)이었다고 나온다. 일명 비사벌(比斯伐)이라고도 했다고 한다. 『삼국지 위지 한전』에는 불사국(不斯國)이라고 기록되어 있다. 이 비자·비사·불사는 한국어 빛을 나타내는 것이고 창(昌)에 해당한다. 그리고 화·벌은 벌판 즉 넓은 땅인 原·野의 뜻이다. 창녕의 寧도 지방·부락의 뜻이다. 그래서 比(不) 斯(自)는 일본 발음으로 후지, 火(伐)은 原의 하라가 되어 후지하라 즉 후지와라라는 것이 그의 견해이다(김사엽 p.340). 일본에서는 藤原가 후지와라 또는 후지하라로 발음되고 있다.

• 율령제 완성과 후지와라 후히토

『고사기』와 『일본서기』가 만들어진 8세기 초의 일본에서, 가장 시급한 것이 율령제의 완성이라고 보았다. 국가다운 새로운 국가로 변모하기 위해서는 중국의 율령제를 도입하여야 한다는 것이었고, 그 율령제의 근간은 율령의 제정·편찬, 도성의 축조, 역사서 편찬이라는 3개의 사업이었다.

우메하라는 이런 율령제라는 시대 정신의 요구를 강하게 느끼고 있었던 사람이 바로 쇼토쿠태자였다고 기술하였다. 그러나 그의 노력으로 율령제의 맹아는 보였지만 불완전한 상태로 그쳤고, 그 완성은 소가(蘇我)씨를 대신하여 권력을 잡은 후지와라 정권 이후로 이어져 후지와라 후히토(藤原不比等)의 손으로 넘어갔다. 이 후히토는 가마타리(藤原鎌足)의 적자이지만 그의 사적(史蹟)은 거의 역사의 그늘에 숨었다. 이런 수수께끼의 정치가 후지와라 후히토에 대해 우메하라가 기술한 내용을 요약하여 다음과 같이 소개한다(우메하라 pp.266~272).

이 후히토는 천지천황이 임신한 왕비를 가마타리에게 내렸고, 그 왕비와 가마타리 사이에서 태어난 것으로 된 남자이다. 그는 가마타리의 아들로 자랐으나 사실은 천지천황의 아들이라고 『제왕편년기』 등에 기록되었다. 그는 14세에 난을 만나 타나베(田部史)의 집으로 피해서 거기서 자랐다고 한다. 이 타나베가 도래계로서 신분이 낮은 관료였지만 법률과 역사에 밝은 사람이어서, 그로부터 후히토는 많은 것을 배웠다고 전해진다. 이런 배경을 가진 그가 701년에 대보율령(大寶律令)을 제정하는 데 깊게 관여하게 되었다. 여기에는 법률에 정통한 도래계 관료들이 많이 참여하였다. 이 율령은 당(唐)나라의 율령을 참고하였지만 내용은 아주 달라서, 권력을 천황보다는 태정관(太政官) 즉 후지와라씨에게 집중시켰다. 천황은 단지 간판에 지나지 않는 상징 천황제를 지향하는 율령이었다.

도성도 710년에 현재의 나라시에 위치한 평성경을 지어서 옮겼다. 이른바 아스카 시대에서 나라 시대로 넘어간 것이다. 그리고 여기에 씨사(氏寺)인 장대한 흥복사(興福寺)와 조상신을 모시는 춘일대사(春日大

社)를 세웠다.

또한 698년에 후지와라라고 이름을 붙일 수 있는 자는 후히토의 자손에 한하여 정치를 담당하고, 다른 후지와라씨는 옛 성인 나카토미(中臣)씨로 돌아가 신사(神事)를 담당하라는 명을 내렸다. 그리고 이 나카토미씨에게는 종4위 이하의 품계만 주었다. 후지와라씨는 이후 가마쿠라막부(鎌倉幕府)가 성립되기까지 천황의 뒤에 숨어 정치의 실권을 잡았다. 그 이후에도 조정에 참여하여 약 1,200년 간 실로 일본 제1의 명가로서의 영화를 누렸다.

율령제의 기초를 만든 쇼토쿠태자는 도덕을 강조하는 '17조헌법'을 제시했지만, 그의 자손들에 대한 고려가 전혀 없어 그들이 후세에 참살되는 일이 발생하였다. 반면에 후히토는 철학이나 도덕에 대한 것은 전혀 말하지 않고 실제에 맞는 정치나 역사에 관한 것만 말하였고, 율령국가화 사업을 훌륭하게 완성하여 일본 역사상 다섯 손가락 안에 드는 위대한 정치가가 되었다. 그러면서 그 자식들이 권력과 재력을 계속 유지하여 천년의 영화를 누리도록 하였던 것이다.

필자와 같은 한국인의 눈으로 보면, 정통 왕의 직계도 아니면서 이런 권세를 장구한 세월 동안 누릴 수 있다는 것은 유교권 국가에서는 상상도 할 수 없는 일이라고 생각된다. 그래서 만인들이 좋아하는 위인은 후히토보다는 이즈모(出雲) 정권의 오오쿠니누시(大国主)라고 말해진다는 것이 이해된다. 이즈모 왕국의 오오쿠니누시는 농업, 의료, 양조, 산림 조성 등에서 많은 좋은 일을 했으며, 일본 통일을 위해 평화적으로 국가를 양도한 비운의 영웅이기 때문에 일본의 민중으로부터 사랑받는 신이 되었다는 것이다(우메하라 p.372).

6. 기기 편찬에 의한 역사 위조와 한국 경시 문제

• 역사서의 편찬

이상과 같이 일본이나 한국 나아가 중국의 사료에 나오는 기사들을 중심으로 한일 고대사를 조명해 보았지만, 어쩔 수 없이 일본의 『고사기』와 『일본서기』가 중심이 될 수밖에 없었다. 그 내용을 보면 당시의 일본 사관들이 때로는 애매하게, 때로는 고의적으로 왜곡하여 한반도와의 교류 사실을 기록하였음에도 불구하고, 역사의 많은 부분에서 공유하고 또 영향을 주고받았음은 충분히 엿볼 수 있었다.

다만 기록은 없는 것보다는 있는 것이 후세에 결정적인 인식을 심어주는 것이기 때문에 그 잘못된 부분과 경위에 대해서는 우리가 확실히 해둘 필요가 있다고 생각한다. 그럼 먼저 기기(記紀)들이 편찬된 연혁에 대하여 알아보겠다.

『고사기』와 『일본서기』는 모두 천무천황(天武天皇)의 발의에 의해 시작되었지만 그의 생전에는 실현되지 못했고, 『고사기』는 2대 후의 원명제(元明帝) 때인 712년에, 『일본서기』는 3대 후인 원정제(元正帝) 때인 720년에 완성되었다.

『고사기』는 이야기 형태이고 정리가 잘 되어 있는 편이다. 오래된 점에서도 『고사기』가 8년 정도 빠르지만, 사람에 따라서는 서기가 먼저 나오고 『고사기』는 이것을 자료로 하여 솜씨 좋게 정리한 것이라고 말하는 학자도 있다. 내용량에 있어서 『고사기』는 33대 추고조까지 있고, 서기는 그것보다 약 1세기 후의 41대 지통조까지 포함한다.

우지타니 츠토무(宇治谷孟)의 앞의 저서 『일본서기 전현대어역(全現代語譯)』에 기술된 바에 의하면, 『일본서기』를 뒤이은 역사서인 『속일본기』의 기록에는 『일본서기』라는 명칭을 사용하지 않았고 원래는 일본기로 불렸다고 한다. 이 『일본서기』의 편찬을 총지휘한 사인친왕(舍人親王)은 당시 49세의 실력자였다. 그러나 『고사기』, 『일본서기』의 실질적인 저자는 후지와라 후히토(藤原不比等)라고 생각하는 학자들이 많고, 적어도 이 역사서의 편찬에 관여하였다는 것은 명확하다고 우지타니는 보았다.

  서기는 황실 계보를 주제로 하는 제기(帝紀)와 궁정에 전하여 오는 이야기인 본사(本辭)가 사실과 다르고 허위인 것들을 바로 잡기 위함이라는 취지를 밝히고 있다. 그러나 권별로 용어 등을 매우 다르게 사용한 문제가 있다. 다수의 사람이 분담하여 집필하고 하나로 모았기 때문이다. 기록한 사람이나 시대 및 사용된 사료(史料)가 다른 것에 그 원인이 있겠지만, 전체적으로 정리하면서 통일을 기하지 않은 것이 기이할 정도이라고 우지타니는 기술하였다. 같고 다른 경향을 따라 권별로 분류하면 대충 6개의 군으로 나눠진다. 기록관 속에는 도래계의 사람도 적지 않게 보인다. 참고한 사료로서 서명(書名)이 명기된 것 중에 『백제기』, 『백제신찬(新撰)』, 『백제본기』 등이 있고, 일본을 귀국(貴國) 등으로 기록한 채로 둔 부분도 있다(우지타니 pp.348~351).

  필자가 보더라도 자국 역사서를 썼다는데 귀국이라니 참 이해가 안 된다. 최소한 그 부분만이라도 일본 사람이 아닌 도래계 백제인이 썼다는 것은 명확하다고 할 수 있겠다.

  『고사기』는 천황이 읽는 궁중의 책이고, 『일본서기』는 관료의 학습서로서의 성격이 강하다. 이러한 두 사서에 관한 평가나 연구는 시대의 동향에 따라 큰 진폭으로 변천을 거듭했다고 한다. 『고사기』는 이야기체와 적당한 분량 때문에 근대에 들어 일반에게 많이 보급된 측면이 있지만, 예전에는 경시되었다. 반면에 『일본서기』는 국가 사업으로 편찬된 사서라는 점도 있어, 이미 나라 시대부터 궁정에서 강서(講書)라는 형태로 훈독이 행해지고 있었다.

그 후 가마쿠라 시대인 1274년에 『역(譯)일본기』가 만들어진다. 중세 시대에는 신도가(神道家)들이 신도교의 근거로 하기 위해 신대권(神代卷)을 중시했고, 에도 시대에는 유학의 영향과 고증학파의 대두로 인해 지금까지 없었던 객관적·실증적인 주석서가 등장하였다. 메이지 시대에 들어서도 주석서가 몇 부 나타났으나 내용이 황국사관에 기울어져 있고 통속적이어서 학문적으로 그다지 중시되지 않았다.

그러나 모토오리 노리나가(本居宣長)와 같은 국학자 측의 비판도 더해졌다. 서기는 일본의 고대 전설과는 아무런 관계도 없는 중국 서적에 의해 많이 윤색되었다는 것이다. 또한 다이쇼(大正) 시대에 들어 츠다 소오키치(津田左右吉)가 저서를 통해 철저한 과학적 비판으로 서기의 많은 부분을 부정하였기에 학계에 큰 충격을 주었다고 우지타니는 그의 저서 마무리 부분에서 기술하고 있다(우지타니 pp.352~354).

여기서 우메하라는, 『일본서기』가 국가 공인의 역사서이고 『고사기』도 국가의 명에 의한 역사 편찬 사업으로 만들어졌는데 유독 『고사기』만 궁정의 깊은 곳에 감춰져 있었던 이유에 대해 이해할 수 없다는 견해이다. 『속일본기』에서도 『고사기』에 대해서는 전혀 기록이 없다는 것이다. 공식의 역사기록이 아니라, 황실과 후지와라씨에게 듣기 좋은 이데올로기였기 때문이라고 생각할 수밖에 없다. 다만 『일본서기』에는 본설

(本說)과 함께 일서(一書)의 설이 실려 있는데, 이 일서가 『고사기』라는 견해도 나왔다. 왜 『고사기』라고 하지 않고 일서라고 했는지 수수께끼라고 우메하라는 지적하였다(우메하라 p.275).

현존하는 『고사기』의 최고(最古) 사본은 1371년의 필사본이다. 그 후 여러 사람을 거쳐 통합한 것이 모토오리인데, 그는 이 작업을 35년에 걸쳐서 하였다고 말해진다(우에다 외 p.41).

• 기기 신화의 픽션설

기기(記紀) 신화는 역사적 사실을 왜곡하는 문제 이전에, 없는 사실 또는 그랬으면 하는 바람을 신화라는 위장을 통해 기록으로 남겼다는 문제가 있다. 한국은 물론 어느 나라에서나 그 역사서에 어느 정도의 신화를 기록하고 있기는 하다. 그렇지만 일본은 그 정도가 상상 이상이다. 『고사기』의 경우는 현대어로 번역된 문고판으로 66쪽이, 『일본서기』는 74쪽이 이런 신화 형식의 기록이다. 『삼국사기』를 보면 필요한 곳에 몇 줄 적는 것에 불과한데도 말이다.

앞에서 이런 기기 신화의 내면에 숨겨진 역사의 실마리를 찾아볼 가치가 있다고 기술하였지만, 이번에는 기기 신화의 픽션설에 대하여 자세히 알아보기로 한다.

전전(戰前)에 『고사기』와 『일본서기』에 나오는 신화가 픽션에 지나지 않다고 주장한 모토오리(本居宣長)의 설이 지배적이었다고 말해진다. 전후에는 많은 역사가가 이런 신화들만이 아니라 15대 응신천황(應神天皇) 이전의 기사 전부가 신용할 수 없다는 츠다(津田左右吉)의 설에 따랐다. 이런 신화들은 천황가의 신성성을 부여하기 위해 창작된 픽션에 지나지 않는다는 것이다.

우메하라에 의하면, 특히 모토오리는 한문으로 된 『일본서기』를 비판하고, 『일본서기』보다 일본 문체가 많이 들어간 『고사기』가 고전으로 존중할 만하다고 말했다. 츠다도 고증을 통해 신공황후의 삼한 정벌부터 사실이 아니라고 부정하고, 신무천황의 동정 이야기도 전혀 근거가 없다고 부정하였다. 나아가 응신천황 이전의 기록을 전부 부정하고, 신대(神代)의 이야기들도 모두 허구에 불과하다고 단정하였다.

그렇지만 우메하라는 천황가의 조상이 남부 규슈의, 이적(夷狄)으로 경멸하는 하야토(隼人)의 피가 섞인 것으로 신화를 일부러 위조할 필요가 있었을까 의문이라고 기술하였다. 츠다는 다이쇼(大正) 시대 데모크라시가 만든 범인주의의 이데올로기에 사로잡혀 모든 신비적인 것, 위대한 것, 이상한 것, 잔학한 것을 믿지 않는 사상을 가지고 있었다는 것이다. 이런 츠다설을 금과옥조로 여긴 전후의 역사가들에 의해 만들어진 역사 교과서에는 신화들이 전혀 실려 있지 않아, 일본 국가가 마을들의 자연적인 공동체의 평화적 통합으로 만들어진 것이라는 환상을 역사로서 가르치고 있다는 것이 그의 견해이다 (우메하라 pp.256~265).

필자는 우메하라가 기기 신화의 사료적 가치를 옹호하는 심정에 대해서는 어느 정도 이해가 된다. 그러나 모토오리나 츠다처럼 유명한 사학가들이 이렇게 기기 신화를 100% 부정하는 것을 한국인의 입장에서 보면 참 기이하다고 말하지 않을 수 없다.

그럼 지금부터는 이런 『고사기』와 『일본서기』를 기록할 때 위조가 들어간 경위에 대하여 살펴보겠다.

• 기기의 역사 위조

소가씨를 멸망시키고 일거에 올라선 후지와라씨이기에 그런 씨족의 조상이 신화 시대에 활약할 리가 없었다. 그래서 집권자인 후지와라씨 세력에 의한 신화의 위조, 역사 위조가 벌어졌다고 우메하라는 보았다.

『일본서기』가 만들어졌을 때 별다른 행사도 없었고 읽히지도 않았다. 한국인으로서는 또 이해가 안 되지만, 후지와라씨보다 긴 역사를 가진 호족들도 오랫동안 이런 역사 위조를 눈치채지 못했다고 우메하라는 기술하였다. 마침내 기기가 만들어진 지 80년 가까이 지난 807년에 인베 히로나리(齊部広成)가 『고어습유(古語拾遺)』에서 그 역사 위조를 예리하게 고발하였지만, 그 당시도 정치는 후지와라씨의 지배하에 있었기에 받아들여지지 못하였다는 것이다.

그러나 우메하라는 후히토가 『고사기』에서의 여러 신화를 개찬(改竄)하였다고 의심할 수 있지만, 자기의 이익이 되는 부분만을 위조했고 옛날부터의 전승은 충실히 기록했다고 보는 견해도 있다면서 한 걸음 후퇴하고 있다(우메하라 p.296).

또한 카미가이토도 기기에서 천손족과 국진신의 결혼 이야기는 도래계 천손족의 토착화 과정이라고 말하면서, 이처럼 다른 계통으로 도래한 집단과의 경쟁과 통합의 결과를 부와 자의 혈연관계로, 또는 두 사람의 이름을 합하여 한 사람으로 변용하여 만세일계의 천황가로 역사를 둔갑시킨 경우가 여러 곳에서 눈에 뜨인다고 기술하였다(카미가이토 pp.51~52).

하타이 히로무(畑井弘)도 앞의 저서 『모노베(物部)씨의 전승』에서, 호니니기로부터 그의 손자까지 3대에 걸친 세월이 179만 2,940년이라고 하는 말도 안 되는 것을 기록한 것이 『일본서기』라고 격하게 비판하고 있다(하타이 p.71). 그가 『일본서기』의 어느 부분을 보고 이렇게 썼는지 알 수 없으나, 혹시나 필자가 잘못 보았나 몇 번을 확인했으나 틀림없었다.

그리고 하라다 토모히코(原田伴彦, 1983년 사망)가 앞의 좌담회1에서 발언한 내용을 주목할 필요가 있다. 그는 『고사기』나 『일본서기』에 나오는 야마토 왕조의 형성 과정을 보면 매우 작위적이고 말끔히 정리되었다는 느낌이 든다고 말하였다. 호족적 권력 집단이 각지에서 서로 대립 항쟁을 하면서도 연합적 체제를 취하였고, 그 주도권이 천황이라는 통일상징으로 교체되었다. 이런 왕권들이 권력을 획득하도록 제공된 에너지가 도래인 집단의 선진 기술이었다고 생각된다. 이런 과정을 천황가와 후지와라씨의 입장에 좋도록 고쳐서, 『고사기』와 『일본서기』에 기록하였기 때문에 말끔히 정리된 인상을 준다는 것이다(김달수 외 p.127). 그래서 더 부자연스럽다는 이야기이다.

그런데 더 한심한 내용과 이에 대한 발언이 있다. 하라다는 그렇게 정리하면서 조선 관계의 기록은 모두 태워 버렸다는 것이다. 그런 내용이 『신황정통기(神皇正統記)』에 쓰여 있다고 근거까지 기술하였다. 하라다는 "이렇게 태워 버림으로써 일본이 독립하였다. 8세기에 들어 심리적·의식적으로도, 현실적으로도 일본의 탄생이었다."라고 말하면서 웃기까지 하고 있다(김달수 외 p.137).

필자는 태웠다고 하여 독립이 되었다고 생각하는 그런 근본적인 인식이 참으로 놀랍다. 이런 경향이 신무천황(神武天皇)이 오나라의 태백의 자손이라고 생각하는 사람들을 등장시킨 원인이라고 할 수 있겠다.

한편 그 이후의 한일 관계에 대해 시바 료타로는 앞의 좌담회1에서, 신라에 의해 한반도에 통일 국가가 들어서고 일본도 율령제 통일 국가가 되었는데, 대당 관계에서 일본은 신라를 번국(藩國) 취급을 하고 신라도 일본을 번국으로 보았다고 말하였다. 거기에다가 13세기 이후 조선은 압도적으로 중국적 체제를 취하게 되었고, 일본은 매우 다른 국가가 되었다. 일본은 강한 자가 다이묘(大名)가 되는 경쟁 사회가 만들어졌고, 조선은 중국 문명의 가치 기준을 받아들여서 당연히 일본인을 야만시하였다. 이런 중국식 체제를 취하는 한 그 체제는 고정화되어 버렸다는 것이다(김달수 외 p.337).

필자는 시바의 '조선의 유교 국가화'는 일본과 한국이 더욱 멀어지게 된 원인 중의 하나로서는 의미 있겠지만, 좀 다른 훗날 이야기라고 생각한다. 어떻든 이런 역사의 위조는 그게 원인인지 아니면 결과인지 모르겠지만, 일본 내에 조선을 경시하는 풍토를 태동시킨다. 자기들이 만들어 놓고 또 거기에 영향을 받는다는 것이다. 지금부터는 이러한 조선 경시 풍조에 대하여 알아보겠다.

• 조선 경시 풍조의 태동

시바는 적어도 고분 시대까지는 당시의 일본인이나 한국인은 서로를 외국인으로서 의식하지 않았고, 사는 장소만 다르게 생각했다고 말한다(우에다 외 p.26). 우에다는 『고사기』의 여러 신화에서 황금의 나라, 아침 해가 비추는 나라로 솔직히 쓰여 있고, 그런 조선 즉 당시의 신라를 번국으로 보는 기사는 매우 적었다고 말했다. 반면에 『일본서기』는 신대권(神代卷)의 제5 중에 "한향(韓郷)의 섬에는 금은 있다."라고 쓰인 것처럼 한반도를 이상향으로 보았지만, 스사노오가 신라의 땅에 내려오고 싶지 않았다던가, 스사노오의 아들인 이타케루가 나무 품종을 신라에 심었으나 다시 가지고 돌아왔다는 등의 얘기에 번국 의식이 반영되어 있다는 것이 우에다의 견해이다(우에다 외 p.385).

이렇게 조선을 번국으로 보는 의식은 8세기 초에 귀족들 사이에서 생겨났고, 새로 오는 신라인을 전부 추방하는 일까지 발생하였다.『신찬성씨록』에 의하면 한반도 기원의 하타(秦)씨가 중국의 진시황, 아야(漢)씨는 중국의 후한(後漢)으로 자신들의 조상을 바꾸는 것도 이때라고 한다(우에다 외 p.43).

이노우에 히데오(井上秀雄, 2008년 사망)가 앞의 좌담회2에서 이런 조선 경시 풍조에 관한 흥미로운 말을 하였기에 요약하여 인용하면 다음과 같다(우에다 외 pp.111~112, p.125).

백제는 6세기 후반의 위덕왕 때에 매우 큰 외교의 전환을 꾀하였다. 그때까지는 일본과 관계를 강화해 신라에 대항하려고 하였으나 그 관계에 진척이 없었다. 당시 일본에서는 한반도의 나라들에 대한 입장이 확실히 정리되지 않았다. 558년 29대 흠명천황(欽明天皇) 때에 백제는 중국에 외교의 주력을 쏟는다. 그 증거로 그 후 30년 동안 외교 사절로서 영향력 있는 사람이 일본에 오지 않았다는 것이다.

그런데 597년 33대 추고천황(推古天皇, 스이코덴노) 때에 왕자 아좌(阿佐)가 일본에 오게 된 무렵에 백제는 고구려와 신라에게 심한 압박을 받았다. 그래서 백제는 다시 외교 방침을 전환하여 야마토 조정과 외교 교섭을 재개하였다. 일본과 백제는 원래 밀접한 관계에 있었다는 것을 보이기 위해 왜를 기쁘게 하는 노력의 일환으로 실제는 있을 수 없는 임나일본부를 만들어 내었다. 즉 뭔가 일본과 관계가 있을 것 같은 일들을 전부 '일본과 이렇게 밀접한 관계' 였다는 것을 내보이는 자료로 등장시켰다. 그들이 고구려와 신라로부터 공격을 당하고 있었기 때문에 이 두 나라가 이렇게 나쁜 나라라는 것을 강조하였다.

왕자 아좌를 앞세운 사절단이 이『백제본기』를 가지고 와서 국교 재개를 요구한 속셈이 여기에 있었다. 이것을 그대로 빌려서『일본서기』를 편찬한 것이다. 일본과 한반도의 국제 관계가 백제에 유리한 점만 노골적으로 기록하지 않을 수 없게 되었다. 그러므로 이런 연유를 감안하지 않으면『일본서기』로부터 사실이 확인될 수 없다.

더구나 백촌강 전투에서 패해서 돌아온 뒤였으니 그 복수심에 조선에 대한 멸시, 차별의식이 싹텄다는 것이다. 오카야 코지(岡谷公二)도 앞의 저서에서,『백제본기』에서 일본과의 관련 기사가 8건밖에 되지 않는데 신라본기에는 오히려 60건에 달하는 것을 근거로 하여,『일본서기』에서 신라를 적으로 보는 관념은 백제인들이 백촌강 전투에서 지고 대거 넘어온 이후부터라고 말하고 있다(오카야 pp.39~40).

이노우에와 오카야는 모든 책임을 너무 백제로 떠넘기는 측면이 있다. 그런데 통일신라에 대해 전쟁에 패한 입장에서 원한을 가진다는 것은 이해할 수 있지만, 조선을 번국으로 보는 것과 바로 연결시키는 설명은 납득이 가지 않는다. 패배했기에 상대를 하대한다는 것은 결국 분풀이밖에는 되지 않기 때문이다. 도래인을 귀화인으로 표기하는 것도 마찬가지이다.

일본은 바다가 있어서 중국으로부터의 정치적 영향은 적었지만, 문화적 영향은 받아서 소중국이라는 의식이 있었다고 시바는 앞의 좌담회2에서 말했다. 한편 조선은 지리적 관계로 중국의 번국이었던 시기가 있었다. 일본은 소중국이 되기 위해 번국을 가지지 않으면 안 된다고 생각하고 조선을 번국으로 설정하고 그곳으로부터 오는 사람을 귀화인이라고 하였다는 것이다(우에다 외 p.26).

그래서 견당사의 품계를 4위, 견신라사를 5위 내지 6위로 하고, 신라로부터 오는 대사를 조공국에서 오는 것으로 취급했다. 신라가 이에 반발하여 8위 내지 9위의 관원을 파견하자 괘씸하다고 말하는 경우도 있었으나, 신라는 조공을 뜻하는 단어는 절대 허용하지 않았다고 우에다는 말했다.

또 오오토모 코마로(大伴古麻呂)가 견당부사로 중국에 가서 보니 신라 사절이 가장 상석이고 일본은 말석에 앉게 하였기에, 신라는 일본의 조공국이니 좌석을 바꿔 주라고 말했다는 얘기를 귀국해서 보고하고 있다(우에다 외 p.350, p.353). 항의의 결과는 알 수 없지만 당시 중국이 신라와 왜국을 어떻게 보고 있었는지를 엿볼 수 있다.

야요이 시대에는 국가가 아직 형성되기 전이었기 때문에 엄밀하게 말하면 귀화인이라는 말을 사용할 수 없다고 우에다는 말했다. 이 단어에는 일본인의 조선에 대한 경시 나아가 침략 사관이 반영되어 있다는 것이다. 그러면서 『고사기』에는 귀화라는 단어가 사용되지 않고 도래라고 되어 있고 현존하는 다섯 개의 풍토기에서도 귀화라는 단어는 없는데, 『일본서기』에서 귀화라고 되었다고 그는 지적하였다(우에다 외 p.357).

이런 귀화라는 단어의 사용은 중화사상에 의해 조선을 번국으로 취급하면서 나타났다. 이것을 현대의 고대사 연구자들이 무비판적으로 사용하는 것은 문제가 아닐 수 없다. 다만 701년 다이호령(大寶令) 즉 율령제

실시로 법질서가 확립된 이후에, "외국에서 들어와 살면서 호적에 등록하고 세금을 내고 하면 그것이 귀화이지 않느냐."는 말도 일부 일리는 있다고 우에다는 첨언하고 있다(우에다 외 p.22).

이제부터는 완전히 다른 나라, 게다가 큰 전쟁을 치른 적국이 되었으니 도래가 아니라 귀화라는 것이다. 어떻게 보면 도래라는 용어에는 문명 선진국에서 후진국으로 넘어온다는 의미가 있어서 일본으로서는 기피하고 싶은 단어였다고도 말할 수 있겠다.

• 민중들의 조선관

이런 사서 기록들과는 다르게 일본의 서민들에게는 그러한 차별 관념이 없었고, 오히려 동경 의식이 남아 있었다고 시바 료타로는 앞의 좌담회2에서 말하고 있다. 예를 들면 전국 시대, 무로마치 시대에 야마구치 현의 오오우치(大內)씨는 우리는 조선에서 왔다고 으스대었고, 토사번(土佐蕃)의 쵸소가베(長曽我部, 長宗我部라고도 함)씨도 조선에서 온 하타(秦)씨의 후손임을 크게 자랑하고 있었다는 것이다. 당시의 일본 주민들이 갖는 조선의 이미지가 어떠했는지를 알 수 있게 한다(우에다 외 p.73).

우에다도, 귀족들은 신라를 번국으로 생각하는지 몰라도 민중 사이에는 그렇지 않았다고 하면서, 궁정 귀족들도 실제의 양 국가 간 교류에서는 그런 차별의식을 넘어 매우 친밀감이 넘치는 노래나 대화가 오고 갔다고 말하고 있다(우에다 외 p.350).

김달수도 같은 좌담회2에서 일본이 조선을 번국시하는 것은 일종의 '본가에 대한 콤플렉스'라고 말하면서, "지금도 일본의 여러 지방을 방문할 때면 여기저기서 만나는 사람들이 자신들이 한국계라고 말하는 경우가 많다. 이즈모 사람들은 모두 그렇게 말한다."라고 언급하였다(우에다 외 p.79).

• 근대 사가·정치인들의 악용

그런데 문제는 근대에 들어 일반 일본인들의 대조선 인식이 변화했다는 것이다. 시바에 의하면, 에도 시대의 교양 시대가 시작한 이후『일본서기』를 읽은 사람들이 나오고, 모토요리(本居宣長)에 이르러 아무도 몰랐던『고사기』를 연구 대상으로 삼은 것이 계기가 되었다는 것이다. 무로마치 시대까지는 일본인은 무학이었고, 막말의 지사라고 해도 일본역사에 대한 교양은 별로 없었다. 에도 시대 내내 교양이라고 하면 중국의 일을 알고, 아주 적지만 조선에 대해서 아는 정도였고, 중기 이후에야『일본서기』나『고사기』를 알게 된 것이다.

이렇게『일본서기』의 지식이 일반화되면서 조선에 대한 우월감이 조선 멸시로까지 발전하였다. 특히 메이지유신 때는 제국주의 시대에 부국강병을 통한 정벌 의식이 퍼지면서 그 대상을 조선으로 하게 되었다고 시바는 말했다. 학자들도 귀화인이라는 단어를 무분별하게 사용하기 시작했다는 것이다(우에다 외 pp.39~40).

김달수도 강좌 '일본역사'에서 "진보적 학자들이 귀화인을 고대 일본이 남조선을 정복한 과정에서 획득한 기술 노예였다고 기술하였다. 한일관계사에 있어서 편견과 차별의 사상을 탈피해야 하는데 조선의 문화가 일본에 기여한 것을 외면하고 일관되게 말소해 왔다. 역사 왜곡은 역사학자에 그치지 않고 어문학자들에 의해서도 행해지고 있다."라고 말했다.

그는 그런 왜곡의 사례로서 "타케다 유키치(武田祐吉)가 현대어로 해석한 『고사기』를 보면 호니니기의 말(詔)에 '한국(韓國)을 향(向)하는'을 '해외를 향하는'으로 오역하여 호니니기가 세운 나라의 위치를 추정하는 데 결정적인 왜곡을 하고 있다. 신라의 왕자 아메노히보코(天日槍)에 대해서도 『일본서기』에 그가 경유해서 정착하게 된 지명을 기술한 후, '경유지 한 곳에 사는 도자기 마을 사람들은 그와 함께 온 사람(從子)들이다' 라는 것을 '그 마을 사람들이 그의 종자가 되었다' 라고 오역하였다. 즉 아메노히보코를 귀화인으로 만들기 위해서 그가 집단으로 도래한 사실을 일부러 숨긴 것이다."라고 열거하였다(우에다 외 pp.28~34).

우에다도 "삼한 정벌이나 신라 정벌의 형태로 서기를 인용해 교과서에 기록한 사람이 사쓰마 출신의 동경대학 국사과의 창설자 시게노 야스스구(重野安繹)이다. 일본의 역사 교육 속에서 조선이 나오는 것은 침략사로서 나온다. 특히 향토사가들이 무분별하게 무의식적으로 이런 사관에 젖는 것도 문제이다."라고 앞의 좌담회2에서 말하고 있다(우에다 외 p.126).

이런 견해들을 종합하면, 국학파가 황국사관으로 이어져 침략을 일으켰고, 마침내 아시아를 전쟁의 참상에 빠지게 하면서 일본이 망할 정도로 패배하게 한 원인 중의 하나가 바로 이 『일본서기』라는 것이다. 필자는 여기에서, 진실이 아닌 역사 왜곡, 위조는 후세에 그 대가를 반드시 치르고 만다는 교훈을 얻어야 한다고 생각하지 않을 수 없었다.

이노우에는 "일본의 외국관은 처음에는 임나나 가라로부터 문화를 도입하였고, 그 도입처가 백제로 이동하면 앞의 것은 완전히 부정한다. 그리고 수·당이 중국을 통일하자 여기와 직접 교섭하여 율령, 화이사상이 들어오게 되면 조선을 잊고 멸시한다, 이것인 국제적인 차별의식의 근원이다."라고 지적한 바 있다. 상당히 예리한 자아비판이라고 생각된다(우에다 외 p.127).

시바도 조선인에 대한 차별의식은 극단적으로 말하자면 메이지유신 이후에 만들어진 것이라고 하면서 흥미로운 사례 한 가지를 소개하고 있다. 옛날 중국에서 궁중의 중대한 행사가 있을 때 궁궐문 앞에 동이, 서융, 남만, 북적이라는 이민족들을 집합시켜 축제를 벌이곤 했는데, 이런 중화사상에 근거한 행사를 일본도 흉내 내어 즉위식 같은 때에 남방의 사쓰마(薩摩)나 오오스미(大隅)에서 하야토(隼人)족을 불러 개의 우는 소리를 흉내 내게 하고, 요시노(吉野, 현재의 나라현 남부)의 산악주민인 쿠즈(国樔)인종에게 쿠즈의 춤을 추게 하였다는 것이다. 즉 하야토와 쿠즈는 이민족 취급을 받았던 셈이다. 그렇지만 이민족이라고 한다면 한반도 도래자들인데 그들을 여기에 참가시키지는 않았다. 그 이유는 한민족들이 자신들과 같다고 생각하였다는 것이다(우에다 외 p.77).

• 현대의 공정한 견해들

지금까지 일본 사서에 대한 학자들의 견해를 그들의 저서나 좌담회 편찬서 등을 통해 살펴보았기 때문에, 독자들은 누가 합리적이고 공정한 견해를 피력하고 있는지를 이미 파악하였을 것이다. 그들 중 몇 분의 의견은 결론 삼아 추가 인용한다.

우에다는 "『일본서기』는 7세기 후반부터 8세기 초엽에 고대 귀족층의 굴곡된 조선관이 투영되었기 때문에 손질을 본 곳이 적지 않다고 하면서, 이를 극복하는 것이 아직 불철저하다."라고 말한다. 그래서 일본과 한국의 문제를 자신의 문제라고 생각하는 것이 무엇보다 필요하다는 것이다(우에다 외 p.135).

그리고 지금까지 고대사학은 너무 야마토 중심주의라고 보았다. 기기 신화는 최종적으로 야마토 궁정을 주체로 기록된 신화이다. 그렇지만 같은 기나이(畿內)라도 야마토와 가와치(河內), 야마토와 야마시로(山城)는 그 역사에 차이가 있다. 기기 신화와 다른 신화·전승이 각 지방의 역사서에 달리 기록되어 있는 것을 경시할 이유가 없다는 것이다. 이것은 일본국 형성 이전의 국제 관계사에도 적용되어, 조선과 야마토는 물론, 조선과 에츠(越), 조선과 이즈모, 조선과 히(肥) 등과 같이 각 지역별 대응도 고찰해야 한다. 일본의 고대 문화를 단일체로 상정하는 것 자체가 역사 이탈이다. 왕국도 야마토만 존재한 것이 아니었다. 에츠도 이즈모에도, 히에도 각자 왕자와 민중이 있었다. 귀화인 사관을 극복하는 것과 함께 중앙사관의 극복도 필요하다는 것이 우에다의 견해이다(우에다 외 p.362).

이노우에도 "고분 하나를 파더라도 일본인 이외에는 출입을 금지시킨다. 한국인은 일체 배제하면서 조선 문화를 일본인만이 마음대로 의논하는 현실에 대해 우리는 반성하지 않으면 안 된다."라고 말하고 있다(우에다 외 p.209).

김달수도 "일본 고대사의 픽션을 그대로 두고서는 주체성이라는 것을 생각할 수 없다. 일본의 고대사라고 하는 것은 일본과 한국과의 관계사이다. 그것이 픽션으로 가득 차 애매한 채로 놓아 두는 것은 일본인의 민족적 주체성을 애매한 것으로 두어 버릴 뿐만 아니라 한국인의 주체성에도 상처를 주는 것도 있다."라고 말하였다(우에다 외 p.314).

자기의 정체성을 부정하고 왜곡하는 것이 역사 발전에 어떤 결과를 가져왔는지를 항상 겸허한 자세로 반성하고 점검해야 할 것이다.

〈3차 중간 마무리〉

　이상과 같이 일본의 고대사는 신화라는 픽션으로 분식되어 있어도 그 내면에 한반도로부터의 도래라는 진실이 맥맥히 흐르고 있음은 쉽게 파악할 수가 있었다. 또한 사서 편찬을 통해 그런 양국 간의 관계를 역전시키려는 불순한 기도가 있었고, 만세일계라는 무리한 조작으로 역사 위조를 쉽게 자행하는 악습이 심어져서, 불행한 시기에 이를 악용한 죄과를 범하였음을 확인할 수 있었다.

　다만 한반도와 일본 열도 모두 통일 국가 성립 과정에서 일어난 파워 게임은, 현대의 한국과 일본이라는 양국 간의 대결적인 시각만으로는 이해할 수 없는 복잡한 양상으로 전개되었다는 것을 전제에 둘 필요가 있었다. 즉 고구려, 백제, 신라, 가야, 쟈마다이국, 이즈모 왕국, 시모노세키 왕국, 야마토 왕조 등이 각자의 연고와 시대 상황에 따라 때론 전쟁을 치르고, 때론 동맹을 맺어 왔다는 것이다.

　이러한 사실(史實)들은 그냥 기록으로만 끝나는 것이 아니라 언어와 문화 속에 그대로 흔적을 남기기 마련이다. 다음 제4장 언어·문화 편에서는 그런 흔적에 관해 살펴보도록 하겠다.

〈그림 2〉 한일 고대사 주요 관련 지역

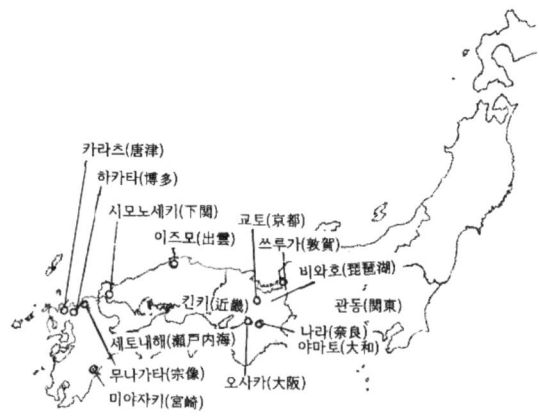

〈그림 3〉 일본 천황가 계보도(우지타니 p.359)

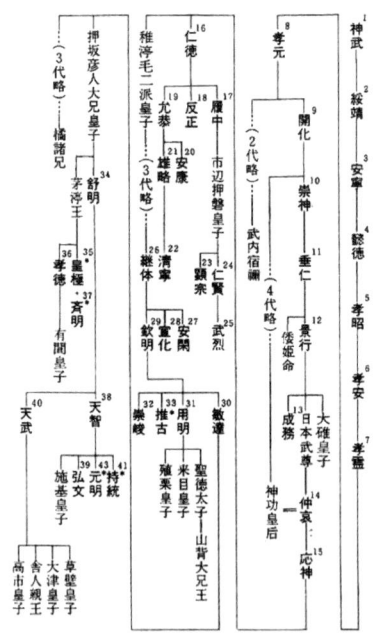

242 일본 문헌 속의 한일 고대사

제4장

언어·문화 편

1. 한일 문화 교류의 개관
2. 언어와 문자
3. 신사와 신도
4. 불교와 유교
5. 건축, 미술, 공예
6. 문학·출판, 음악, 무용
7. 고대 일본 문화를 만든 도래인

최종 마무리

제4장 언어·문화 편
— 어떤 말을 하였고 무엇을 창조하였나

다음부터는 본고의 마지막 단계인 언어·문화 편이다. 먼저 일본의 문헌 속에 고대 한국인과 일본인은 어떤 말을 하였고, 그 유사성은 없는가에 대한 견해들을 알아본다. 그리고 그 시기에 창조된 문화 유산으로는 어떠한 것들이 있으며 그 수준은 어느 정도였는가를 종교나 미술, 음악, 공예, 건축 및 토목 기술 등 여러 측면에서 조명해 보겠다. 그리고 이러한 일을 한 한반도 도래인들이 일본 고대사에서 어느 정도의 역할과 규모를 차지하였고, 살아온 장소나 직역은 어떠했는가를 정리해 보도록 한다.

1. 한일 문화 교류의 개관

우선 한일 고대사에서 문화 측면에서의 공통점과 특히 한반도로부터의 영향에 대하여 개괄적으로 설명하는 내용들을 소개한다. 기본적인 흐름을 파악하는 데 도움이 될 것으로 생각하기 때문이다.

김사엽은 앞의 저서 『고대 조선어와 일본어』에서 일본의 고대 문화 가운데 한국적 요소를 제거하면 아주 빈약한 것밖에 남지 않는다고 말하였다. 일본 측의 『일본서기』나 한국 측의 『삼국사기』의 고대 부분을 읽으면 양국 간의 교류·교섭에 관한 기사가 범람하고 있는 것을 볼 수 있다는 것이다. 이하 요약하여 소개한다(김사엽 pp.9~10).

일반 시민의 왕래에까지는 이르지는 못하였어도 정치가, 기술자, 문화인들은 바다라는 장애를 잘 극복하고 빈번히 넘나들었다. 어떤 때는 우호적으로 양국 지도자 간의 혼인 관계를 맺기도 했지만, 상대국을 모독하는 험악한 문구가 오늘날의 외교 문서라고 할 수 있는 것을 통해 주고받았다.

이렇게 밀접 불가분의 관계에 있었던 고대에는 물론이고 그 이후에도 양국 간은 때로는 불행한 사태로 불화했던 시기도 있었으나 교린 우호의 관계를 지속하여 왔다. 특히 한반도에서 수차에 걸쳐 넘어간 도래인들이 수많은 문화 유산을 남겨서 오늘의 일본이 있게 하는 데에 중요한 역할을 하였다.

그런데 일본 측에서 사서 편찬 시 역사의 위조가 두드러지게 있었고, 메이지유신 이래 정치가, 군인, 권력에 아부하는 일부 학자나 논객들에 의해 식민지적인 왜곡된 조선관과 한반도로부터의 문화 영향을 경시하는 풍조가 고의로 만들어지고 말았다. 2차 세계대전이 끝나고 이러한 황국사관을 불식하고 종래의 조선관을 시정하는 방향으로 서서히 나아가고 있지만, 전전(戰前)의 편견을 완전히 불식시키는 것은 아직 미흡하다.

김사엽도 지금까지 살펴본 내용들과 비슷한 언급을 하고 있음을 알 수 있다. 다만 그는, 일본의 전문가나 언론 등이 한국과 일본의 문화를 직접 관람하고 연구하는 기회가 많아질수록 "한국의 문화는 상고 시대부터 일본보다 훨씬 앞서 있었고, 일본은 한국의 문화를 거의 전면적으로 수용하여 왔다. 이런 문화들은 한국이 중국 문화의 경유지로서가 아니라 자기 것으로 주체적으로 소화한 것이고, 중국의 것은 오히려 일부라고 보는 것이 맞다."라는 방향으로 인정해 가는 추세라고 기술하였다. 그리고 이런 인식의 변화가 1976년에 도쿄 등에서 열린 '한국미술 5천년전'를 계기로 생겨났다고 보았다. 이 전시를 관람한 전문가 등의 소감을 종합한 견해라는 것이다(김사엽 p.12).

한편 시바(司馬遼太郎)는 고대 동북아시아의 전반적인 구도하에서 한국과 일본 사이에서 일어난 민족의 유동과 그로 인한 양국 간의 친연성(親緣性)을 앞의 좌담회 편찬서2의 서두에서 설명하였다. 요약하여 소개한다.

소위 알타이어족에 속하는 민족들은 기원 5세기까지 중국사 주변에서 활발히 활약하였다. 그러나 중국 대륙의 한(漢)민족이 독창적인 대문명을 만들었던 것에 비해 알타이어족은 그들의 유목과 관련된 생활 문화 이외에는 문화라고 할 만한 것을 갖지 못했다. 농경지대 문화와는 달리 여분의 것을 보유하지 않았기 때문이다. 가구에 대한 욕구가 없었고, 유목 기술도 기본적으로 변화가 없었다.

그렇지만 그들 중 만주에 있는 일족은 사정이 달랐다. 만주의 남부에서 농경이 가능하였던 것이다. 기원전 2세기 말에 부여와 같은 민족들은 반농반목의 생활을 하였고, 중국의 연(燕)이 설치한 요동군과 교류하면서 한(漢)민족의 문화를 수용하였다. 몽골 서부 초원권에는 순 유목민족으로 살았던 선비가 부여를 침공하여 4세기경에 멸망시킨다. 그 망한 부여의 일부가 점차 남하해 한반도에 정착한다. 그래서 한반도 남부의 순한(韓)족적인 나라는 그 인민이 한족이라도 왕족은 남하한 부여족이라는 구조가 되었다. 이 4세기의 만주 부여족의 패망과 한반도로의 상당 규모의 남하가 당연히 대한해협을 건너 일본 열도에도 영향을 미쳤다.

이러한 사람과 민족의 유동이 멈춘 것은 7세기에 신라의 삼국 통일과 일본의 율령국가 성립 이후부터이다. 이때부터 각 통일 국가들이 기초를 확립하고 국경을 단속하여 사람들을 그 거주 지역에 의해 민족이라는 윤곽으로 확실히 구분했던 것이다(우에다 외 pp.11~14).

만주와 한반도에 부여와 삼한 말고도 그 이후 고구려, 백제, 신라와 가야라고 하는, 각각 같으면서도 나름대로 특색이 있는 문화가 형성되었다. 시바는 여기에 대해서도 고구려는 한반도 내의 국가라기보다는 만주 국가로서, 수렵과 유목이라는 야성이 남아 있었다. 요동반도에 있던 한(漢)민족권도 내부 분열로 약화하면서 5세기에 고구려로 병합되었다. 이로 인해 고구려는 한민족 문화를 충분히 수용하여 상당한 수준의 문화를 달성하였는데, 고구려 고분이 이를 말해 준다는 것이다. 그래서 시바는 한반도권역에서 가장 국제적이고 북방적인 요소가 강한 문화권이 고구려였다고 말하였다(우에다 외 p.352).

백제는 북방의 부여족이 한반도로 내려와 왕조를 만들었어도 습속은 강남의 문화를 받아들여 삼국 중에 가장 중국적이었다고 말할 수 있다. 신라는 토착적인 성격이 삼국 중에 가장 강했다. 그런 의미에서 삼국 통일을 신라가 하고 그 문화가 한국 문화의 원천이 되었기 때문에 한국적인 것이 더 잘 형성·보존되었다(우에다 외 pp.323~324). 가야는 6세기에 신라로 병합되어 그 문화나 언어가 신라에 흡수되었지만, 일본 열도에 이주한 반도인 중에서 일본인 선조의 주요 부분이 될 정도로 다수였던 것은 가야인이었다(카미가이토 p.283).

이러한 한반도의 문화가 오랜 시기에 걸쳐 각각 다양한 경로로 일본에 전래되었지만, 이런 북방계 문화 이전에 재래의 남방계 문화가 일본에는 있었다. 그래서 이 두 가지가 섞이게 된 일본 문화는 매우 특이한 성격을 띠게 되었다. 그리고 그 이후 일본은 통일 국가가 되고 나서도 지리적 특성 등으로 인하여 정밀한 봉건제도가 성립하였다. 천황 중심의 율령체제도 가마쿠라(鎌倉)막부의 성립으로 인해 철저하게 무너졌고, 한반도와의 유사성이 매우 적게 되었다. 동시에 일본으로서도 문명의 광원이었던 중국으로부터도 멀어진다. 자연히 법과 도덕, 습관, 사회의식에서 오히려 양 민족의 차이가 확대되어 갔다고 시바는 말하였다(우에다 외 p.16).

카미가이토(上垣外憲一)는 일본과 한국과의 문화적, 민족적 차이는 다른 여러 요인들보다 6세기 가야의 멸망을 가장 결정적인 것으로 보았다. 신라의 가야 병합은 한국과 일본이라는 고대 국가의 성립을 고하는 큰 사건이었고, 이에 따라 민족의식이 정해지지 않은 '상고(上古)'의 종언이었으며, 오늘날의 민족국가의 모태가 이때 형성되었다는 것이다. 그래서 일본인과 한국인이라고 하는 대립개념의 상한을 이 시기로 볼 수밖에 없다고 카미가이토는 기술하고 있다(카미가이토 p.293).

그렇지만 이러한 의식과 문화의 분리에 대하여 우에다는 약간 다른 접근을 하고 있다. 결국 일본적이라는 것이 생겼다면 이를 정의하기 위해 일본의 독자적인 문화체계, 사고 양식의 패턴이 있어야 하는데 그렇지 못했다는 것이다. 중국의 경우는 불교의 전파 이전에 독자의 유교나 도교 사상이 있었다. 즉 대결의 논리를 가지고 있었지만 일본의 경우는 이런 대결할 만한 논리를 갖고 있지 못했다는 것이다. 그래서 잡종적으로 받아들이는 일은 있었어도 일본 독자의 문화론을 전개하기에는 매우 곤란했었다고 보았다(김달수 외 p.297).

다만 미즈노 아키요시(水野明善, 1986년 사망)의 견해는 경청할 만하다고 본다. 그는 일본에 남아 있는 고대 건축이나 고대 미술은 확실히 자랑하기에 충분한 것이라고 평가하였다. 그런데 무엇을 자랑할 것인가를 생각하면서 자랑해야 한다면서, 중국이나 한국이 안타깝게도 수십 차의 전란을 통해 없애버린 것을 현대까지 보존하고 있는 현실이 큰 자랑거리라고 말하였다. 중국과 한국에서는 최근 발굴된 장사(長沙)·마왕퇴(馬王堆) 고분과 무령왕릉 등과 같이 일본의 다카마쓰총(高松塚)과 비교가 되지 않을 정도의 귀중한 문화 유적이 나오고 있지만, 이것들은 모두 지하 매장물이라는 것이다. 법륭사나 당소제사(唐招提寺) 등의 거대한 목조 건조물과 몽전관음(夢殿觀音), 광륭사의 미륵과 같은 아름다운 목조 유물 등은 일본 이외에는 거의 보이지 않는다. 이것들은 고대에 일본의 한반도, 중국과의 교류를 입증하는 증거로서 지금도 일본에 남아 있다. 소중한 문화 유산을 지키는 파수꾼 역할을 일본이 하고 있다는 것이 미즈노의 주장이다(김달수 외 p.280).

그리고 또 미즈노가 앞의 좌담회2에서 언급한 내용 중에 놓쳐서는 안 되는 대목이, 중국 문화가 고대 일본 문화에 중대한 영향을 미쳤다는 것은 사실이지만 특히 백봉 시대에는 중국으로의 사절이 단절되어 거의 신라나 발해를 매개로 하여 이루어졌다는 부분이다. 당연히 거기에는 한반도 독자적인 영향도 있었다는 것이고, 그 영향이 음악, 아악에서는 물론이고 미술의 경우는 상식처럼 되었다고 말했다. 문학의 경우는 아직 애매한 상태라고 하는데, 그것은 고대 일본 문학과 조선 문학을 연결하는 전문적인 연구가 적었기 때문이라는 내용의 주장이다(우에다 외 p.308).

다만 여기서 우에다(上田正昭)의 지적은 유념할 필요는 있다고 생각한다. 그는 한일 간의 고대 문화의 유사성을 규명하는 작업이 과거 일선동조론(日鮮同祖論)의 재현이 되어서는 안 된다고 강조하였다. 사실(史實)에 근거하여 과학적으로 연구하고 그 결과를 공유함으로써 일본과 한국의 관계를 재정립하는 것이어야 한다는 것이다. 그렇기 위해서는 지배층의 상호관계만이 아니라 도래의 문화가 일본의 민중 생활에 어떠한 역할을 미쳤는가, 일본 문화가 어떤 토양 위에 커왔는가를 탐구하는 것도 놓쳐서는 안 될 것이라고 그는 보았다.

그러면 본격적으로 언어와 종교, 예술의 각 분야에서 한반도에서 유래한 일본 문화를 알아보도록 하겠다.

2. 언어와 문자

한국어와 일본어 특히 각자의 고대어를 알아보기 위해서는, 양 언어들이 변천해 온 내역과 계통 그리고 이를 비교 분석하는 방법, 표기하기 위한 수단 즉 문자에 관하여 고도의 지식이 필요하다. 필자는 이 분야 전문이 아니기에 고 김사엽 교수의 일본어판 저서 『고대 조선어와 일본어』(동경:명석서점, 1998)과 관련 인터넷 자료 등을 요약해서 소개하는 수준으로 이 언어와 문자 부분을 갈음하고자 한다(이 책은 일본의 강담사에서 1974년에 출판한 것을 보충하여 재출판한 것이다). 독자들의 양해를 구한다.

참고로 김사엽(金思燁)은 경북 칠곡 출신으로 경성제국대학 문학부를 졸업하고 오사카외국어대학 교수를 역임하다 1992년 사망하였다. 앞의 저서는 언어 측면에서 한일 고대사를 규명하는 불후의 명저로서, 유감스럽게도 한국어로 번역된 적은 없다고 알고 있으며 영인본만 『김사엽 전집19』로 실려 있다고 나온다. 필자는 이번 책을 통해 그 역작의 일부분이나마 우리나라 사람들에게 소개할 수 있어 대단한 영광으로 생각한다.

• 한국어 변천 개요

한국 민족은 알타이어족으로서 원시 퉁구스의 일족이다. 고대의 중국 측으로부터 동이족이라고 불렸던 종족의 한 갈래라고 할 수 있다. 이 민족이 언제부터 만주나 반도에서 살았는지는 확실하지 않지만 약 1만 년 전후 신석기 시대 또는 그보다 이른 시기부터 이 지역에서 살아왔다고 규명되었다. 북방으로부터 이동하여 온 일단의 민족이 반도에 정주하였고, 한편 해류의 영향에 의해 부분적으로는 남방 계통의 민족과 서해를 건너온 한(漢)민족 계통의 혼혈도 있었다.

이러한 만주나 한반도에서 흥기한 각 종족 상호 간의 관계나 그들의 언어는 중국의 사서에 기록되어 있다. 예족(濊族)에 대하여는 『위지동이전』과 『후한서』에 "언어, 법속은 대개 고구려와 같고, 의복은 다르다."라고 되어 있고, 옥저(沃沮)에 대해서는 "언어는 고구려와 대동소이하고 가끔 조금씩 다르다."라고 쓰여 있다. 따라서 당시 북방에 있었던 예·맥·옥저·고구려는 모두 같은 언어를 사용하였고, 차이가 있더라도 방언적인 차이밖에 없었다고 보인다.

이렇게 비교의 중심이 되는 고구려어도 『위지』에 "고구려는 부여의 별종으로서, 언어나 여러 일들이 부여와 같았지만, 그 성격이나 의복은 달랐다."라고 나와 있다. 따라서 고구려어는 지금의 만주족 즉 퉁구스 계통에 속하고, 이 계통의 언어를 사용하였다고 생각된다. 한사군 시대에 고구려 계통의 제 민족은 정치적으로는 한족(漢族)의 지배 아래 있었지만, 그들이 사용하는 언어는 그들 고유의 언어였고 후일 대고구려국을 건설한 후에도 그 언어를 유지하였다는 것이다.

한반도 남부 지역의 형세를 『위지』와 『후한서』의 기록에서 보면 마한, 진한, 변한이라는 세 개로 나눠진 부족 국가가 있었다. 이 국가들의 언어도 위지에서는 서로 비슷하다고 되어 있다. 따라서 진한과 변한을 통일한 신라어와 마한의 땅에서 일어난 백제어는 같은 한족어(韓族語)였다는 것이 확실하다. 있다면 역시 방언적인 차이였을 정도이다. 『주서(周書)』의 기록을 가지고 백제의 언어는 지배자의 언어(고구려어)와 일반 대중의 언어라는 2종류가 있었다고 해석하는 학자도 있다. 그렇지만 음운이나 문법 구조까지 서로 다른 2종류의 언어라고는 말할 수 없다. 신라어와 백제어는 동일 언어라고 할 수 있다.

이러한 남부의 언어와 북부의 고구려어와는 관계에 대해서 이기문과 같은 학자는 친족 관계를 설정할 수 있는 외국어 관계라고 주장하였다. 그러나 이숭령은 고구려·백제·신라의 삼국 언어는 방언의 종별을 나타내는 정도이고, 결코 외국어의 관계이지 않다고 반박하였다.

먼저 이질적인 언어들이라고 주장하는 학자들은, 『삼국사기』 속의 고지명(古地名)에서 추출한 어휘와 중세어를 대비하여 그 차이를 문제시하고 있다. 그러나 음운이나 문법까지를 대비하여 증명한 결론이지는 않았다. 그들이 논증에 사용한 어휘라고 하더라도, 고지명에서 추출한 것과 중세어의 것들 사이에 오히려 공통된 어휘가 그렇지 않은 어휘보다 더 많다. 고유명사 등의 표기에 사용된 한자 차용자(借用字)를 보더라도 일치하는 자가 더 많았다.

이 삼국의 언어는 음운조직 상의 공통점을 찾을 수 있고, 문법에도 어떤 차이가 없었다. 또한 이두(吏讀)도 최초 고구려에서 고안된 것을 신라가 계승하여 발전시킨 것이다. 형태론 등에서 동일하였기에 이런 계승이 가능하였던 것이다(김사엽 pp.19~21).

이상이 김사엽이 앞의 저서에서 기술한 내용의 요약이다. 한편 이것과 관련된 한 예가 인터넷 자료(위키백과)에서 실려 있기에 소개한다. 즉, 고구려 금석문에 쓰인 변체한문(變體漢文)에 한국어의 요소가 일부 드러나고 있음이 확인된다는 것이다. 556년에 고구려 평양성에서 만들어진 평양성석각(平壤城石刻) 제4석에 쓰인 한문을 보면, '丙戌十二月中漢城下後(部)小兄文達節自此西北行步之. 병술년 12월에 한성 하후부의 소형 문달이 여기서부터 서북 방향을 걸쳤다(걸쳐 축성하였다)'에서 中, 節, 之는 한문법에 맞지 않는 부적절한 글자들이다. 각각 '中'은 –에, '節'은 –때에, '之'는 한국어의 종결어미 '–다' 이다. 이런 변체한문은 중원고구려비에서도 확인되고, 신라에 전해져 이두 성립에 큰 영향을 주었다는 것이다.

또한 김사엽은 고려에 들어서 근간이 되는 신라어가 경상·전라 양도를 중심으로 하나의 계통을 형성하였고, 고려어는 국가의 배경과 정치력의 영향으로 서서히 개성을 중심으로 충청·강원·황해·함경중부까지 퍼져서 오늘날 표준어의 지위를 차지하게 되었다고 기술하였다(김사엽 p.27).

• 표기 문자로서의 한자

그런데 이러한 고대 한국어는 어떻게 파악할 수 있었던 것일까. 그런 고대어를 표기한 자료가 남아 있어야 비로소 가능할 것이다. 김사엽에 의하면, 신라와 고려는 자국어를 표기하는 고유의 문자가 없어서 문자 생활은 한자에 의하지 않을 수 없었다. 신라인은 6세기경에 한자를 차용하여 자국어를 표기하는 방법을 완성하게 되었다. 그들이 자국어를 표기하기 위하여 만든 문자인 향찰로 완전히 신라어의 표기가 가능하였지만, 이런 한자 차용의 문자를 오랜 시간에 걸쳐서 만든 의도에 주목할 필요가 있다. 즉 외래 문자인 한자를 그대로 사용하지 않고 어디까지나 자국어 표기의 한 수단으로만 사용했다는 것이다.

그러면서 김사엽은 이런 신라인의 한자에 대한 태도를 알아볼 수 있는 자료로는 그들이 가지고 있었던 고유명사의 표기에서 찾아볼 수 있다고 기술하였다. 먼저 왕의 칭호의 경우 21대 소지왕까지는 왕명을 중국식으로 표현하지 않고 신라어인 유리·눌지 등으로 부르고 그대로 표기하였다. 왕에 대해서도 신라식의 호칭인 이사금·마립간·거서간을 사용하였다. 그러다가 지증왕 4년, 502년 이후부터는 법흥왕이나 문무왕과 같이 한자식 표기법을 채용하게 되었다는 것이다.

이런 사실은 신라 문화의 고유성 상실, 즉 신라어가 중국 문화에 굴복하는 단서를 열었다고 말할 수 있다. 그 후 7세기 중기에 신라가 삼국을 통일하고 당나라와의 교섭이 빈번히 되면서 한(漢)문화는 더욱 활발하게 신라 문화에 영향을 미치게 되었다. 신라어 속에 한자어의 혼입, 동화가 시작된 것이다. 그러나 신라 민중들의 말 속에는 그런 침해가 없었다. 고려 시대가 되어서도 대중어로의 한자어 침투는 서서히 진행되는 정도였다.

그런 속도가 빨라져서 한자어가 한국어 속으로 들어와 어휘의 절반 가까이 차지하게 된 것은 조선 시대 중기 이후부터였다. 김사엽은 여기에서, 한자를 빌리더라도 어떻게 해서든지 자국어를 표기하려고 노력했던 신라인과 고려인에 비교하여, 조선인의 한자·한문에 대한 마음가짐과 자세가 달랐기 때문이라고 지적하였다. 조선 초기인 1443년에 만들어진 한글로 창작한 문학, 시나 소설에 한자어나 중국의 숙어, 고사의 혼입이 많았던 것에 비하여, 신라의 시가인 향가나 고려가요는 순수한 한국어로 표현되고 있고, 한자적 표현이 적었다는 것에서도 알 수 있다고 기술하였다.

신라의 언어를 탐색하는 자료로서는 한자의 음과 훈을 응용하여 만든 문자(향찰)로 쓴 가요(향가)와 사서나 그 외의 문헌, 금석문에서 보이는 고유명사, 사람 이름, 지명, 관직명, 사건명 등으로, 이들을 통해 어느 정도의 파악이 가능하게 되었다. 특히 고구려는 광개토왕 비문에 1,800자가 남았고, 백제는 『삼국사기』에 박사 고흥이 서기(書紀)를 만들었다고 나와 있으며, 신라는 북한산의 봉강(封疆)비문을 통해 초기 상황을 알 수 있다. 또한 『삼국유사』와 『균여전』에 나오는 향가 25수가 아주 중요한 자료라는 것이다(김사엽 pp.22~25).

그렇지만 중국어는 고립어여서 어사(語辭)와 어사 사이에 어법 관계를 나타내는 허사(虛辭)가 존재하지 않지만, 한국어는 부착적 성질을 가진 첨가어로서, 원래 어법상의 관계가 독립인지 여부와 무관하게 어법상의 관계를 나타내는 형태 요소와 실질적인 뜻을 가진 의미 요소가 있어서, 이 양자가 합해져서 어법상의 관계를 표현함으로써 그 구별이 확실하게 되는 언어라고 한다. 그러므로 한문으로 사상과 감정을 표현하는 것은 가능할지라도 한국어 그대로 표현하는 것은 가능하지 않았다.

그래서 그 타개책으로 한자의 음과 훈을 차용하여 자국어를 표기하는 방법을 고안한 것이다. 다만 그런 한자 차용에서도 몇 가지 원칙이 있었다. "지명과 같은 고유명사의 표기는 음차(音借)가 원칙이고, 적당한 한자가 없으면 훈차(訓借)한다. 동일한 음절(音節)은 가급적 동일한 한자로 표기한다." 등이었다.

그러나 한자를 이용해서 한국어를 완전히 표기하기까지의 과정에서 여러 가지 단계적 시도가 있었다. 최초의 단계가 서기체(誓記體)식 표기법이다. 이것은 한자의 음과 훈을 차용하는 것이 아니고, 한문을 한국어와 동일한 어순으로 나열하는 것이다.

다음 단계가 이두체(吏讀體)이다. 이것은 조사나 어미와 같이 중국어에 없는 형태 요소를 한자의 음과 훈을 빌려서 한문의 사이사이에 넣는 표기법이다. 고려 이후에는 이두가 한문 속에 삽입하여 사용하는 범위가 더욱 확대되어 부사와 같은 의미 요소까지 표기되었다. 이런 이두체도 조사, 어미, 부사 등을 한자로 표기하는 것과 토(吐)를 다는 것의 두 가지가 있다. 일반적으로 전자를 이두라고 하고, 후자를 구결(口訣)이라고 부른다. 그렇지만 둘 다 한문의 요소요소에 음·훈차에 의한 한국어를 삽입하는 것은 동일하다.

마지막으로 향찰체인데, 여기서 향(鄕)은 중국에 대한 신라 고유라는 뜻이고, 찰(札)은 서찰 즉 문장이라는 뜻이다. 향찰체는 이두체가 발전한 것으로서, 한자의 음과 훈을 빌려서 문 전체를 한국어로 표기하는 방법이다. 따라서 문법 의식을 구체적으로 나타내 보인다. 이것으로 거의 완전하게 자국어를 표기할 수 있게 되었다고 김사엽은 기술하였다(김사엽 pp.49~57).

• 한글의 제작

한글은 한국인 모두에게 잘 알려진 바와 같이 세종대왕 재위 25년 즉 1443년에 훈민정음으로 완성되었다. 제작 과정 내내 왕이 주재자였고, 참여자는 당대 최고의 학자들이어서 그들의 지식이 총결집되었다고 김사엽은 평가하였다. 중국어의 음운 연구를 위해 신숙주가 당시 요동에 유배 중인 중국의 음운학의 대가, 황찬(黃瓚)에게 13회나 왕래하면서 질의하는 등 고심과 노력을 다했다는 것이다.

이 새로운 문자로 용비어천가를 만들었는데, 이것은 궁중에서 제사나 축연 시에 사용될 125장(章)이나 되는 일대 장편시이다. 우리가 한글을 언문이라고 천시하고 한쪽에 처박아 놓은 것으로만 아는데, 과거시험에도 활용하였고 화폐에도 이 새로운 문자를 새겨넣는 등 보급에 힘썼다고 김사엽은 기술하고 있다.

이 과학적이고 간명한 문자는 음성의 표기에 있어 다른 어떤 민족의 문자보다도 넓은 범위에 걸쳐 정확히 표기할 수 있을 뿐만 아니라 보편성이 있어 단시간에 학습할 수 있고, 단음 문자이어서 가로쓰기나 세로쓰기는 물론 알파벳과 같은 타이핑도 아무런 문제 없이 할 수 있다. 처음 창제 시는 28자가 공포되었으나 4자가 제외되고 현재는 남은 24자가 사용되고 있다(김사엽 pp.60~62).

• 한국어 연구의 시작

1894년의 갑오경장에 의해 한민족은 마침내 눈을 뜨고, 수천 년 동안의 중국 문화를 맹목적으로 숭배해 왔던 구습을 버리게 되었다. 종래 언문이라고 멸시하여 온 한글과 자국어를 처음으로 국문, 국어로 부르게 되어, 모든 공문서를 공공연히 한글과 한자 혼용문으로 쓰도록 하였다. 한글 제정 이후 500년이 되어서야 처음으로 그 진가가 국민 전체에게 재인식되어 현대어로서의 길이 열리게 된 것이다.

이와 함께 한국어에 관한 과학적인 연구도 시작되었다. 김사엽에 의하면 이러한 연구의 선두는 기독교 포교를 위해 도래한 신·구교 선교사들이었다. 그들은 포교의 필요상 먼저 조선어를 배우고, 그 토대 위에 학문적 연구까지 진행하여 현대어 형성에 절대적인 공적을 남겼다. 그들은 먼저 어휘의 수집에 착수하였고, 1705년에 윗센(N.Witsen)의 『북동의 타타르어』가 만들어졌다. 이 속에는 143개의 어휘가 수록되어 있었다. 그 후에도 몇 권의 어휘집이 간행되었는데, 이것이 서양인에 의한 조선어 연구 제1기이다.

그다음 단계가 성서의 번역이다. 1887년에 '성서번역위원회'가 조직되고 이후 10여 년의 세월을 들여서 1895년부터 순차 완성하여 갔다. 이 번역과 보급은 현대어의 어법, 철자 등을 대중화한 것으로 한국어 초기 연구에 측정할 수 없는 공헌을 하였다고 김사엽은 극찬하고 있다.

한편 서양인에 의한 조선어의 과학적 연구도 진행되었다. 1900년까지 그들은 문법과 회화책, 계통과 어원 등을 연구한 논문, 단행본 약 30종을 간행하였다. 이것을 통해 조선어의 음운과 문자가 규명되고, 문법이 형성되기에 이르렀던 것이다.

다음이 일본인에 의한 한국어 연구이다. 일본은 1872년에 대마도에 '조선어학소'를 설치하고 한국어에 관한 근대적 연구를 시작하였다. 1873년에 대마도에 있던 조선어학소를 부산으로 이전하였고, 1880년에는 도쿄외국어학교에 조선어학과를 설치하여 통역관과 학자의 양성에 나섰다. 서양인은 선교를 위해 조선어를 연구하였으나, 일본인은 정치적 의도에서 조선 침략의 구실을 찾기 위한 수단으로 출발한 것이라고 김사엽은 보았다.

부산에 설치된 조선어학소가 한일합병시까지 연구한 업적으로는 논문 8편, 단행본 12책(冊)이 있다. 이때 음운을 일본음과 대비하고 메이지 시대의 일본 문법을 그대로 반영하여 조동사·조사를 독립품사로 하는 10품사 체계를 정하였다.

1910년이 되면서 일본 학자들의 연구도 진전되어 카나자와 쇼사부로(金澤庄三郞)가 『일선 고지명의 연구』(1912)를 발표하여 한일 양 언어의 관계를 역사적, 민속적으로 규명하였다. 그것과 함께 조선어학 연구에 절대적인 영향을 준 사람이 마에마 쿄사쿠(前間恭作)와 오구라 신뻬(小倉進平) 두 사람이다. 마에마는 고려와 조선 시대 초기의 언어 형태(어법)를 규명하는데 큰 성과를 올렸지만, 조선어 학계에 불후의 업적을 올린 사람은 오구라라는 평을 듣는다. 그는 1920년에 『조선어학사』를 통해 조선의 방언, 향가 및 이두의 연구, 계통론 등 다방면에 걸친 논문을 발표하여 학계의 주목을 받았다.

한편 한국인에 의한 과학적 연구는 20세기에 들어서야 싹을 트게 되었다. 1908년에 최광옥에 의한 『대한문전』, 주시경의 『국어문전음학』을 시작으로 1930년까지 20여 종의 책이 간행되었지만, 거의 전부가 문법 연구서이었다. 주시경의 문법체계는 서양식에 의하지 않고 한국어가 가지는 특질에 부합하는 체계를 세움과 동시에 품사 등의 술어도 한자식 용어를 사용하지 않고 순 한국어로 설정하고 있었다.

그러나 총독부의 한국인 학자들에 대한 박해가 가해지자 한국인에 의한 연구는 개인적, 산발적인 것에서 점차 집단적 공동 연구의 방향으로 단결해 나갔다. 1921년에 '조선어연구회'가 최두선, 이병기, 김윤경 등

11명으로 결성되어, 총독부가 제정한 철자법을 버리고 새롭게 조선어연구회가 제정한 철자법을 각 언론기관이나 문인들이 채용하도록 선언하였다. 조선어연구회는 1932년에 '조선어학회'로 개칭되었고, 일제 말기에 간부와 회원이 구금되는 등 고초를 겪었으나, 해방 후에는 '한글학회'로 개칭되어 오늘에 이르고 있다.

이런 한국 학자들에 의한 연구 업적 중에 특기할 만한 몇 개의 연구서가 있다. 1937년에 나온 최현배의 『한국문법(우리말본)』이 그중 뛰어난 것이다. 이 책은 그때까지의 한국어 문법에 관한 제설을 집대성하여 최현배의 독자적인 방법으로 체계화한 것이다. 김윤경의 『조선문학 및 어학사』(1938), 양주동의 『고가연구(古歌研究)』(1942), 홍기문의 『정음발달사』(1945) 등도 유명하다. 그중 양주동의 고가연구는 오구라(小倉進平)의 향가 연구를 대폭 수정했을 뿐만 아니라 신라어의 재구성을 음운, 문법의 면에서 시도한 역작이라고 김사엽은 평가하였다(김사엽 pp. 40~44).

• 일본어의 변천

다음으로 일본어의 형성과 변천 그리고 그 표기에 대해 알아보겠다. 카미가이토는 일본어의 선조가 일원적으로 고구려-부여계라고는 말할 수 없다고 기술하였다. 그러면서 일본어 기초 어휘 중에 상당 부분이 현재의 인도네시아, 필리핀, 남양제도에 분포하고 있는 남도어(南島語)의 계통에 속한다는 무라야마 시치로(村山七郎)의 견해를 인용하였다. 무라야마의 저서 『일본어의 탄생』에는 이 남도계 언어는 조몬 시대 중기(기원전 3000년경)에 남방으로부터 건너와 서일본에서 말해졌다고 나와 있다는 것이다(카미가이토 p.288).

반면에 일본어의 다른 한편의 선조인 가야의 언어를 살펴보기 위해 이 가야 지역의 역사에 대한 견해를 카미가이토는 상세히 기술하고 있다. 이를 요약하면, 낙동강 유역에는 고고학적으로 시베리아와 관계가 깊은 퉁그스계의 소전(燒田) 경작민이 살고 있었으나 기원전 4~5세기에 수도(水稻) 경작민으로 바뀌게 되는데, 중국 강남 지역으로부터 수전도작(水田稻作)이 전파된 결과였다. 즉 선주의 퉁구스계에 강남계의 요소 즉 인구 이동까지 포함한 많은 문화의 혼입이 있었다는 것이다.

여기에 그리스=스키타이적 요소를 추가적으로 가야 지방에 들여온 부족은 동검 등 청동기와 연관된다. 이들의 이동 경로를 보면 기원전 6~5세기경에는 중국 동북 지방에서 한반도 북반부에 걸쳐 살았다. 기원전 4세기에 들어와 중국의 전국 시대에 연의 장군 진개(秦開)가 요동반도에서 압록강 이남을 제압하자 부여-고구려계의 제 부족들은 남북으로 분단된다. 남으로 밀려난 그들의 일부가 기원전 300년 전후에는 낙동강 유역까지 도달해, 거기에 살고 있던 도작민을 정복·동화하여 후의 가야인의 조상이 되었다는 것이다.

그래서 원 가야어는 부여계의 언어를 중심으로 강남계와 일부 선주의 퉁구스계를 흡수하는 것으로 되었다고 카미가이토는 보았다.

이런 한반도 특히 가야 지방의 이러한 언어 상황이 일본에 영향을 미치게 되는 것은, 앞의 제2장 청동기 유물 설명에서 언급한 바처럼 기원전 108년에 한무제에 의해 위만조선이 패망한 것과 관련이 있다. 그 유민들이 남하하여 가야 지방에 거주하던 원 가야인을 압박하게 되고, 여기서 밀려난 원 가야어를 말하는 사람들의 일부가 기원전 100년경 북규슈로 넘어와, 거기서 남도계 언어를 말하는 사람들과 혼혈, 융합하여 왜인과 왜어 즉 원 일본어를 형성하게 되었다는 것이다.

그래서 카미가이토는, 일본어는 남도계 어휘와 알타이어계의 문법 구조를 갖는 혼성어이고, 왜인도 북과 남의 혼혈에 의해 탄생하였다고 보았다(카미가이토 p.299).

그런데 여기서 카미가이토가 '수전도작을 전한 도래인'과 '청동기·철기 문화를 가져온 도래인'이 일본어에 미친 영향을 구분해서 설명하고 있는 것을 주목하고 싶다. 그에 의하면, 기원전 4~3세기에 도래한 도작민은 기술 변화라는 점에서는 혁명적이었지만 언어나 인종이라는 측면에서는 결정적인 변혁을 일으킬 정도로 다수의 도래가 있었다고는 볼 수 없다. 또한 이들 도작민의 도래에 앞선 시기 즉 조몬 시대 만기에 메밀 등을 주요 작물로 하는 중국 화남의 소전경작이 일본 열도에 전파되어 있었다는 유력한 설이 있다. 반도로부터의 소수 도래자가 전한 수전도작을 그때까지 열도 내에서 소전경작을 하던 사람들이 받아들였다고 한다면 언어나 민족의 변동은 크게 나타나지 않았다고 보는 것이다.

다만 현재 서일본에 남아 있는 소전 유적은 대부분 중국 화남의 계통이지만, 그 경로는 화남의 대안인 대만을 통해 오키나와 경유로 규슈에 도달하였을 것으로 보고 있다. 그런데 이렇게 대만을 경유한 도래인이 일본에서 주류를 점했다면 고대 일본어 속에 그들의 어휘도 많이 남아 있을 것이지만, 대만의 고산족의 언어와 고대 일본어 사이에는 직접적인 관계가 인정되지 않는다. 그렇다면 일본어는 그보다 훨씬 전에 도래한 남도어를 보존하고 있다고 볼 수밖에 없다는 것이다.

따라서 도작이 한반도로부터 북규슈에 전해지기 직전의 상황은 반도에는 퉁구스 계통으로 생각되는 북방계의 잡곡 재배의 소전민이 살았고, 서남 일본에는 남도어족에 속하는 화남형의 잡곡 재배를 하던 사람들이 살고 있었다는 것이 된다. 이 퉁구스계와 남도어계의 상위야말로 현재 일본과 한국의 언어 문화를 차이 나게 하는 기반이 되었다고 카미가이토는 보았다.

그러다가 한반도로부터 1차로 수전도작을 전한 도래인이 넘어왔으나 일본의 언어에 미친 영향은 그리 크지 않았다. 그렇지만 2차로 청동기·철기를 전한 도래 집단의 영향은 지대하여 소위 '남도계 어휘와 알타이어계 문법 구조를 갖는 혼성어'라는 일본어의 독특한 성격을 남겼다는 것이다(카미가이토 pp.293~294).

필자는 이처럼 언어의 기원을 알아봄을 통해 지금까지 기술한 인종과 민족, 유적과 유물, 신화와 사서 측면에서의 한일 간 교류의 역사가 재확인될 수 있었다고 본다. 이제부터는 좀 더 구체적으로 두 언어를 비교해 보기로 한다. 먼저 언어 비교방법에 관한 기본 지식과 안고 있는 문제점을 소개한다.

• **언어 비교방법의 문제**

김사엽은 또 다른 역저 『기기만엽(記紀萬葉)의 조선어』(동경:명석서점, 1998)에서 언어 비교방법에 관련하여 자신의 견해를 기술하고 있는데 요약하면 다음과 같다(김사엽, 『기기만엽(記紀萬葉)의 조선어』, pp.29~30).

어떤 두 민족의 언어를 비교할 경우, 주로 인구(印歐) 즉 인도·유럽의 제 언어 사이에 행해지고 있는 비교방법으로 증명하고 있다. 이 인구의 언어는 고대에서 현대까지의 자료가 남아 있어서 두 민족의 음운을 상호 비교하는 것만으로 충분히 그 친족 관계를 알 수 있다. 그러나 이 방법은 유럽적 상황에서만 가능한 것이고 다른 지역에서도 통하는 유일무

이한 방법이 아니라는 것이 김사엽 견해의 핵심이다.

현재까지 한일 양국의 언어에 대해 이러한 방법을 사용한 얼마간의 논저가 있었다. 1879년 영국 외교관인 아스톤(W.G. Aston)의 『일본어와 조선어의 비교연구』와 1910년의 카네자와 쇼사부로(金沢庄三郎)에 의한 『일한양국어동계론』이 먼저였다. 그 이후 지금까지 다수의 연구 결과가 나왔지만 대응할 수 있는 어휘 수는 겨우 250여 어(語)밖에 되지 않았다. 한일 양국의 언어를 유사한 언어로 보았는데 대응어가 이것밖에 없다면 친족 관계라고 하기에는 충분하지 않는다. 그래서 카미가이토가 말한 바와 같이 일본어의 기원을 남방 제 지역의 언어에서 찾으려는 연구가 있었지만, 아직 결정적인 논저가 나오지 않았고 이것을 방증하는 남방 제 지역과의 교류 사실(史實)도 발견되지 않았다.

그런데 이 250여 어를 자세히 재검토하면 대부분 체언이고 용언은 매우 적었다. 그리고 일본어는 고어인데 대응하는 한국어는 전부 현대어였다는 것이다. 그래서 전후에 유럽식의 음운 비교만 가지고는 불충분하니 다른 면에서의 비교가 필요하다는 의견도 나왔지만, 구체적인 연구 방법이나 분야의 제시가 없었다. 무엇보다 한국의 고대어에 관한 연구가 선행되어야 했던 것이다.

그래도 해방 후부터 한국어학계는 이 방면의 연구가 이루어져 많은 자료나 논저가 공유되고 있다. 특히 최고의 언어 자료인 『위지동이전』 중의 동이어, 중국 고문헌 속의 조선 관련 언어 자료, 금석문 등을 통해 고대 한국어를 찾아내어 고대 일본어와 비교하는 것이 가능해진 것이다. 김사엽은 여기에서, 그런 비교하는 방법도 인구(印歐)식인 음운 즉 어휘만이 아니라 형태 즉 어법 면에서의 비교도 요청되고, 양국의 주민, 역사, 문화의 요인에 관한 연구 성과도 참고로 활용하여야 할 것이라고 기술하였다.

카미가이토도 앞의 저서 『왜인과 한인』에서 김사엽과 비슷한 주장을 하였다. 즉 현대 일본어와 현대 한국어는 문법 조직, 어순, 동사 활용, 조사 사용법 등에서 매우 닮았지만, 기초 어휘 면에서는 거의 일치하지 않는다는 것이다. 눈, 코, 입, 귀와 같은 신체어를 보면 바로 영어와 독일어가 친연관계인 것을 알 수 있으나 일본어와 한국어는 아주 달라서 공통의 조어(祖語)로부터 갈라졌다고 단순하게 말할 수 없다. 특히 수사의 경우도 하나(히토츠)부터 열(토오)까지 전혀 다르다.

그런데 이런 이야기의 반전이 되는 예를 카미가이토는 들고 있다. 『일본서기』를 보면 8세기경에 일본어와 한국어 간에 얼마나 차이가 나는지를 알 수 있게 해주는 흥미 있는 기록이 있다는 것이다. 우케모치신(保食神)의 신화에서 '머리(məri)로부터 말(mar)이, 배(pai)에서 벼(pyə)가' 처럼, 신체 각 부분에서 곡물이나 가축이 나왔다고 되어 있다. 그러나 현대 일본어로는 어떤 관계가 보이지 않지만, 한국어로는 신체의 부분 이름과 곡물 등의 이름의 어형(語形)이 매우 닮은 것을 알 수 있다. 즉 『일본서기』에 8세기에 기록된 1,200년 전의 신화가 현대 한국어로도 완전히 해석될 수 있다는 것이다.

다시 말하자면 신체어와 주요 곡물의 명칭이 발음상 각각 세트로 대응하고 있다는 것이므로, 단편적인 단어의 유사성보다 훨씬 더 본질적인 친연관계를 나타내고 있음을 알 수 있다. 이 우케모치신의 신화는 과거 일본에서 한국어의 조어(祖語)를 말하는 사람들 사이에서 전해져 왔던 것이다. 현대 한국어는 신라어에서 유래한 것이므로 고대 한국어와 상대(上代) 일본어가 얼마나 가까운 관계였는지를 알 수 있게 해준다고 그는 보았다(카미가이토 p.286).

• 한국어의 특질과 계통

지금부터는 한국어나 일본어의 특질과 계통을 정리해 보겠다. 먼저 한국어의 특질로 오구라(小倉進平)와 이숭녕이 지적한 것은 다음과 같다고 김사엽은 앞의 『고대 조선어와 일본어』에서 기술하였다. 1) 모음조화가 15세기까지는 존재했으나 후에 쇠퇴하였다. 2) 자음은 모음과 연결하는 것이 원칙이다. 겹치는 자음은 후세에 발달하였다. 3) 원래 청음(k, t, p)만 있었고, 탁음(g, d, b)은 후세에 발달하였다. 4) 어두에 탁음, 2개 이상의 자음, r·l 음이 오는 것은 피한다. 5) 말음은 주로 모음 또는 단자음 n·l으로 되고, 경우에 따라서 2개의 자음이 오는 것을 허용한다. 6) 문의 구조로는 교착어(膠着語)적 성질을 가졌고, 주어가 최초에, 객어가 다음, 술어가 최후에 오며, 한정하는 어구는 한정되는 어구보다 앞에 온다. 7) 음절은 가능한 한 자음 군(群)의 형성을 피해 조음적(調音的)인 매개모음을 사이에 넣고(먹+으+니), 모음끼리의 충돌을 피해서 그 사이에 자음을 삽입하는(소+ㅇ+아지) 경향이 있다. 8) 어근은 단모음으로 음절을 구성한다. 후세에 어근에 이중모음이 있는 것은 모음 간의 자음이 탈락하였기 때문이다(가히〉가이〉개)(김사엽 p.66).

여기서 교착어(膠着語)라는 것은 언어의 형태적 유형의 하나로서, 언어의 문법적 기능을 어근과 접사와의 결합·연속에 의해 나타내는 언어를 말한다. 그 어미 변화는 굴절어와 같이 밀접하지 않고 어근 안의 변화도 수반하지 않는다. 한국어와 일본어, 터키어, 핀란드어 등의 우랄-알타이어족이 이에 속한다고 한다.

반면에 굴절어(屈折語)는 어형과 어미의 변화로서 단어가 문장 중에 차지하는 여러 가지 관계를 나타내는 언어이다. 즉 명사와 형용사에는 성, 수, 격이 있고, 동사에는 인칭, 수, 시법이 있어 이에 따라 일정한 변화를 한다. 유럽 각국의 언어가 이에 속한다.

그러면 이런 특질을 가지고 있는 한국어는 어떤 어족에 속하는가, 즉 계통에 대하여 알아보자.

김사엽에 의하면, 한국어는 알타이어족에 속한다는 것이 현재 상식처럼 되어 있다. 그런데 알타이어 제어(諸語)들의 공통 특질 중에 한국어의 특질과 일치하는 것을 중심으로 소개하다 보니 아주 같다는 인상을 주는 위험성이 생긴다고 그는 말한다. 현 단계에서 문법, 어서(語序=語順)에 관한 원칙은 거의 일치하지만 음운 면에서는 아직 완전히 부합하다고, 즉 알타이어족과 같다고 단정하기 어렵기 때문이라는 것이다.

과거 한국어의 계통론은 서구인들의 독점 영역이었다. 19세기에 카스트렌(A.Castreén) 등이 유라시아 대륙에 걸친 우랄-알타이어족이라는 가설을 1850년에 발표하였다. 그가 강조한 특징은 모음 조화와 형태론적 교착성(aggulutination) 등이었다. 이런 이론을 배경으로 하여 한국어가 우랄-알타이어족에 속한다고 주장한 사람이 로스니(Leéon de Rossny)였다. 1930년대가 되어 람스테드(G. J. Ramstedt)의 비판으로 우랄어족과 알타이어족이 분리되었고, 그에 의해 한국어와 알타이어 제어(諸語)와의 비교 연구가 행해져서 친족 관계임이 증명되었다. 그 후 한국어 계통론에 관심을 기울인 학자가 폼페(Poppe)로서, 그는 조선어가 알타이제어와 친족 관계임은 의심의 여지가 없다고 하면서도 람스테드의 견해에는 비판적이었다.

이런 학자들은 한국어의 상대 및 중세기의 말을 잘 모른 채, 현대의 한국어만 가지고 비교한 결함이 두드러진다. 그러나 이런 근본적인 결함에도 불구하고 음운 대응면에서 중요한 성과를 남겼다고 김사엽은 보았다.

알타이어족은 터어키, 몽고, 퉁구스의 3어족과 한국어로 구분해 볼 수 있다. 람스테드에 의하면 알타이어족이 분화되기 전에 단일 언어로 말했던 지역은 흥안(興安)산맥 주변이었고, 그 단일 시대는 지금으로부터 4000년 전까지였다고 추정하였다. 그러면서 한국어는 전통적인 알타이 3어족과 완전히 대등한 위치에 두었다. 그러나 폼페는 한국어가 알타이어족에 속하는 것은 긍정하면서도, 이 3어족과 동등한 위치에 두는 것은 반대하였다. 그 근거는 한국어가 가장 먼저 알타이 공통 조어로부터 분리해 나갔다는 것이고, 그래서 다른 3어족의 언어와 소원한 관계라고 보았던 것이다.

그러나 이 두 사람의 견해만으로 한국어의 계통적 위치를 확정하는 것은 곤란하다는 것이 김사엽의 견해이다. 그것은 조선어가 일본어와도 공통의 언어재(言語財)를 가지고 있기 때문이라는 것이다. 그래서 일본어를 포함한 더 넓은 관점에서 한국어의 계통적 위치를 결정해야 한다고 보는 견해도 주목을 받고 있다고 그는 기술하였다(김사엽 p.66, p.70, p.72, p.77).

이와 연관된 내용들이 인터넷 자료(위키백과) 등에 실려 있어 함께 요약하여 소개한다.

로베이츠(M. Robbeets) 등 일부 학자들은 한국어와 일본어를 우선적으로 묶고, 몽골어족, 퉁구스어족, 튀르크어족까지 포함하여 대어족(大語族)인 '극동아시아어족'의 성립을 새로이 주창하였다. 또한 마셜 엉거(J. M. Unger)는 한국어-일본어-퉁구스어의 공통 조어를 예측하여 주목을 받기도 했다.

한편 몇몇 학자들은 한국어족을 고립어(language isolate)로 분류한다.

이들은 알타이어족과 한국어의 공통 어휘가 적거나 재구(再構)하기 어렵다는 점을 든다. 그러나 대부분의 고립어는 외부 접촉이 적은 고립된 곳에서 매우 적은 화자들이 사용하는데, 한국어는 8천만 명 가까이가 모국어로 사용하기 때문에 고립어로 분류하기 어렵다. 또한 한국어가 알타이어족과 공통 어휘가 적다는 것은 한자를 차용어로 빌려 쓴 단어들이 많아 고유어가 사라졌기 때문이며, 현재 한국어의 한 부분을 담당했던 부여어족의 기록이 더 발견되면 주장이 달라질 수 있기에 이들의 의견에 대해서는 논쟁이 존재한다.

소수 가설 중 하나로 대한민국의 언어학자 김방한은 원시 한반도어와 계통적 친연성이 있는 언어로 편의상 고시베리아어족으로 분류되어 있는 니브흐(Nivkh)어 또는 길랴크(Gilyak)어를 지목하였다.

기타로는, 한국어가 인도유럽어족에 속한다는 가설은 19세기에서 20세기 후반까지 일부 언어학자들이 주장한 것으로, 주된 논거는 인도유럽어족에 속하는 산스크리트어와 한국어가 유사하다는 것이었다. 그러나 연구가 진행됨에 따라 어순과 어휘가 일치하지 않는다는 논거로 인해 대부분 부정되었다. 이외에 일부 어휘의 일치나 문법의 유사성을 근거로 인도 남부의 드라비다어족과의 연관성을 제시하는 학설도 존재하나 일반적으로 받아들여지지 않는다.

여기까지 보면 김사엽이 기술하는 내용과 큰 차이가 없음을 알 수 있다. 다음은 일본어의 계통이다.

• 일본어의 계통

카미가이토는 이기문의 『한국어의 역사』에 나오는 내용을 인용하면서, 한반도의 고대 삼국의 언어는 거시적으로는 알타이어 계통 중의 하나의 그룹으로서 그 가운데 백제어와 신라어는 원시 한어(韓語)에서 갈라진 가까운 관계의 언어이고, 고구려어는 중국 동북부의 원시 부여어의 계통이었다고 기술하였다. 한편 가야어의 계통은 자료가 적지만 남겨진 지명으로부터 추정하면 신라보다는 오히려 고구려에 가까운 요소가 보인다는 것이다.

현재 알려진 고구려어의 어휘 중에 얼마간은 일본어에 매우 근접한 것들이 있는데, 특히 수사의 경우에는 三(미, 密), 五(이츠, 于次), 七(나나, 難隱), 十(토오, 德)가 일치한다는 것은 놀랄 만하다고 기술하고 있다. 2,500년 전쯤 분리되었다는 영어와 독일어의 경우를 보면 열가지의 수사 중 5개가 유사한 정도라는 것이다. 고구려어와 고대 일본어의 어휘가 신라계 언어보다 더 공통점이 많았다는 것은, 그 중간어인 가야어가 고구려어와 같은 그룹에 속한다는 것을 다시 입증한다고 이기문의 저서를 근거로 하여 주장하고 있다(카미가이토 pp.286~288). 즉 카미가이토는 고구려어-가야어-일본어를 연결되는 계통으로 보았다.

여기서 인터넷 자료에 실린 일본어의 계통에 관한 내용도 소개하겠다. 여러 가지 설에 대해 상당히 단정적인 결론을 내리고 있어 흥미롭다.

일본어의 계통에 관한 몇 가지 이론과 가설이 있으나 아직 구체적으로 모아진 의견은 없다. 이 중에서 알타이어족에 속한다는 설은 메이지 시대 말부터 특히 주목을 받았다. 이러한 설의 근거로는 고대 일본어의 어두에 r음(유음)이 오지 않는 점, 일종의 모음 조화가 보이는 점 등이다. 또한 근대까지 한자를 쓰던 한국어보다는 가나를 쓰던 일본어에 알타이어와의 공통 조어(祖語)가 많이 남아 있다는 것도 그런 근거의 하나로 들고 있다.

남방계의 오스트로네시아어족과는 음운 체계나 어휘가 유사하다고 지적되고 있지만, 그러한 예시가 충분치 않고 단순한 우연이나 불확정된 예가 많이 포함되어 있다.

드라비다어족과의 관련을 주장하는 설도 있지만 이를 인정하는 연구자는 적다. 어휘나 문법 등이 타밀어와 공통점을 지니고 있다는 설을 주장하는 학자도 있으나 비교언어학의 방법상의 문제로 인해 비판이 많다.

아이누어는 어순(SOV형)에 있어서는 일본어와 유사하지만 문법과 형태는 유형론적으로 일본어와는 다른 포합어에 속하며, 음운 구조도 유성, 무성의 구별 없이 폐음절이 많은 등의 차이가 있다. 기초 어휘가 유사하다는 지적도 있지만, 그 예시가 불분명하다. 일본어에서 아이누어로 간 차용어가 다수 포함된 것으로 보인다.

여기에서 포합어(抱合語)는 동사를 중심으로 앞뒤에 인칭접사(人稱接辭)나 목적을 나타내는 어사(語辭)를 결합·삽입하여 한 단어로서 한 문장과 동일한 형태를 가지는 언어를 말한다. 앞에서 설명한 교착어나 굴절어, 고립어와 함께 언어 형태론에서 본 언어의 한 분류이다.

난세이(南西) 제도(구 류큐국 영역)의 언어는 일본어와 계통을 같이하는 언어 중의 하나(류큐어)로 간주해 일본어족으로 함께 묶는 관점과 일본어의 방언 중 하나로 보는 관점이 있다.

그러면서 다음과 같은 의문을 던지는데 상당히 의미심장한 과제가 포함되어 있다고 보인다. "일본어가 일본 열도에서 계속 말해져 왔다면 왜 일본에서 더 오래 살았던 아이누의 언어와 크게 다른가, 반면에 아이누와 오키나와는 DNA의 공통성이 있는데 왜 오키나와어만 일본어와 유사성이 있는가, 일본어가 외부로부터 들어왔다면 왜 일본어와 비슷한 언어가 유라시아 대륙에 존재하지 않는가, 수수께끼이다."

• 한국어와 일본어 비교 사례

그러면 인터넷 자료(위키백과)에서 한국어와 일본어를 비교해 정리한 내용도 소개하겠다. 앞에서 언급된 것은 생략하고, 좀 더 깊이 있게 분석한 내용들이 중심이 되겠다.

지리적으로 가까운 두 언어는 언어 유형의 어법과 형태에서 여러 유사한 점을 보인다. 어휘 면에서는 같은 점이 적으나 두 언어 모두 중국의 한자에 어느 정도 기반을 두고 있으며, 문자는 서로 다르게 사용하고 있다. 일본어에서는 한자가 지금도 정서법의 일부이지만, 한반도에서 전통적으로 사용되어 온 한자는 현재 표기에는 잘 사용되지 않는다.

먼저 문법에서는 한국어와 일본어는 모두 동사가 접두사로 기능하는 교착어로, 주어-목적어-동사(SOV)의 어순을 하고 있다. 또한 두 언어 모두 주제 중심 언어로 주어가 생략되는 경우가 많다. 한편 명사의 뒤에 접사가 붙어 하나의 동사를 만들 수 있는 것도 유사하다. 그 예시로 한국어의 'ㅇㅇ하다'와 일본어의 'ㅇㅇする(스루)'가 있다.

높임말은 다른 언어와 비교할 수 없을 만큼 모두 정교하고 다층적인 체계가 양 언어 모두에 존재하는데, 각기 다른 방식으로 말과 글에서의 격식을 구분하고 있다. 반면에 일부 높임말의 유래는 서로 같다는 주장도 있다. 특히 높임말이 동사의 어미를 바꿔서 만들어지는 경우가 많다.

단어의 경우 양 언어 사이에 동계어가 의외로 적다는 것과 수사 중에 고구려어와 그에 대응하는 상고 일본어에서 4개가 유사하다는 등은 이 자료에도 나와 있으나 이미 언급되었으므로 생략하겠다. 다만 신라어에서도 숫자 3에 해당하는 수사를 일본어와 유사하게 '밀'이라 하였다고 나와 있다.

그러면 지금까지 논의된 바를 뒷받침하는 구체적인 비교 사례를 들어 보도록 하겠다. 김사엽의 역저에는 이런 사례들이 무수하다는 표현을 쓸 정도로 많고, 또 전문성이 있어야 이해할 수 있는 것들이 대부분이었다. 그중 몇 가지만 소개하겠다.

먼저 성조(聲調) 이야기이다. 고대 한국어의 성조를 알 수 있는 기록물은 전혀 없다고 볼 수 있다. 그렇기에 방계적 자료로서, 일본어와도 관련성이 깊은 경상도 방언에서 보이는 성조를 살펴보기로 한다.

이 경상도 지방은 한국의 다른 지역에 비해 모음이 조금 유별나다. 첫째, '애'와 '에'가 전혀 구별되지 않는다. 둘째, '어'와 '의'를 구별하지 않고 어로 발음한다. 셋째, '외'는 대개 '에'로 발음한다. 거기에 다가 음조(音調)는 단음절은 저조·중조·고조의 3성조, 2음절은 중고·고중·고고·저중의 4성조가 있다. 예를 들면 말(mal)은 저조로 발음하면 語를, 중조는 斗, 고조는 馬를 뜻한다는 것이다.

이처럼 경상도 지방은 음의 고저에 매우 민감하지만, 장단에 관해서는 관심이 없고 단지 저 성조에서만 조금 길게 발음하는 경향이 있다. 이와 반대로 서울을 중심으로 하는 중부 지방은 음의 장단에 따라 말의 의미가 달라지는 등 매우 민감하다. 반면에 음의 고저는 음운론적인 가치가 없고 단지 수식 상의 현상에 지나지 않는다.

그다음으로 모음이다. 자음의 향찰식 표기법과 만엽가나를 대비하여 보면 아주 많은 점에서 공통된다는 것을 알 수 있고, 8모음 체계도 서로 매우 유사하다는 것이 발견된다. 일본의 나라 시대의 모음은 현대 일본어의 a·i·u·e·o의 5모음 외에 ï·ë·ö의 3모음을 더한 8모음이었다. 이것과 신라어의 8모음을 비교하면 어느 시기에 매우 근접했었다는 것을 알 수 있게 해준다. 예를 들면 a는 양국어가 거의 동일하다는 것이 증명되고, i도 완전히 일치하는 양상을 보이는데, 이 i류를 갑류와 을류로 구분하는 것도 일치한다.

또한 고대 일본어는 대부분이 받침이 없는, 모음으로 끝나는 개음절로 되어 있는데, 한국어도 고대에는 대부분 개음절이었다. 다만 한국어는 한자음의 차용이 많아서 점차 폐음절화되고 말았다. 일본어에서의 tori(새)에 명사 형성 접미사인 kï가 더해지고, 이것이 tor-k으로, 최종적으로 tʌr-k 즉 폐음절인 '닭' 이 되었다는 것이다.

또한 명사의 경우를 보면, 중세 및 고대 한국어에서 추상명사는 5종류가 있었는데, 모두 고대 일본어와 대비된다. 예로 걷·것은 향가에는 居叱로 표기하였고, 일본어의 こと(코토)와 대응할 수 있다. kət·kəs 〉 kötö로 발전하였다는 것이다.

동명사의 경우를 보면 한국어는 ㅁ을 붙여 만드는 데 일본어는 み(미)를 붙이는 것과 대응한다. 또한 용언+이(i)로서 명사를 만드는데 일본어에서는 동사의 연용형(자음+i)이 명사를 대용하는 것과 유사합니다. 걷다(步く, 아루쿠) 〉 걷기(步き, 아루키)가 그 예이다.

한편 앞의 인터넷 자료에서 이노우에 키요시(井上淸)의 흥미로운 견해가 실려 있어 소개한다. 그는 언어에서 중요한 1인칭에 주목하였다. 일본 고어에서 1인칭은 己라는 한자를 사용하며 나(な)라고 읽었는데 일본의 1인칭 고어가 한국어의 1인칭인 '나'와 동일한 것이다. 그래서 고대 일본어의 1인칭이 동일한 곳은 중국 남부나 북부가 아닌 한국이라고 주장하였다. 기본 어휘 중 한국어에서 숫자 1을 뜻하는 '하나'와 일본어에서 최초, 처음을 뜻하는 'はな'(하나, 端)가 같은 점도 있다. 이노

우에는 일본어가 친족 관계를 가질 가능성이 있는 언어는 오직 한국어뿐이라고 말했다는 것이다.

• 만엽가나와 이두

이러한 양국의 언어의 연결 관계를 확인해 볼 수 있는 또 하나의 자료가 일본의 만엽가나이다. 미즈노 아키요시(水野明善)가 앞의 좌담회2에서 말한 바에 의하면, 일본이 고대 찬란한 문학 작품으로 자랑하고 있는 『만엽집(万葉集)』은 물론 역사서인 『고사기』나 『일본서기』 안에도 많은 가요가 수록되어 있는데, 모두 '만엽가나(万葉仮名)'로 쓰였다. 그렇지만 이런 만엽가나가 일본의 독자적인 창안이라고 할 수 없고, 문헌들을 집필하거나 적어도 문자화한 주역은 당시 일본 문화의 담당자였던 한반도 도래인들이었다는 것이다. 삼국 시대의 한반도에서 한자의 음훈을 빌려 한국어를 표현하는 이두가 발명되었고, 신라에서는 문학 창작의 표현 수단으로서 향가를 문자화하는 향찰을 만드는 노력이 있었는데 그 영향을 받았다는 견해이다(우에다 외 p.310).

쓰치하시 유타카(土橋寬, 1998년 사망)도 같은 좌담회2에서 "향찰과 만엽가나는 방법이 같았지만 그 사이에 직접적인 관계가 있었는지는 아직 연구한 사람이 없다. 다만 일본어를 한자로 표현하는 방법을 발명 또는 사용한 사람은 명백히 귀화인이다."라고 말했다(우에다 외 p.310).

여기서 쓰치다 쿄손(土田杏村)에 대한 이야기가 등장한다. 즉 미즈노는 "오구라(小倉進平)의 연구를 보면 만엽가나의 원류로서 조선 고대 문화 및 조선으로부터 온 인테리를 빼고는 생각할 수 없다. 쓰치다 쿄손(土田杏村)의 『향가와 만엽집과의 비교연구』를 재평가할 필요가 있다."

라고 말했다는 것이다(우에다 외 p.309).

　김달수도 같은 좌담회2에서, 쓰치다의 연구는 매우 뛰어났으나 학자로서는 정통이 아니어서 정당한 평가를 받지 못했다고 말했다. 그렇지만 학자들 사이의 평판은 매우 높아서, 나카시마 리이치로(中島利一郞, 1959년 사망)는 "신라 향가를 모르고 만엽집의 성립을 절대 생각할 수 없다."라고 말했고, 오오노 스스무(大野晋, 2008년 사망)도 "만엽집의 표기법과 신라 향가의 표기법은 원칙적으로 일치한다."라고 확실히 말했다고 밝혔다(우에다 외 p.311).

　그리고 쓰치다의 『상대가요(上代歌謠)』에 상당히 재미있고 유익한 내용이 많은데 일본의 학계는 이를 무시하여 사장한 상태라고 김달수는 말했다. 예를 들면 『고사기』에 시라게우타(支良宜歌)라는 것이 있는데, 대부분의 학자는 이것을 시리아게우타(尻上げ歌)로 해석한다. 그러나 이 말은 '엉덩이를 올리는 노래'가 되어 무슨 뜻인지 알 수 없게 만든다. 그것을 쓰치다는 시라기우타(新羅歌) 즉 신라의 노래라고 보았다는 것이다. 김달수도 이 설이 설득력이 있다고 보지만 아직 논증이 부족하다고 말하였다(우에다 외 p.153), 한자를 소화하는 능력이 한국 측이 매우 빨랐다는 것이다. 일본의 국문학자 사이에서 이두의 문제에 대해 진지하게 다룬 적은 없었지만 최근 주목을 받는 금후의 과제이기는 하다고 우에다도 같은 좌담회2에서 말하고 있다(우에다 외 p.155).

　한편 김달수는 같은 좌담회2에서 한국의 학자인 김석정의 『삼한, 삼국의 일본열도 분국(分國)에 대하여』를 보면, 유명한 규슈 후나야마(船山) 고분 출토의 태도(太刀)의 명문(銘文)이 당시의 한국어로서 백제의 이두라고 말하고 있다(우에다 외 p.152). 그렇지만 백제의 이두는 지금 한국에 남겨져 있지 않다. 타라니경과 같이 앞으로 발견되는 기적을 기대해 본다는 것이다.

이런 한자 표기만이 아니라 그 이전에 일본어 그 자체의 계통 가운데 한국어에 어원이 있는 것들이 많다. 『만엽집』 제1권에서만 이런 단어를 오오노(大野晋)는 40개 정도를 예로 들었다고 미즈노는 전한다(우에다 외 p.313). 『만엽집』은 총 20권으로 되어 있다. 그리고 우에다(上田正昭)는 『만엽집』에 카라쿠니라고 쓰여 있으면 모두 중국(唐國)으로 생각하고 있으나 『만엽집』의 원문에는 한국(韓國)이라고 되어 있다고 말했다(김달수 외 p.136).

지금까지 살펴본 바를 김사엽의 기술 내용을 빌려 결론을 짓고자 한다. 요약하면 다음과 같다.

이와 같은 수많은 어휘나 어법, 용례 등을 놓고 볼 때, 나라 시대 이전의 고대 일본어는 신라어를 주축으로 하는 한국어가 말해지고 있었다고 생각된다. 이때에 일본 열도 주민들은 한반도 남부의 국가들과 빈번하게 왕래하였고 군사·정치·문화적으로 교류가 이루어졌는데, 그들 간에 언어상의 장애를 문제시하는 기록이 7세기 전반까지는 사서에 나오지 않는다. 그런 점에서 이런 가설 즉 한국어가 일본의 주축 언어였음이 증명된다. 일부 기록에서 역어(譯語)라는 표현이 나오지만, 외교상의 문장을 기초하는 정도의 일이었다. 왜국과 한반도 3국과의 공통어가 권력층 사이에 사용되었다는 것이다. 그래서 7세기 후반 이전의 고유명사 가운데 그 태반이 일본식이 아닌 양국 공통어인 고대 한국어로 표기되었다. 그러나 7세기 후반부터는 통역관을 들이지 않고는 상호 의사소통이 불가능하였다는 기록이 나온다(김사엽 p.298).

한일 고대 문화를 언어 측면에서 비교하는 논의는 여기에서 마치고자 한다. 다만 일본어의 표기와 관련해서 나가하마(長浜浩明)의 저서 내용을 일부 거론하지 않을 수 없다. 그의 주장은 다음과 같아 특별히 평가할 가치도 없지만, 이런 유의 글들이 등장하고 있음도 알아야 하겠다.

"8세기 말의 '정창원(正倉院) 문서'에서 보는 바와 같이 이즈음에 가나가 발명되었다. 9세기 후반에 화가(和歌, 일본 가요)에 히라가나가 사용되었고, 이후 가나문학이 꽃을 피웠다. 한국과 북조선에서 사용되는 한글은 일본보다 700년이나 늦은 15세기에 만들어진 조선어의 표음문자였다. 그것도 지식 계급으로부터는 무학자가 사용하는 언문으로 멸시되어, 일본이 통치하는 시기까지 거의 사용되지 않았다. 그래서 자기의 문자를 갖지 않은 동아시아에서 최후진 민족은 조선 민족이다.

중국은 확실히 3500년 전 은나라 시대에 한자를 발명했지만, 읽고 쓰는 것이 가능한 사람은 일부에 지나지 않았다. 대부분의 사람들은 한자를 사용하지 못했고, 2차 대전 후 공산당이 집권한 이후에야 한자를 버리고 간체자로 전환했다. 즉 중국도 이때야 비로소 자기의 문자인 간체자를 가졌다는 점에서 중국인이 최후진 민족이라고 할 수 있다."

3. 신사와 신도

• 신사의 기원과 현황

이제부터는 일본의 정신문화 중에서도 특히 종교에 관해 이야기해 보고자 한다. 다만 여기서 종교라는 것은 우리가 일반적으로 아는 기독교,

불교, 유교 등과 같이 종교적 조직체를 가지고 범세계적으로 인정되고 있는 종교는 물론이고, 마을이나 부족들이 공통으로 믿거나 기리는 그런 신앙, 신념, 기념 및 그를 위한 행사, 표식 등까지 포함하는 개념이 되겠다.

그런 폭넓은 관점에서 가장 먼저 떠오르고, 오래됐고, 독특한 것이 일본의 신사(神社)이다. 이 신사를 일본판 위키피디아에서는 "일본 고유의 종교로서, 신도 신앙에 기초한 제사 시설이다. 토지 수호신, 국가 창조 관련 신, 황실이나 씨족의 조신(祖神), 위인이나 의사(義士) 등의 혼령이 신으로서 모셔져 있다."라고 정의하고 있다. 제사 대상이 되는 신의 수가 팔백만이라고 할 정도로 매우 다채롭다.

율령시대 법전 중의 하나인 『연희식(延喜式, 50권)』에는 신기(神祇, 天神地祇)와 관계되는 법규가 모두 10권에 걸쳐서 기록되어 있다. 그 권 9 '신명상(神名上)', 권10 '신명하'에는 이들 신기 관련 법규가 적용되는 신사 명이 열거되어 있는데, 이 2권 즉 『연희식』 신명부에 등재된 관사 3,132좌(座)를 '식내사(式內社)'라고 한다.

일본에서 이러한 신사숭배가 행해진 것은 상당히 후대의 일이고, 최초에는 자연신앙으로서 하나의 산이나 나무, 바위 등에 신이 머무른다고 생각하였다. 그래서 신사가 따로 필요하지는 않았다. 오히려 인공의 건물을 신역(神域) 내에 세우는 것은 신의 뜻에 반하는 것으로 보았다. 사(社)를 세워서 신의 노여움을 샀다는 이야기가 여러 신사에서 전해져 온다고 오카야 코지(岡谷公二)는 같은 그의 저서 『신사의 기원과 고대 조선』에서 기술하고 있다. 사전(社殿)을 포함해 형태가 있는 것을 싫어하는 것은 신사 신앙의 한 특색이라는 것이다.

예를 들면 신사에는 신상(神像)이라는 것이 존재하지 않았다. 불교의 영향을 받아서 일시 신상 조각이 행해진 것은 사실이지만 그것은 아주 예외적인 경우이다. 현재로서는 신상을 안치하고 있는 신사는 거의 없는 것에 가깝다고 오카야는 말한다(오카야 p.134).

오키나와의 동남부에 있는 세화우타키(斉場御嶽)는 류큐 왕조가 수백 년에 걸쳐서 모셔 온, 일본 본토의 이세신궁에 상당하는 성지이다. 그러나 광대한 부지 안에 있는 것은 숲과 거암(巨巖)만으로, 건물은 일절 없다. 류큐 왕국의 최고의 신녀인 키코에대군(聞得大君)의 즉위식이 국왕의 즉위식에 능가하였다고 하지만, 행사 중에 설치한 가옥도 끝나면 바로 철거된다고 한다(오카야 p.135).

한편 하타이 히로무(畑井弘)의 『모노베(物部)씨의 전승』에 의하면, 아스카(飛鳥)의 정어원(淨御原)에 수도를 정하여 황위에 오른 40대 천무천황(天武天皇)은 그 익년인 674년에 국가 수호의 두 신궁을 창설하였다. 바로 이세(伊勢)신궁과 이소가미(石上)신궁이다. 이세신궁은 야마토 왕조의 황조신(皇祖神)을 모시는 신궁이고, 이소가미신궁은 여러 모노베 씨족들의 제사권을 합하여 단야신(鍛冶神) 조상의 통합체로서 존재해 오던 시설이었다(하타이 pp.297~298). 이 이세신궁도 원래 황실의 것이 아니라 오키나와의 샤머니즘과 같은 것이었다고 오카모토 타로(岡本太郎)는 앞의 좌담회1에서 말하였다(김달수 외 p.29).

이런 신사라는 건물이 건조되기 시작한 것은 불교의 사원이 만들어진 후부터라고 우메하라는 기술하였다. 일본 최초의 불교 사원은 소가씨가 세운 법흥사 즉 아스카사(飛鳥寺)로서 완성한 것은 596년이므로, 그렇다면 신사가 건조된 것은 그 이후라고 할 것이다(우메하라 p.344).

그러니까 자연을 대상으로, 단순히 자연 숭배가 아니라 거기에 누군가를 신이라고 모시는 그런 신앙은 이전부터 쭉 있었지만, 절에 대응하는 신사라는 모습으로 건조되기 시작한 것은 사원이 등장한 그 이후라고 이해하면 되겠다. 다만 야마토의 오오미와(三輪)신사의 경우는 건물로서 祠 즉 사당이 만들어진 것은 훨씬 뒤인 에도 시대라고 시바는 말한다. 지금도 본전은 없다. 즉 산 자체가 신체(神体)이다. 산 모양이 그다지 높지 않고 만두 모양의 구릉이면서 적송의 숲으로 산의 선이 부풀어진 모양이어서, 신이 머무르는 듯한 곳이라고 하여 신사로 정한 것이다(우에다 외 pp.212~213).

문부과학성의 자료에 의하면 일본 전국에 현재 약 8만 5천 사(社)의 신사가 있고, 등록되지 않은 작은 신사를 포함하면 10만 사를 넘으며, 종교법인격을 갖지 않는 작은 사(祠) 즉 사당 등을 포함하면 일본 각지에 20만 사 정도가 있다고 한다. 김달수는 신사의 일부 기능을 갖는 장소나 시설까지 합하면 그 수는 일본 전국에 수백만이 넘을 것이라고 좌담회1에서 말하고 있다(김달수 외 p.253).

• 신사 관련 제도

신사와 관련된 제도는 시대 상황과 관련되어 변하였다. 율령국가 시대에는 국가의 신기관(神祇官) 통제 하의 식내사(式內社)와 통제 밖의 식외사(式外社)로 신사를 구분하였다.

근세에 들어서는 불교 시설로 되어 버린 신사나 다른 종교의 영향 아래 있는 신사 등도 있었다. 메이지유신이 되어 종래의 제도가 폐지되고 정부 안에 신사를 관장하는 행정기구가 설치되었다. 신과 부처의 분리가 행해졌고, 봉건적인 신사의 토지제도도 폐지·개정되었다. 신사가 '국가의 종사(宗祀)'로서 신사에 관한 모든 일들이 국가의 법 제도에 의해 규정되었던 것이다.

전후에는 미군정(GHQ)이 제정한 종교법인법에 기초해서 다른 종교 단체와 똑같이 신사도 종교법인이 되었고, 민간의 신사 단체들이 발전적으로 해체하여 포괄 종교법인인 신사본청(神社本庁)으로 되었다. 여기에 유명한 메이지신궁, 야스쿠니(靖国)신사 등 일부를 제외하고 약 8만여 사의 신사가 소속되어 있다. 죽은 천황을 기리는 곳을 신궁(神宮), 황족을 기리는 곳을 궁, 공신 등을 기리는 곳은 신사라고 하지만, 꼭 이를 따라서 신사의 명칭이 정해진 것은 아니라고 한다.

신직(神職)은 구지(宮司)와 그 밑의 네기(禰宜) 등으로 구분된다. 한편 신관(神官)은 국가의 관리로서 제사에 봉직하는 직업을 가리키는 말로, 현대 일본에는 존재하지 않는다. 다만 신직이 겸업으로 정치가나 공무원 등의 공직에 취임하는 경우는 있다고 한다.

그리고 현재는 포괄적인 법 정비로 인해 신사는 종교법인에 속하지만 본래의 모습은 종교가 아니었기 때문에, 신직은 다른 종교와 달리 종교인 즉 성직자이지 않고 제사를 담당하는 봉사자로서 포교 활동은 하지 않는다. 또한 종래에는 소규모 신사의 경우 전속의 신직이 없는 경우가 많아서 씨족 후손들이 교대로 관리하거나 외부로부터 신직을 불러서 제사를 지냈다. 현재는 비교적 규모가 큰 신사의 신직이 주변의 소규모 신사의 궁사를 겸임하는 경우가 많다고 한다. 현재 신직이 되기 위해서는 대학의 신도학과에서 전공하여 신직 자격을 취득·등록한 후 특정 신사에 일종의 취업을 하여 봉직한다.

이런 신사를 지도나 도로 표시에 나타내는 기호가 '⛩'이다. 신사의 출입구에 세워진 토리이(鳥居)를 상징한다는 것이다. 이 토리이는 신역

(神域)과 인간이 사는 속계(俗界)를 구획하는 것(結界)으로서, 일종의 문이다. 기원으로는 여러 가지 설이 있고, 한국의 홍살문도 그 기원 중의 하나이다. '새가 머무는 곳'이라는 의미로는 솟대와 비슷하다.

• 한반도 유사 유적과의 관계

일본의 오래된 신사나 신궁은 도래인과 밀접한 관계를 가지고 있다. 이것과 유사한 것이 한국에서도 있었고, 신궁의 처음은 오히려 신라라고 할 수 있다고 김달수는 앞의 좌담회2에서 말했다. 신라의 시조묘를 만든 것은 신라의 제2대 남해왕 때인 서기 6년인데, 이것은 제1대 왕인 혁거세를 모시는 것으로, 22대 지증왕 때인 508년에 한자로 신궁(神宮)이라고 표기되었다는 것에 근거한 발언이다. 일본의 이세신궁이 만들어진 것보다 앞이고, 신궁이 만들어지자 국왕의 여동생인 아노(阿老)가 무녀로서 신궁에 들어간 것도 일본과 같다고 한다. 우에다도 신궁이라는 표현 자체가 조선 쪽이 빨랐다고 말했다(우에다 외 p.211).

그러나 한국의 경우에는 불교의 힘이 세짐에 따라 이런 신궁이나 신사가 거의 없어지고 말았다. 일본처럼 혼재하고 공존하는 것이 불가능했다는 것이다. 오카야에 의하면 한국은 지역에 따라 산신당, 국사당, 서낭당, 성황당, 골메기당, 당산, 본향당 등으로 불렀다고 기술하였다. 당(堂)에는 신수(神樹)만으로 된 것, 신수 밑에 돌로 된 제단이 있는 것, 신수 옆에 당사가 세워져 있는 것 등이 있으나 신수가 신앙의 중심이었다. 그는 그 연원을 단군 신화의 신단수에서 찾고 있다. 이런 당은 옛날에는 마을마다 반드시 하나씩은 있었으나 조선 시대 오백 년의 유교체제, 박정희 대통령의 농촌 근대화, 기독교의 전파 등에 의해 미신으로 간주되어 점차 없어졌다는 것이다. 그리고 당제의 형식이 거의 유교화되었기 때문에, 유교 이전의 모습은 거의 알 수가 없다고 기술하였다.

다만 제주도에는 옛 모습이 남아 있는데, 대부분이 건물은 없는 숲만의 성지이고, 여성이 제사의 중심으로 되어 있다고 한다. 2008년의 조사로 약 400개소의 당에 대한 데이터가 수합(收合)될 수 있었다는 것이다(오카야 p.203, p.205).

한편 오카야는 신사와 신궁도 신라로부터 들어온 것이라는 김달수의 주장에 대하여 신사를 일본 고유의 것으로 믿어 온 많은 일본인들은 놀라고 강하게 반발하며 이화감(異化感)을 느낄 것이라고 염려하였다. 김달수가 한국인이므로 그렇게 아전인수로 말한다고도 생각할 것이다. 그렇지만 그는 이 말이 많은 진실을 포함하고 있다고 생각한다고 밝혔다. 일본인에게 친근한 신인 이나리신(稻荷神), 야하타신(八幡神)이 도래계인 하타(秦)씨가 모셨던 신이었다는 것은 이미 많은 사람들에 의하여 논해졌고, 이것만으로도 신사와 고대 한국이 무관계라고는 말할 수 없다는 것이 그의 저서에서의 주장이다(오카야 p.234).

• 도래인 신사

그러면 여기서부터는 한반도로부터의 도래인과 관련된 신사에 관하여 살펴보겠다.

일본에서는 고대의 어느 시기부터 신라를 번국으로 보면서 신라와 관련된 이름의 한자를 白木, 白城, 白井, 白國, 白鬚 등으로 바꿨다. 물론 발음은 같거나 비슷하다. 그러나 지금도 신라신사라고 이름을 붙이는 신사가 전국에 많아서 데와 히로아키(出羽弘明)의 『신라의 신들과 고대 일본-신라신사가 말하는 세계』라는 책이 나올 정도라고 오카야는 기술하였다. 고려신사나 백제신사라는 이름은 가끔 보이지만 수는 적다. 그래서 신라는 일본의 신사 신앙에 큰 영향을 주었다고 말할 수 있다는 것이다(오카야 p.41).

현재 일본의 신사 중에 도래인과 관련된 신사의 수를 바로 알 수는 없으나, 이를 어림할 수 있는 내용이 시바의 좌담회2 발언 중에 나온다. 즉 신라계 도래신인 스사노오(素戔嗚)를 제신으로 모시는 신사가 전국에 8천여 개나 된다는 것이다(우에다 외 p.245). 이즈모 왕국의 패망을 아쉬워한다지만 스사노오를 기리는 신사가 이 정도로 많다는 것은 상상을 초월하는 이야기이다.

한편 일본에서 가장 수가 많은 신사가 야하타(八幡)신사와 이나리(稲荷)신사이다. 유카와 히데키(湯川秀樹)도 앞의 좌담회2에서 전국 신사 중에 야하타(八幡)가 가장 많다고 말했다. 이 야하타신의 원형은 바다로부터 온 농경신이고, 일본의 고어에서 와타는 한국어에서 '바다'를 연상시킨다. 도래씨족인 진(秦)씨를 하타로 부르는 것과 관련이 있다(우에다 외 p.255).

앞에서도 나온 야마토의 오오미와(三輪)신사는 신사의 전형 중의 하나로 인정될 만큼 조정에서 이세신궁과 함께 숭경(崇敬)을 받아왔다. 신화 전승에 의하면 여기에도 한반도의 그림자가 드리워져 있다고 전해진다. 오오미와산 기슭이나 주변의 고분 등의 유적에서 신라계 유물이 많이 출토되었기 때문이라고 오카야는 기술하였다. 이렇게 신라·가야계의 이즈모(出雲) 세력이 오오미와 지방으로 진출한 이유를 그는 철 때문이라고 보았다. 그러면서 카와카미 쿠니히코(河上邦彦)가 『오오미와산과 쟈마다이국』에서 고대 왕국이 이 산기슭에서 생겨난 이유로 여기서 철이 채취되었기 때문이라고 쓰고 있는 것을 근거로 들었다(오카야 p.144, p.163).

지역별로 보면, 야마토(大和)와 비와호(琵琶湖) 주변에 한반도 도래의 신을 모시는 신사가 들어섰고, 이 지역에 근거를 둔 겐(源)씨가 천하를 지배하게 된 이후 이 조선신이 겐씨의 신사에 모셔졌다고 시바는 앞의 좌담회2에서 말하였다(우에다 외 p.218). 그리고 이 비와호 주변인 오우미(近江) 지방에 신사가 142사 있는데, 그중 약 2할이 도래계이고, 또 그 가운데서 8할이 신라계라고 오카야는 기술하고 있다. 오래된 것은 대부분 도래계 신사라는 것이다. 그리고 예외 없이 그 신사의 사역(社域)에 1기 이상의 고분이 있는데, 소위 성역이라 해서 발굴하지 못한 곳이 대부분이지만 발굴되면 여러 가지 것들이 판명될 것이라고 기술하였다.

이런 오래됨이 신사 신앙의 성립에 한반도 특히 신라·가야가 많은 역할을 하였다는 것을 암시한다고 볼 수 있다. 야요이 시대로부터 고분 시대에 걸쳐서 소위 선진 지역에서 많은 문화 기술을 가지고 와 현지인에게 가르쳐 준 사람들이 제사만 현지의 것을 모방하였다고는 생각할 수 없기 때문이라는 것이다(오카야 p.40).

또한 오우미 타카시마정(高島町)의 남단에 유명한 시라히게(白鬚)신사가 있는데, 여기가 본사이고 이름이 같은 일종의 말사가 전국에 4백사 정도 있다고 한다. 290년에 세워진 비파호 주변 최고 오래된 신사로 알려졌으나, 이 신사의 뒷산이 고분이고 많은 전승이 내려오고 있어서 더 오래된 신사일 것으로 오카야는 보았다. 시라(シラ)는 신라의 최초의

국호인 시로(斯盧)이고 시로이(白)이다. 아무튼 이 오우미의 시라히게 신사의 주변은 고대의 호족 미오(三尾, 水尾라고도 씀)씨의 지반이고, 미오씨는 이 신사의 봉사여서 신라계의 씨족으로 생각된다고 오카야는 기술하고 있다(오카야 pp.10~13).

비와호의 북쪽으로 작은 요고호(余吳湖)가 있는데, 여기에 신라의 왕자 천일창을 모시는 신라기(新羅崎)신사가 있다. 이 호수가 한반도의 나무꾼과 선녀 이야기와 같은 일본 3대 우의(羽衣) 전설지 중의 하나이다. 여기서 우의는 새의 깃털로 만든 옷으로 신선이나 선녀가 입었다고 하는 것이다. 이 지역을 개척한 사람들이 신공황후(神功皇后)를 배출한 신라계 오키나가(息長)씨로서 미호(三穗)신사를 봉사(奉祀)했다고 한다.

비파호의 동쪽으로 히나데(日撫)신사와 야마쓰테루(山津照)신사가 있다. 히나데신사는 신공황후가 삼한 정벌을 마치고 개선한 후에 부친을 모시기 위해 세웠다고 한다. 야마쓰테루신사의 근처에는 신공황후의 아버지의 묘라고 전해지는 횡혈식 석실을 갖는 전방후원분의 고분이 있다. 여기에서 명백히 한국의 것인 금동제의 관모가 발굴되었다는 것이다. 이런 관모는 동해 일본 연안에 분포하는 고분에서 출토되는 예가 많다(오카야 pp.20~21, p.30).

후쿠이현(福井県) 쓰루가(敦賀)는 이 오키나가(息長)씨의 원래의 근거지이다. 이곳을 통해 한반도와 왕래를 계속하였고, 그들의 조상이라고 하는 천일창을 신사에 모셨다. 이 쓰루가반도의 북서 끝에 시라기신사(白城神社)와 시라키촌(白木村)이 있다. 백목도 백성도 모두 신라를 의미하며 한자만 다르게 표기한 것이다. 이 백목촌에서는 국호를 계림으로 보고 계 즉 닭을 신성시하는 신라의 풍습을 따라서 닭을 사육하지 않고 계란도 먹지 않는 풍습이 있었다고 오카야는 전했다(오카야 p.81, p.85).

• 이즈모대사와 진혼제

한편 일본의 신사를 말할 때 한 가지 특별한 신사의 기능을 알아둘 필요가 있다고 생각한다. 즉 신사가 수행하는 주요 기능 즉 의식의 하나가 원령(怨靈)을 달래는 진혼제(鎭魂祭)라는 것이다. 그 대표적이고도 또 시초적인 장소가 이즈모대사라고 생각한다. 이에 관한 우메하라의 이야기를 요약해 보았다(우메하라 pp.340~344).

후지와라 후히토(藤原不比等)가 도성인 헤이죠경(平城京)을 완성한 다음 장인들을 이즈모로 파견하여 장대한 이즈모대사(出雲大社)를 건조하게 했다. 이 이즈모대사에서는 앞에서도 언급된 바와 같이 음력 10월에 일본 전국의 신들이 모이는 신재제(神在祭)가 개최되어, 국가를 양도한 비운의 오오쿠니누시를 기린다.

이런 이즈모대사를 만들게 한 신도는 미소기(禊)·하라이(祓い)의 신도였다고 말해진다. 즉 아무리 악행을 했더라도 죄 사함을 받는 행사를 통해 다시 태어난다는 것이다. 불계(祓禊) 즉 부정을 씻어내는 행사를 연 2회의 '대불(大祓)'로 거행해서 조정에서 일하는 문무백관들을 안심시켰다.

일본은 고대부터 정치와 제사가 있었고 그 제사의 제일 목적은 무엇보다 전대 왕조에 대한 진혼(鎭魂)이었다. 야마토 왕조에서 전대 왕조의 진혼이라는 신사(神事)의 주역은 모노베(物部)씨와 인베(忌部)씨였다.

이들을 몰아내고 그 주역을 나카토미(中臣)씨와 후지와라(藤原)씨가 독점하게 한 것이 고사기 신화 창조의 목적이었고, 그 상징이 놀라울 정도로 거대한 건물인 이즈모대사(出雲大社)였다.

이즈모대사 경내에 직경 1.3m의 스기나무 3본을 묶어서 직경 3m의 하나의 기둥으로 만들고, 이런 기둥이 9본 서 있었던 터가 발견되었다. 여기에 일본에서 가장 높은 높이 48m의 이즈모대사의 본전이 있었다는 것이다. 기기에는 일본의 지배권을 양도한 오오쿠니누시 즉 대국주(大國主)의 궁전으로서 건조된 것이 이즈모대사라는 기록이 있다.

우에다(上田正昭)도 신사에서 행하는 진혼제가, 승리자가 자신의 악행을 씻어내고 정치의 희생양이 된 사람들의 원령(怨靈)을 달래는 행사라고 말하고 있다. 업을 이루지 못하고 죽은 사람들은 부정을 탄다, 나쁜 일이 일어나는 빌미가 된다는 것을 믿고, 이런 귀신들을 민중들이 모여서 달래는 집회, 행사가 신화 나아가 신사의 행사로서 전화되었다는 것이다. 이노우에 미츠사다(井上光貞)도 같은 좌담회2에서 모든 제(祭)에는 이런 진혼의 요소가 있다고도 말하고 있다(우에다 외 p.365, p.375, p.377).

여기에서 필자는 이와 연관하여 한 가지 생각나는 것이 있다. 바로 야스쿠니신사(靖国神社)의 경우도 그런 진혼의 의미가 조금은 담겼다고 봐야 하는가이다. 2차 세계대전의 전범까지 입사된 그곳을 일본 정치인들이 집단으로 참배하는 것을 한국인의 입장으로는 그동안 도저히 이해할 수 없었다. 그런데 충렬을 높이 드러낸다는 현충(顯忠), 죽은 사람을 그리며 생각한다는 추모(追慕), 어떤 뜻깊은 일이나 훌륭한 인물 등을 오래도록 잊지 아니하고 마음에 간직한다는 기념(記念)과는 조금 다르다는 진혼이다. 어떻든 참혹하게 죽었으니 그 원령들의 해꼬지를 막기 위해서라도 그들을 달래는 의식을 한다는 것인데, 외국인이 하라, 하지 마라 할 수 있느냐는 것이 일본 측의 주장이다. 일견 일본의 특수한 전통이라고 볼 수는 있겠으나, 인류 보편적인 기준으로 볼 때 얼마나 공감을 얻을 수 있을지는 의문이다. 더구나 그런 신사의 신도(神道)로 인해 지대한 피해를 받았던 나라가 바로 한국이다.

• 신도

그럼 마지막으로 신사라는 물질적인 개념과는 또 다른 정신적인, 추상적인 개념인 신도에 대하여 살펴보겠다.

일본 인터넷 자료(위키피디아) 등에 의하면, 신도는 일본의 종교라고 잘라 말하고 있다. 교전(教典)이나 구체적인 가르침의 말씀도 없고 개조(開祖)도 없다. 신화나 8백만의 신, 자연 현상 등에 기초를 둔 애니미즘적이고 조상 숭배적인 민족 종교라는 것이다. 자연과 신과를 일체로 인식하여, 신과 인간을 묶는 구체적인 방법이 제사이고, 그 제사를 행하는 장소가 신사로서 성역화된다.

이런 신도는 황실신도, 신사신도, 민속신도, 교파신도, 고신도, 국가신도로 나누어진다. 황실신도는 일종의 궁중 제사로서 오곡 풍년과 국가·국민의 안녕을 비는 신상제(新嘗祭) 등이 거행된다. 신사신도는 일반 신사에서의 제사나 의례를 중심으로 하는 신앙 형태이다. 민속신도는 민간에서 행해지고 각종 유사 종교의 사상이나 의례 등과도 결합되기도 하는 신앙 행사를 말한다. 교파신도는 교조나 개조 등 종교적 색채가 농후한 신도로 13개의 분파가 있다. 고(古)신도는 유교나 불교의 영향을 받기 전의 신도로서 원시신도라고도 한다. 국가신도는 메이지유신 이후

2차 대전 패전까지의 국가가 관여하는 신도를 가리키는 명칭으로서, 사실상 국가 종교가 되어 있었다는 것이다.

여기서 시바 료타로는, 나쁜 것은 히라타 아츠타네(平田篤胤)가 창시한 평전신도(平田神道)라고 말하고 있다. 에도 시기에 만들어진 새롭고 강력한 국수적인 광신(fanaticism)으로서 막말에 크게 유행하였고 메이지유신 때에 신기원(神祇院)의 신도로 격상되었다. 한국인이 피해를 받은 것은 이 신기원의 신도로서 일본인도 피해를 받았다고 말할 수 있다는 것이다.

그렇지만 이것은 예로부터의 신도가 아니라고 그는 강조한다. 막말(幕末)의 지사 중에는 여러 종류가 있었는데, 국학자 계통의 지사는 큰 번의 번사 중에는 적고 부유한 상인(町人) 계급이나 마을 촌장(庄屋) 계급 등이 당시 유행 사상인 평전국학(平田國學)에 들어갔다고 한다. 즉 당시의 부르주아적인 지식층의 형이상학이라고 할 수 있다는 것이다. 이런 평전신도파의 행동가가 교토에 왔으나 특별히 할 일은 없어서 난폭한 일을 반복했다. 그러다가 메이지유신 후에 이런 지사들도 나름대로 시세를 움직이는 에너지였다고 받아들여져서, 뭔가 직을 주어야 하는 쪽으로 검토되었다.

그러나 이들을 대장성이나 병무성에 넣을 형편은 되지 못했고 그런 인재도 없어서 신기원에 넣었다는 것이다. 이런 사람들이 들어갔으나 일을 하고 싶어도 할 일이 없었다. 그래서 생각해낸 것이 배불기석(排佛棄釋)이다. "불교는 외래의 것인데 이것이 신사를 혼탁하게 하면 안 되니 분리하고, 승려도 환속해라. 환속이 어려우면 신사에서 일해라."라고 주장하면서, 권력을 가지고 대단한 소란을 피웠다. 그 후 일본제국의 국교적인 것이 되어 한국에 큰 피해를 가져온 것이 바로 이 신기원신도이다.

원래의 신도와는 크게 달랐다고 시바는 앞의 좌담회2에서 말하고 있다 (우에다 외 p.248, p.251).

우에다는 약간 다르게 말한다. 그는 평전국학 자체가 좌절했다고 보면서, 히라타의 학문은 재평가돼야 한다고 말하고 있다. 즉 히라타는 그리스도교 영향을 받아 다신교적인 신도로는 안 된다는 것이고, 『고사기』나 『일본서기』를 그다지 중시하지도 않았다는 것이다. 그는 정치 차원보다는 오히려 종교 차원에서 신도를 높이려고 의도했기에 신비적인 해석이 나오곤 했다. 그런데 메이지 신기원에 이르러 신도가 종교가 아닌 국민도덕의 케른(cairn) 즉 이정표라는 것이 되고 말았던 것이다. 그러므로 평전파의 노선이 계속되었다면 그런 결과까지는 되지 않았다고 생각한다는 것이다. 그래서 우에다는 평전파도 일종의 국가신도의 희생양이 되었다고 보았다(우에다 외 p.252).

종교로 그쳤으면 좋았을 것을 도덕으로, 위로부터 강요하는 것이 되어버렸다는 것이다. 그런데 한국인으로서 필자는 이것도 또 하나의 변명으로, 책임을 어느 한쪽으로 몰아 면책하려는, 별로 썩 좋게 보이지 않는 의도라고 생각한다. 일본은 전통이라고 하면서 고래의 무수한 신사를 존치하고 있으나, 그 기저에 깔린 비문명적이고 사실(史實)을 주관적으로 왜곡할 수 있는 요소들이 너무 많다. 그렇기에 언제 어느 세력에 의해서 또다시 악용될 가능성이 충분히 있다고 본다. 과연 일본은 한번의 통절한 경험만으로 한국을 비롯한 주변국들의 우려를 완전히 불식했다고 장담할 수 있을까.

4. 불교와 유교

• 일본의 불교

지금부터는 일본의 불교와 유교 즉 신앙이라는 정신문화 부분에 대해서 살펴보겠다. 먼저 불교이다.

일본 불교는 5세기에 인도의 계빈국(罽賓国)에서 들어왔다는 설과 서력 538년(『일본서기』에는 552년)에 백제로부터 들어왔다는 설이 있다. 종파에 따라 전래 시기나 전래 받은 지역이 다르다고 하지만, 백제 전파를 정설로 보고 있다.

이렇게 불교가 들어오는 과정에 신도(神道)와의 다툼이 심하게 벌어졌다. 최후의 고대 호족을 대표하는 모노베씨와 신흥 세력인 소가씨 사이에 전쟁이 벌어졌고, 마침내 소가씨가 이겼다. 소가씨에게는 새로운 신이 필요해서 불교로 간 것이다. 그래서 일본의 전방후원분의 어능은 쇼토쿠태자의 아버지인 용명제 때에 폐지되었다. 이것은 고분 시대의 가치관에 대한 부정으로서, 쇼토쿠태자와 소가씨가 결탁하여 고분 시대의 끝을 맺었던 것이다. 고분이 낡은 정치적 상징물이었다면 절이 새로운 상징물이 된 셈이다.

그러나 그것을 쳐부순 것이 대화개신(大化改新)이다. 이것에 의해 신도가 다시 이겼다. 그 승리의 산물이 『고사기』와 『일본서기』라고 우메하라는 보았다. 그렇지만 다시 불교가 일어나 완전히 승리하게 된다. 천평 시대에 후지와라 4경(卿)이 모두 질병으로 죽고 말자, 천지의 신들에게 기도를 대대적으로 드렸지만 모두 효험이 없었다고 한다. 그래서 신들로는 안 되겠다는 선언의 조(詔)가 나온다. 후지와라 후히토(藤原不比

等)가 신도 측의 이데올로기를 따랐으나 자식들이 전부 질병으로 죽자 부처님을 숭배하지 않을 수 없게 된 것이라고 우메하라는 앞의 좌담회1 에서 말하였다(우에다 외 pp.278~279).

이렇게 일본에 들어온 불교는 시대 상황에 따라 여러 번 변천과 분파를 거듭한다. 기초적인 지식을 일본 인터넷 자료(위키피디아) 등에서 검색하여 요약 인용하겠다.

2013년 통계로 일본의 불교도는 약 8,470만 명이다. 막말까지는 부처와 신이 일체 불가분한 신불습합(神仏習合)의 시대였지만, 현대에서는 불교와 신도는 구별되고 있다. 한역(漢譯) 경전을 사용하는 대승불교 계통으로서, 다시 13종(宗)의 종파로 세분된다.

아스카(飛鳥) 시대에는 백제로부터 불교의 전래가 되었을 때 큰 소동이 났다고 한다. 29대 흠명천황(欽明天皇)이 불교를 인정할 것인가의 여부를 신하들에게 물었을 때 모노베(物部)와 신도 세력은 반대하고, 소가노이나메(蘇我稲目)는 외국에서도 믿는데 왜 일본에서는 안 되는가 하면서 불교에의 귀의를 말해서 천황이 그에게 불상과 경전을 주었다. 이나메는 사저에 불상을 놓고 절로 삼았다. 그 후 질병이 유행하자 신도 세력은 외국에서 온 신을 숭배해서 국진신(国津神)의 노여움을 샀다고 하여 절을 불태우고 불상을 강에 버렸다. 그 후에도 불교의 가부를 둘러싼 싸움은 자식들의 대에까지 이어져, 31대 용명천황(用明天皇)의 후계자를 놓고 벌어진 싸움에서 모노베씨가 멸망할 때까지 계속되었다. 이 싸움에 쇼토쿠(聖德)태자는 사천왕(四天王)에 승리를 빌어서 이겼다고 하여 현재의 오사카시에 위치했던 셋츠국(摂津国)에 사천왕사를 건립하였다. 소가노우마코(蘇我馬子)도 승리 후에 법흥사(法興寺, 별명 아스카사 즉 飛鳥寺, 나라로 옮겨서부터는 元興寺)를 건립하였다. 이때 백제로부터 불교와 사원 건축을 위해 기와 등과 같은 건축 기술이 전해졌다고 말해진다. 쇼토쿠태자는 법화경(法華経), 유마경(維摩経), 승만경(勝鬘経)의 3경의 해설서를 쓰고, '십칠조헌법(十七条憲法)'의 제2조에 불·법·승의 3보(寶)를 깊이 존경하도록 포함시키는 등 불교의 도입에 적극적인 역할을 하였다. 그 후 불교는 국가 진호(鎭護)의 도구가 되어 황실 스스로 절을 건립하기에 이른다.

나라 시대에는 율령법 속에 승니(僧尼)의 통제 제도가 도입되었다. 나아가 진호 국가의 발상 아래 승강(僧綱)과 도첩제도(度牒制度)가 도입되어 관료 조직의 일원으로 되는 일도 있었다. 이때 남도육종(南都六宗)이라 불리는 삼륜종(三論宗), 성실종(成実宗), 법상종(法相宗), 구사종(俱舍宗), 율종(律宗), 화엄종(華厳宗) 등이 대세를 이루었다.

헤이안 시대에는 사원 집단들이 정치에 참견하는 일이 많아졌다. 50대 환무천황(桓武天皇, 간무덴노)은 이들의 영향력을 약화시키기 위하여 헤이안경(平安京)으로 천도하고 공해(空海)와 최징(最澄)을 견당사와 함께 중국에 보내 밀교(密教)를 배우게 했다. 이들은 비예산(比叡山)과 고야산(高野山)에 절을 세우고 밀교를 확산시켰다.

헤이안 시대 말기가 되자 사회 불안이 증대하고, 광대한 땅에다 유복한 대사원들을 도적들이 노리는 위험성이 높아졌다. 그래서 자력구제로서 승려와 신도가 무장하여 승병을 만들었다. 이 승병이 점차 세력을 확대하여 무장 집단화되었고, 대립하는 종파나 사원에 대한 공격이나 조정에 대한 강소(強訴) 등의 무력 행사를 하는 세력으로서 사회 불안 요소의 하나가 되었다. 또한 석벽 등으로 요새화하는 사원도 등장하였다고 전해진다.

카마쿠라(鎌倉) 시대에는 앞 시대 말기의 동란으로 불교에도 변혁을 가져왔다. 그때까지는 진호 국가를 표방하여 국가나 귀족을 위한 의식 등이 중심을 이루었지만, 점차 민중의 구제를 위한 것으로 바뀌었다. 즉 불교의 민중화가 시도되어 새로운 종파를 만든 것이다. 이 종파들은 이때까지의 종파와는 달리, 어려운 이론이나 엄격한 수행이 아닌, 집에 있는 신자가 생활하면서 실천할 수 있는 이해하기 쉬운 가르침 위조였다. 특히 확산된 것은 염불사상으로서, 나무아미타불을 연속해서 외치기만 하여도 구원받을 수 있다는 법연(法然)의 정토종(浄土宗), 자기가 악인이라고 자각하는 사람이야말로 아미타불의 구제 대상이라는 가르침을 설파한 친란(親鸞)의 정토진종(浄土真宗, 一向宗), 춤을 추면서 염불을 외치는 시종(時宗)이 있었다. 이런 염불사상이 너무 확대되는 것을 경계한 일련(日蓮)은 '남무묘법연화경(南無妙法蓮華経)'을 외치는 것으로 구원받는다는 일련종(日蓮宗)을 창설하였다.

이 가마쿠라 시대에는 무사가 귀족으로부터 권력을 빼앗아 힘을 쌓아가는 시대였다. 그런 분위기에서 임제종(臨済宗)과 조동종(曹洞宗)이라고 하는 두 갈래의 선종(禅宗)이 중국으로부터 연이어 들어왔다. 무사들이 선호하면서 가마쿠라 등에 많은 선종의 사원이 만들어져 크게 번성하였다. 또한 종래의 불교의 실태를 비판하는 움직임이 일어나, 사회사업 등을 하면서 민중을 구제하는 일을 중시하고 독자적인 수계의식을 개시하는 등 새로운 종파라기보다는 혁신적인 동향도 있었다.

• 한반도 불교와의 관계

불교가 538년에 일본에 전해질 때, 백제의 왕은 성명왕 즉 성왕이었다. 백제와 고구려의 대립이 거세게 되어 웅진으로부터 부여로 천도한 때였다. 고구려는 372년 소수림왕 때, 백제는 384년 침류왕 때, 신라는

527년에 불교를 받아들였다고 알려져 있다.

우메하라는 일본에 들어온 불교는 2회 필터를 거친 것이라고 기술하였다. 1회는 중국에서, 1회는 한반도에서이다. 그 당시의 조선 불교는 일본 불교의 '무서운 부처' 같은 것이 아니었다. 그러므로 일본에 들어온 뒤에 부동명왕 같은 것으로 발전했다고 우메하라는 보았다. 일본에서 사원을 뜻하는 테라(寺)의 어원은 한국어로 추정된다. del로서 한국어의 절과 발음이 비슷하기 때문이다. 일본어가 되면서 모음 조화로 la가 되어 데라가 되었다는 것이다(우메하라 pp.271~272).

한편 오카야에 의하면, 이즈모(出雲)는 야마토(大和)를 매개하지 않고 신라로부터 직접 신라 불교가 전해졌다고 한다. 이 불교는 북규슈로부터 세토내해를 지나 야마토에 전해진 백제의 불교와는 다른 계통으로서, 이즈모로부터 호쿠리쿠(北陸), 신슈(信州), 무사시(武蔵)로 이 신라 불교가 전파되었다는 것이다. 이 코스는 방분(方墳)의 전파코스와 일치하고, 그 지역의 사찰에 안치된 불상이나 탑, 기와 등이 신라의 양식이라고 오카야는 기술하고 있다(오카야 p.141).

이러한 한반도의 불교와 고대 일본과는 빈번한 교류가 있었다. 타미가와 테츠조(谷川徹三, 1989년 사망)가 앞의 좌담회1에서 말한 바에 의하면, 쇼토쿠태자의 스승이었던 혜자(惠慈)법사는 일단 일본에 도래하여 10년을 살다가 다시 고구려로 돌아갔다. 이것은 매우 자유롭게 왕래하였다는 하나의 증거라고 타미가와는 말한다. 돌아간 수년 후 태자가 젊은 나이에 죽었다는 것을 안타깝게 생각해 혜자법사가 평양에서 공양을 드렸다고 한다(김달수 외 p.279).

또 미즈노(水野明善)에 의하면, 『일본서기』에 602년 백제의 승 관륵(觀勒)이 역서와 천문, 지리, 음양도의 서적을 가지고 왔고, 같은 해에 고구려의 승 융려(隆麗)가, 그 전에는 담징(曇徵)이 왔다고 기록되어 있다. 승려는 물론이고 의사나 약제사, 학자가 왔다가 수년 체재한 후에 돌아가는 등 수많은 교류가 있었다는 것이다(김달수 외 p.280).

• 일본의 유교와 국학

신도와 불교에 이어서 일본의 유교에 관해서 살펴보도록 하겠다. 일단 일본 인터넷 자료(위키피디아) 등에 게재된 일본 유교의 개요를 요약하면 다음과 같다.

일본에 유교가 전해진 것은 불교보다 빠른 26대 계체천황(繼体天皇) 때인 513년에 백제로부터 오경박사가 도일한 이후라고 하지만, 그 이전도 왕인이 『논어』를 가지고 도래하였다는 전승이 『고사기』에 있는 것으로 보아 대개 5세기경에 전래되었다고 말해진다. 즉 왕인의 전승 기록을 인정하고 있다. 그런데 유교의 사상은 다신교를 봉사(奉祀)하는 신도(神道)와 융화되기 쉽다고 생각하였고, 유교보다 이전(4세기경)에 들어온 도교나 유교와 동시기에 들어온 음양오행 사상과 겹칠 소지가 있었다고 한다.

헤이안(平安) 시대에 들어 40대 천무천황(天武天皇)이 발포한 율령제에 유교의 영향이 반영되었으며, 주로 관리의 양성에 응용되었다. 그러나 일본에서는 과거제도가 받아들여지지 않아서 유교 본래의 가치가 정착하지 못하고 실학적(實學的)인 문장도(文章道)와, 도경색(道経色)이 강한 음양도로 변했다는 평가를 받는다. 그러던 중에 신도와 불교의 습합(習合)으로 불교가 융성하게 되면서, 도교에 대한 비판 등으로 일본의 유교는 쇠퇴하였다. 다만 귀족 사회에서는 유교가 완전히 소멸한 것은 아니었고, 『논어』는 교양서로서 널리 읽혀졌다고 한다.

그 후 일본에서 송학(宋学)이라고 부르는 주자학이 주희가 죽은 지 10년 정도 되는 1199년에 일본에 들어왔다. 일본 승려 슌죠(俊芿)가 유교 전적 250권을 남송에서 가지고 오면서 시작되었고, 다른 승려들과 몽고의 침공을 피해 온 남송의 승려나 지식인들에 의해 주자학이 확산되었다. 14세기에 들어 천태종 승려 겐에(玄惠)가 주자학을 통해 천황의 측근으로 활약하였다고 전해진다. 그 이후에도 선종 사원이나 지방 번의 학교에서 유학의 강의가 계속되었다.

에도 시대에 들어서는 그때까지 불교 승려들에 의한 유교가 독립하여 하나의 학문으로 형성되는 움직임이 있었고, 특히 조선인 강항(姜沆)의 영향을 받은 후지와라 세이카(藤原惺窩)의 제자인 하야시 라잔(林羅山)이 도쿠가와 이에야스를 위시한 막부의 봉건 지배 사상을 제공하는 위치에 서게 되었다. 일본 주자학은 이 하야시 라잔의 공헌으로 통치 철학의 지위를 굳혔다는 것이다. 그 후 하야시가(林家)가 대학의 우두머리가 되어 막부의 문교정책을 통제하였다. 이런 경위도 있어 오래되지 않아 주자학이 흥성하게 되었는데, 그 특징으로는 사승(師承) 관계 즉 누구로부터 배웠는가를 중시하는 것과 지역에 따른 여러 학파가 출현하였다는 것이다.

5대 장군 토쿠가와 쓰나요시(德川綱吉)는 신하들과 경서의 토론과 강의를 하였고, 1690년에 공자묘를 유섬(湯島)에 건립하였다. 아울러 하야시가의 사숙으로서 학문소(学問所)가 개강되어 주자학을 가르쳐지게 되었다.

그 후에는 개념적인 주자학을 멀리하는 경향이 생겨서 일시 주자학이 혼미에 빠졌다. 그러나 마츠다이라 사다노부(松平定信)가 노중(老中)이 되어 저하된 막부의 지도력을 회복하는 수단으로서 농업과 상하의 질서를 중시하는 주자학을 정학(正学)으로 부흥시켰다. 또한 1790년에는 당시 유행했던 고문사학(古文辞学)과 고학(古学)을 '풍속을 어지럽게 하는 것'으로 단정하고, 하야시가의 문인(門人)들이 이를 배우는 것을 금지하였다. 그리고 학문소를 하야시가에서 분리해 막부의 직할기관으로 하였다.

여기까지가 일본의 주자학파 중에서도 하야시가(林家) 쪽의 입장에서 정리한 연혁이라고 볼 수 있다. 그런데 이들에 의해 배척된 고학(古学)은 그 시대를 풍미했던 사조였다. 농업과 가내 수공업의 생산성이 높아지자, 이것이 상품 경제의 발전을 촉진하였고, 이러한 발전은 봉건 생산방식의 경제 구조에 영향을 주어 막부 체계의 와해를 초래하게 되었다. 봉건적 의식 형태로서의 주자학도 점차 그 통치 지위를 상실하게 되었으며, 고학(古學)·양명학(陽明學)·국학(國學)·서양학(西洋學) 등의 여러 학파가 출현하였다. 일본의 양명학파와 고학파의 사람들은 원래 대다수가 주자학자들이었으나, 연구 과정에서 의심이 생겨 주자학을 비판하는 데에까지 이른 학자들이다. 양명학이나 공맹(孔孟)의 원작 속에서 유학의 참뜻을 찾다가 고학파로 전향한 학자도 있었다.

고학파의 선구자인 야마가 소코(山鹿素行)는 40세 이후에 주자학을 의심하여 그 본원인 공자와 맹자의 유학으로 돌아갔다고 말해진다. 고문사학파(古文辭學派)의 대표 인물인 오규 소라이(荻生徂来)도 원래 주자학자였다. 그 역시 50세를 전후하여 주자학 입장을 버리고 고문사(古文辭)의 연구를 통해 고학을 제창하는 길로 나아갔다. 이는 일본 주자학이 쇠락하는 징조라고도 평가받고 있으며, 야마자키 안사이(山崎闇齋)와 아사미 게이사이(浅見絅齋)가 주도한 중국 중심의 중화주의로부터 탈피하려는 움직임과도 연계되었다.

그런데 여기에 막부가 정치적 의도로 강력히 개입하여 이런 고학 등을 이학으로 금지하면서 그런 경향에 제동이 걸리지만, 주자학의 최대 논적은 오히려 '국학(國學)'이 되었다. 이 국학은 유교, 불교 등 일체 외래 사상을 반대하고 『고사기』・『일본서기』와 『만엽집(萬葉集)』 등에 기록된 일본 신화에 의거하여 '일본 정신' 즉 '황국 정신'을 내세우는 학문이었다. 이 학파의 사상은 게이추(契沖) 등에 의해 창시되어 모토오리 모리나가(本居宣長) 등에 의해 발전되고, 히라타 아츠타네(平田篤胤)에 의해 집대성되었다고 한다.

그들은 특히 『만엽집』의 연구에 관심을 돌리면서, 봉건제도 및 그 의식 형태인 주자학을 철저히 비판・부정하고 압박과 착취가 없는 절대 평등의 사회관을 제창하였다. 그들의 이상 사회는 이른바 '자연세(自然世)'였다. 일본 고대에는 이러한 이상 사회가 있었으나, 공자나 석가 등 성인들이 이익과 사욕을 위해 '법세(法世)'를 세웠다고 주장하면서, 다시 자연세로 돌아갈 것을 설파하였다. 히라타의 사상에서 마땅히 긍정해야 할 점은 노동 중시, 평등 제창, 성인 부정, 비판 정신 등이라고 한다. 그러나 그의 자연세 사상에는 과학 문화와 상품 생산 등을 반대한 공상도 있었기 때문에, 역사의 후퇴를 의미하는 것이었다는 비판을 받았다.

• 한국 유교와의 관계

지금까지 살펴본 바와 같이 한일 고대사에서 유교 분야의 교류는 불교에 비해 적었다고 할 수 있다. 그 가운데에서도 몇 가지 주목할 만한 이야기들이 일본의 문헌에서 보이는데, 요약하여 소개해 보겠다.

먼저 카미가이토가 기술하고 있는 우지 와키이라츠코(菟道稚郎子)이다. 그는 15대 응신천황(應神天皇)의 황태자였다. 왜국에 유교의 경전이 처음 들어온 것은 백제로부터 넘어온 아직기 및 왕인에 의해서였다. 『일본서기』에 의하면 처음에는 말 사육 기술자로 일했던 아직기가 경전을 잘 읽으므로 응신천황이 그에게 더 잘하는 사람이 없냐고 물으니 왕인이라는 박사가 있다고 답해서, 왕인을 초빙해 와 황태자의 스승으로 삼았다는 것이다(카미가이토 p.260).

이때 백제는 346년부터 375년간 재위한 근초고왕의 시대에 박사 고흥(高興)과 같은 학자를 얻어 유교를 배울 수 있었지만, 일본은 태자 등의 제왕학 강의를 위해 중국적인 중앙집권 국가의 통치술과 그 기본 이념인 유교를 가르칠 수 있는 인물이 필요했던 것이다.

이 와키이라츠코는 앞에서도 잠깐 언급을 했지만, 모친이 도래계 호족 출신으로서 유학적 지식에 의해 국가의 기틀을 잡기 위해 노력했지만, 전통 야마토 왕가 출신을 모친으로 하는 후일의 인덕천황에게 패하고 말았다.

다음은 우에다(上田正昭)가 앞의 좌담회2에서 말하고 있는 쇼토쿠(聖德)태자이다. 그는 불교 이입에 큰 역할을 하였다고만 알려져 있으나 유학적인 지식도 상당했던 모양이다. 그는 관위를 德仁禮信義智를 대소로 나누어 12단계로 정했다. 유교적 덕목을 사용해 관위를 정한 것이다. 이것을 40대 천무천황(天武天皇)은 明淨正直으로 바꿨다. 淨의 사상을 활용한 것으로 이 사상이 확립된 때가 백봉(白鳳) 시대라고 우에다는 말하였다(우에다 외 p.239).

그리고 강항(姜沆) 얘기도 한국과 일본의 인터넷 자료에 나와 있다. 앞에서 그의 영향을 받은 후지와라 세이카(藤原惺窩)의 제자인 하야시

라잔(林羅山)을 통해 일본 주자학은 막부 통치 철학으로서의 지위를 굳혔다고 기술한 바 있다. 이 후지와라 세이카는 본래 승려였지만, 나중에 주자학으로 방향을 전환했다. 그가 이렇게 불교계를 떠나게 된 것은 임진왜란 때 전리품으로 강탈한 한국의 유학 서적과 전쟁 포로 강항(姜沆), 조선사절단이었던 김성일(金成一), 허잠(許箴) 등과의 접촉 때문이었다고 기술되어 있다. 이에 대해 일본 학자인 아베 요시오(阿部吉雄)는 후지와라가 강항과 만나면서부터 그의 사상에 변화가 생겼으며, 이때 비로소 신유학에 관한 연구의 결심을 굳히게 되었다고 말하였다. 후지와라가 추구한 것은 '자국, 타국이라는 의식을 넘어 보통 사람들의 편안함과 이익이라는 보편적인 관점' 즉 우주, 사회, 인간을 떠받치고 있는 보편 원리를 추구하는 유학이었다고 볼 수 있겠다(서울대학교 역사학부 교수 박훈, 동아일보 2023. 12. 8일자 칼럼 참고).

이 강항(姜沆, 1567~1618)은 조선의 형조좌랑이었는데, 임진왜란 중에 왜군에 포로가 되어 일본으로 끌려가 약 3년간 생활하고 돌아온 후 그간의 견문을 『간양록(看羊錄)』으로 남겼다. 여기에서 일본의 내정이나 국토의 특징 등을 자세히 적었고, 특히 조선 왕조에 대한 제언들을 모아 실었다. 또한 그는 백제의 왕자(성왕의 제3자 임성(琳聖)태자)가 왜국에 가서 오오우치(大內)씨의 조상이 되었다고 적기도 하였다. 한국의 백과사전에는 강항을 일본 성리학의 원조로 기술한다고 일본판 위키피디아에서는 부기하고 있다.

• 조선통신사와의 유교 논쟁

일본의 유교가 불교와 신도, 음양학에 주자학, 고학 그리고 국학 사이에서 갈팡질팡하는 사이에 조선의 유교는 주자학 즉 성리학이 모든 사람의 도덕과 국가 통치의 기본으로 굳건한 뿌리를 굳혔다. 그렇지만, 오히려 그 폐해로 인해 국가 경제와 사회 측면에서 심각한 침체를 가져왔다고 평해진다. 그런 시대 흐름의 딱 중간 시점에서 조선통신사들과 일본의 새 조류인 고학파 사이에 흥미진진한 논쟁이 벌어졌다. 그 자세한 내막이 후마 스스무(夫馬進)의 『조선연행사와 조선통신사』(신로사 외 옮김, 성균관대학교출판부, 2019)에 나와 있어 요약하여 소개한다.

청나라로 보내는 연행사(燕行使)는, 청조가 북경으로 천도한 1644년부터 청일전쟁으로 조공이 폐지된 1894년까지 국왕의 대리로 파견한 것만도 총 451회이다. 반면에 에도 시대에 일본에 보낸 통신사(通信使)는 쇄환사(刷還使) 등으로 불리던 것을 포함해도 총 12회밖에 없다.

한국에서 통신사에 대한 인식은, 조선의 문화를 일본에 전파한 역할만 강조되어 온 것처럼 보인다. 거기에는 일본에서 조선에는 없는 이질적인 것이 생겼을 때, 일본에 온 통신사 일행이 이에 대하여 어떻게 반응하였는가에 관한 관심은 거의 없었다.

이때의 일본 유학계에서는 새로 생겨난 '고학(古學)'이 대세를 이루고 있었고, 이 무렵 중국에서도 일본의 고학과 매우 유사한 '한학(漢學)'이 중국의 청조에서 생겨나 일세를 풍미하고 있었다. 청조의 한학은 고증학이라고도 한다.

양쪽 모두 그때까지의 송명(宋明)의 유자(儒子)에 의한 경서 해석이 자의에 흐른 점을 반성하고, 이를 바로잡는 것을 동기로 삼았다. 고대 언어의 사용을 학습하고, 경서 본래의 의미로 돌아가서 읽을 것을 주장한다.

반면에 조선의 통신사들 입장에서 보면, 종전까지 그들이 와서 본 일본의 유학은 불교와 신도, 음양도학까지 섞인 엉망이었고, 국가 통치의 근본이 되지 못했다. 그들이 만나는 일본의 유자들은 대개가 '글을 화려하게 짓는 습속에 따라' 시문의 아름다움과 작품의 수를 가지고 우리 통신사와 대항하려 했다. 이에 비하여 우리 조선에서는 공맹정주(孔孟程朱)가 존숭되고 선왕의 도(道)가 행해지고 있다. 일본에서 진정한 유학은 아직 뿌리를 내리지 않았다. 우리가 이들에 가르쳐야 한다는 것이었다.

그런데 1719년에 통신사가 다녀가고 29년 뒤인 1748년에 다시 일본에 와 보니, 이토 진사이(伊藤仁齊)파를 대신하여 오규 소라이(荻生徂来)파가 대세를 이루어, 진사이파는 시문으로 유명할 뿐이라는 비판을 받는 중이었다. 통신사 일행은 소라이파의 저서『동자문(童子問)』을 구해서 읽고, "절해(絶海)의 야만인이 우매함에 빠져 선현을 업신여김이 이 지경에 이르렀다. 참으로 가련하다고 해야 할 것이다."라고 통탄하였다.

그러나 소라이학파는 "무릇 고서를 읽는 데에는 모름지기 그 당시의 언어에 통달해야 한다."라고 주장하면서, 주자의 성명도덕론(性命道德論)에 대해서도 "알기 어렵고 행하기 어려우며 고원해서 도달하기 불가능한 이야기이다."라고 비판했다. 본래『논어』나『맹자』에서 가르치는 것은 역으로 '알기 쉽고 행하기 쉬운 도(道)'라고 서술하였다. 즉 주자학이 성학(聖學)을 실천하는 점에서는 크게 잘못되어 있고, 도덕과 정치의 분리, 윤리와 도덕이 아닌 제도, 정치를 중시해야 한다고 주장하였다. 그러면서 "조선과 같이 인재가 많은 곳에서 송유(宋儒)의 고루함을 버리고 복고의 문을 열 자는 없는가?"라고까지 공격하였던 것이다. 주자학 비판이 양명학과는 달리 훈고학과 유사한 방법으로 이루어지고 있었다.

반면에 통신사들은 귀국 보고에서 일본이 "사람은 어떠해야 하는가 하는 근본 문제에는 전혀 관심을 두지 않았다. 송학이라는 바른 길(正道)을 늙은 서생의 상투어라고 여겨 흘겨볼 뿐 돌아보지 않았다."라고 하면서도, "이래서는 입장이 바뀐 셈이다."라고 말했다고 전해진다(후마 스스무, 전게서, pp.350~386).

이런 일본의 고학파도 앞에서 설명한 바와 같이 막부의 핍박과 국수적인 국학(國學)과 미토학(水戶学)에 의해 크게 성행하지 못하였다. 그래서 통신사들은 배울 점이 별로 없다고 생각하였을 것이나, 오늘의 관점에서 조선의 유학을 회고할 때 느끼는 문제점을 그 당시에 너무나 잘 지적했다고 볼 수도 있을 것이다.

5. 건축, 미술, 공예

- 건축·토목 기술

한일 고대사에서 한반도의 건축 기술은 주로 불교 사원 건립을 통해 이루어졌다. 이런 사원 건립에 앞장선 사람이 불교 인입의 중심 인물인 소가씨와 쇼토쿠(聖德)태자라고 우메하라는 기술하였다. 소가씨가 세운 아스카사(飛鳥寺)의 가람 배치는 고구려 양식이고 기와는 백제 양식이라고 보았다. 즉 두 나라의 양식이 혼합되었다는 것이다. 반면에 쇼토쿠 태자가 세운 사천왕사는 백제 양식이다. 여기에 종사한 목공들의 조상을 우메하라는 도래인으로 보았다(우메하라 p.284).

한편 토목 기술 측면에서도 한반도로부터의 영향이 컸다. 카미가이토는 4세기 초두에 관계용 저수지의 축조나 거대한 고분과 같은 대규모 토목 공사가 행해졌다고 하면서, 이런 측량, 설계, 시공 등의 토목 기술은 일본에서는 새로운 것이었다고 기술하였다. 또한 이 작업에 동원되는 수

많은 인력의 노무 관리도 하나의 기술이었고, 그러기 위해서는 호적이 정비되고 조세 제도가 갖춰져야 하며, 이런 일을 하는 사람의 읽고 쓰는 능력이 있어야 한다면서, 이런 기술은 반도계의 기술이라고 추측하였다.

고구려에는 기원전부터 고분이 존재했는데, 그 영역에 존재하였던 낙랑군이 313년에 멸망하자 그 유민들이 남으로 피난하면서 기술자들이 백제나 신라 나아가 일본으로 넘어가게 되었다. 백제에서 330년에 김제의 벽골제가 축조되고 풍납토성과 같은 토목 공사가 진행된 것도 이와 관련이 있다고 카미가이토는 보았다. 일본은 그 시기에 전쟁이 적고 가뭄도 거의 없었으므로 토목 기술자들을 집중적으로 고분 건립에 투입한 것이라고 한다(카미가이토 pp.93~94).

한편 이러한 토목 기술의 전파에 한반도 도래인의 후손과 도래계 승려가 앞장섰다고 우에다는 앞의 좌담회1에서 말하고 있다. 『일본서기』와 『신찬성씨록』에 나오는 백제 동성왕의 아버지라고 하는 곤지왕(昆支王 또는 混伎王)의 자녀가 5명 있었는데, 그 일족과 도래자들이 이 가와치(河內)지방의 호족 내지 기술자로서 유력한 개척자였다는 것이다(김달수 외 p.119).

그리고 우에다는 좌담회2에서도 나라 시대에 유명한 승려인 도쇼(道昭)와 그 제자 교키(行基)도 그 조상이 이 가와치 출신이라고 하면서, 그들은 승려로서 활약했지만 저수지를 축조하거나 도로, 다리를 만드는 토목 공사를 통해 민중의 신뢰를 얻었다고 말하였다. 그들은 조선으로부터 도래한 사람들의 기술과 전통을 받아들여 대중을 동원하여 이런 큰일을 하였다는 것이다. 교키는 초기에는 탄압을 받았으나 후지와라 때에는 오히려 우대를 받아 대승정이 되었다고 전해진다(우에다 외 pp.303~305). 한편 김달수는 좌담회1에서 이런 도쇼가 백제계인 선(船)

씨 출신이라고 확실히 언급하고 있다(김달수 외 p.236).

오자키(尾崎喜左雄)도 좌담회1에서, 이런 건축이나 토목 공사를 할 때, 그 측량에 한반도의 척도가 오랫동안 사용되었다고 말하였다. 35cm는 고려척이고, 30cm는 당척(唐尺)인데, 고려척 다음에 당척이 8세기 초부터 사용되었다는 것이다. 다만 논과 같은 토지에는 계속 고려척이 사용되었다고 보았다(김달수 외 pp.44~45).

지금까지 살펴본 바와 같이 한반도에서 도래한 건축 기술은 불교사원에, 토목 기술은 고분에 주로 적용된 것으로 보면 되겠다. 그런데 이런 사원과 고분에는 벽화나 불상과 같은 미술, 조각, 공예 작품들이 함께 만들어졌다. 그래서 이런 건조물들과 연결하여 우선 미술 작품부터 살펴보기로 한다.

• 미술

앞의 좌담회1에서 미술 전문가인 미나모토 토요무네(源豊宗, 2001년 사망)는 불교 미술이 일본에 들어올 때 그 주제도 미지의 것이어서, 무슨 무슨 부처라는 구분도 되지 않았고, 여래라든가 보살이라든가 하는 것도 몰랐다고 말하였다. 이런 모델들이 조선을 통해 들어왔기 때문에, 그런 의미에서 추고천황(推古天皇) 시대의 일본 미술은 순수한 의미에서 일본 미술이 아니었다고도 말할 수 있다고 미나모토는 보았다(김달수 외 p.292).

오카모토 타로(岡本太郎)도 색채 감각이 조선은 문화적으로 북쪽이어서 매우 투명하고 컬러풀한 원색 위주인데, 일본은 기후적으로 중간 지대이어서 프랑스처럼 중간색이라고 말하였다. 전에는 그렇게 심하게 대비되진 않았지만 에도 중기, 말기에 그렇게 되었다고 본 것이다(김달수 외 p.21).

모리타 스스무(森田進, 2013년 사망)도 일본의 미술사를 보면 불상이든지 회화이든지 최초부터 꽤 고도의 작품이 만들어졌다는 느낌이 든다고 말하였다. 그 이전의 일본의 예술품과 연계가 안 되는 단절을 느낀다는 것이다. 처음부터 아주 훌륭한 작품이 만들어졌다는 것은 일본이 선택적으로 이 예술을 받아들인 것이 아니라 압도적으로 들어왔다는 것을 의미한다. 즉 한반도의 양식이 상당히 정확하게 전해졌다는 것이다(김달수 외 p.296).

그래서 처음에는 조몬토기는 미술사에 들어가지 않았다. 고고학적 자료로서는 들어 있어도 아름다움으로서는 생각되지 않았다는 것이다. 미술사는 도래인이 만들었다는 야요이 시대의 하니와(埴輪)부터 시작되었다고 보았다. 그러나 지금의 미술사에는 조몬토기가 오히려 야요이보다 더 강렬한 취급을 받는다고 오카모토는 말하고 있다(김달수 외 p.22). 그런 미적 평가의 기준도 시대와 함께 변한다고 보아야 할 것이다.

이제부터는 구체적인 사례 두 가지를 살펴보겠다. 너무 유명한 법륭사의 금당(金堂)벽화와 다카마쓰총(高松塚)의 벽화이다.

먼저 법륭사 금당벽화는 1949년 화재로 소실되었고, 지금은 원래 크기의 흑백 사진이 벽에 걸려 있다. 이 사진만 보더라도 그 묘선(描線)의 정확하고 웅후함이 뛰어난 걸작임을 알 수 있다고 김달수는 평가하였다. 이 벽화는 중국 운강석불, 신라 경주의 석굴암과 함께 동양 3대 예술품 중의 하나라고 말해지고 있다는 것이다. 1955년에 간행된 일본어백과사전인『광사원(広辞苑)』에 의하면 이런 작품을 그린 사람은 담징이다. 그리고『일본서기』에는 610년에 담징과 법정이 고구려로부터 왔다고 나와 있다. 이 담징은 오경뿐만 아니라 채색·종이·묵·맷돌을 전했다고 한다(김달수 외 p.282).

그러나 미나모토는 조금 다른 견해를 말하고 있다. "법륭사는 607년에 창건되고, 670년에 한번 불에 타서 재건된 적이 있다. 이 시기에 한반도로부터 건너온 승려가 주도하에 자신들의 전통 방식에 따라 건축과 불상의 조각이 이루어져서 한국적으로 되었다. 그러나 벽화의 경우는 전혀 한국과 관계가 없다고 생각한다. 왜냐하면 담징이 온 해와 재건된 시점과의 차이가 있기 때문이다. 물론 일본이나 중국의 작가도 아니다. 그것은 금당벽화가 매우 서방적인, 즉 아리안 민족의 관능적인 표현을 하고 있기 때문이다. 광사원을 사료로서 그다지 신용하지 않는다. 담징은 채색이나 묵·종이·맷돌 등의 제조법을 전한 공인(工人)이고 화가는 아니었다고 생각한다."라는 것이 그의 견해이다(김달수 외 p.286).

그렇지만 김달수는 이 좌담회1에서, 광사원에 담징이 그렸다고 기록된 데는 어딘가에 근거가 있어서 그런 것 아니겠느냐고 말하고 있다. 또한 시바도, 법륭사가 재건되는 8세기에 들어 대불전을 채색한 화공사(畫工司) 이름에서 고구려계가 압도적이었다는 하세가와 마코토(長谷川誠)의 견해를 근거로 하여, 같은 절이니 금당벽화도 대불전과 마찬가지로 이들이 그리지 않았겠느냐고 말하고 있다(김달수 외 p.237).

아무튼 동양 3대 예술품의 하나라고 평가를 받고 있는 이 벽화를 그린 화공은 한반도와 관련이 깊은 사람인 것은 분명한 것 같다. 미술 전문가인 미나모토가 표현 방식을 가지고 말하고 있으나 아리안풍이라고 하여 아리안 사람이 그렸다는 식의 주장은 납득하기 어렵다.

그렇지만 미나모토는 다카마쓰총 벽화에 관해서는 매우 객관적인 평가를 하고 있다. 인용하면 다음과 같다(김달수 외 pp.298~299).

"다카마쓰총 고분의 종합조사회 때에 북조선의 주영헌이 안악고분의 필름을 가지고 왔다. 미천왕의 묘이다. 4세기 경이다. 묘실의 벽화가 매우 탁월했다. 그것이 쌍영총에 이르면 점점 딱딱해진다. 그 이유는 낙랑 시대라고 하는 중국 문화가 고구려 지배 아래 들어가면서 점점 중국적 에너지를 상실하고 예술적 창조력이 떨어지게 된 탓이라고 생각된다. 4세기보다 5세기, 5세기보다 6세기의 그림이 더 예술성이 쇠퇴한다."

그래서 그는 조금 솜씨가 뒤떨어지는 작가들이 일본으로 넘어왔다고 말하였다. 그리고 북조선 조사단이 가져온 영화를 보고 벽화에 관해서는 고구려 벽화의 우수성을 주장하는 것은 당연하다고 보았다.

그러면서 미나모토는 다카마쓰총 벽화는 아마 한반도의 작가에 의해 그려졌을 것이라고 하면서, 그 근거로는 발굴된 거울이나 관을 장식한 금구(棺金具)의 의장이나 조형 감각을 들고 있다. 그려진 시기는 700년 전후에 만들어졌다고 말할 수 있으나, 화풍으로 보면 오히려 법륭사의 벽화보다 진전된 것이어서 8세기 중 무렵이라고 보았다. 이 당시의 일본의 다른 묘의 벽화와 비교하면 전연 감각이 다르고, 복식을 보면 매우 한국적이며, 얼굴도 중국인도 일본인도 아닌 한국인이라는 것이다(김달수 외 pp.309~310).

한편 하세가와(長谷川誠)도 같은 좌담회1에서, "나 자신도 이 발견에 대쇼크였다. 고구려풍의 사신(四神)과 성숙(星宿), 그리고 남녀의 수반자(隨伴者)가 세트로 나왔다. 일본에서도 이런 실례가 나왔다는 것이다."라고 다카마쓰총을 보고 놀랐던 심정을 표시하고 있다. 다만 그는 벽화의 구성에는 성숙, 사신, 남녀 수반자로 되는 일종의 패턴을 갖추었지만, 조형적인 통일성은 희박하다고 보았다. 중국인은 통일성을 존중하지만, 한반도에 오면 별도의 감각 세계가 되어 이런 통일성은 무너진다. 한반도 내부에서도 고구려는 조형의 균등성을 중시하지만, 남쪽으로 내려올수록 이런 감각은 무디어진다는 것이다(김달수 외 pp.227~228).

미나모토나 하세가와 모두 예술성에 있어서는 다카마쓰총 벽화가 고구려 고분 벽화에 비하여 떨어진다고 보았다. 그러나 역사적인 가치는 그 발견 자체가 충격적이었다고 할 정도로 아주 컸다는 것이다. 우에다도 같은 좌담회1에서 이런 일본 내 학계의 평가를 여러 번 실감 나게 말하고 있다. 요약하면 다음과 같다.

다카마쓰총은 높이 5m 직경 18m의 작은 고분이다. 그 속에 훌륭한 극채색의 벽화가 있다는 것이다. 그동안 거대 고분만 주목받았고, 중·소 고분은 파괴되었다. 이러한 중소 고분을 경시하는 문화재 보존에 대해 이 벽화가 경종을 울렸다. 이 고분 벽화의 화가는 교대하여 작업하기는 해도 아주 소수가 그렸다. 미나모토의 의견과 같이 고구려계의 화가가 그린 것이 거의 틀림없다고 생각한다(김달수 외 p.226, p.237).
이 고분을 계기로 "고대의 미술사, 건축사, 고고학, 문헌 등을 종합적으로 연구하는 체제가 아직 확립되지 못했다. 일본, 한국, 중국의 학술 교류가 필요하다."라는 것을 일깨워 주었다. 이를 통해 공통성과 이질성이 확실하게 되었다. 종래에는 일본적인 내셔널리즘으로 인해 이질성만 강조되었지만, 지금은 공통성이 주장되고 있다. 이것을 더욱 발전시키기 위해서는 그 공통성의 토양 위에 한국과 일본 민족의 독자성, 주체성을 발견해 나가야 할 것이다(김달수 외 p.313).

다카마쓰총 벽화라는 구체적인 증거에 의해 메이지 백 년 동안 일그러졌던 일본인의 한국에 대한 관점이 확실하게 시정되어야만 하였다. 한국 민족의 역사적 주체성을 무시해 왔던 연구 방향을 다카마쓰총에 의해 충분히 반성해, 한일 학술 교류의 장을 심도 있게 해가고 싶다고 우에다는 말하고 있다(김달수 외 p.250).

• 공예·조각

일본의 불상으로 무엇보다 높은 평가를 받는 것이 광륭사의 반가사유상(半伽思惟像)이다. 일본의 국보 제1호로 지정되어 있을 정도이니 더 말할 필요가 없겠다. 그런데 그 작풍은 역시 한국풍이고, 한반도의 소나무를 사용했다고 한다. 이것과 쏙 빼닮은 것이 경주 출토의 금동미륵상(金銅彌勒像)으로서, 오사카 만국박람회 때에 출품된 적이 있다.

쿠노 타케시(久野健, 2007년 사망)가 앞의 좌담회1에서, 이 광륭사의 반가사유상은 『일본서기』에 백제계 도래의 불상을 하타 카와카츠(秦河勝)가 쇼토쿠태자로부터 받았다고 되어 있다고 말하였다. 이 불상이 그것인지는 확실하지 않지만, 조선의 제작이라고 생각된다는 것이다. 그것은 아스카 시대의 목조 불상은 대부분이 녹나무(樟)를 사용하여 만드는데, 이 불상만은 예외적으로 조각 재료로서는 그다지 적합하지 않은 한반도의 적송으로 만들었기 때문이다. 그러나 기법적으로도 보통의 일본 목조 불상과는 다르게 나무의 표면에서부터가 아니라 안쪽에서부터 파나가는 방법을 썼다고 말한다. 그리고 X선으로 촬영한 결과 놀라운 점은, 얼굴에서 손가락 끝까지 하나의 나무가 사용되었다는 것이다. 이런 뛰어난 점에서 불상의 조각이 매우 발달한 한반도에서 제작되었다고 쿠노는 보았다. 반면에 법륭사의 백제관음은 녹나무를 사용하고 있고 기법상으로도 일본에서 제작한 것이라고 말해도 좋을 것이라고 쿠노는 말하였다(김달수 외 pp.263~264).

• 금세공

요시다 미쓰쿠니(吉田光邦, 1991년 사망)가 앞의 좌담회2에서 말한 바에 의하면, 중국에서는 그 위상에 비해 금의 세공이 없었고, 일본도 마찬가지였다. 반면에 한국은 금공예라는 것이 매우 일찍부터 시작됐다는 것이다. 일본에서는 대체로 금에 대한 가치관이 없었고, 한국은 일찍부터 금 문화가 일어났다고 볼 수 있다. 중국에서도 없었다면 이러한 한국의 정교한 금의 문화는 독자적인 것으로 볼 수밖에 없을 것이다. 금관가야로 부르는 등 낙동강 하류 주변에 금의 명칭을 가진 지명들이 많다. 여기가 사철의 생산지였는데, 사금도 마찬가지였을 것으로 요시다는 보았다(우에다 외 pp.145~146).

일본은 701년에야 금이 발견되었다고 우에다는 좌담회1에서 말한다. 따라서 5세기 고분에서 나오는 금으로 만든 마구(馬具)도 세금세공(細金細工)의 제품과 함께 도래품이라고 본다. 말을 키우는 기술과 함께 마구도 한반도로부터 들어왔던 것이다. 그리고 사료에는 백제의 왕족으로 일본에 머물던 선광(禪広)의 증손인 경복(敬福)이 749년에 황금 9백 량을 공헌했다는 내용이 나온다(김달수 외 p.146, p.148). 백제의 유민들이 금과 관련된 기술을 보유하고 있었다고 유추해 볼 수 있겠다. 참고로 경복은 이 헌상으로 궁내경이 되었다고 한다. 백제왕 경복의 흔적이 오사카부 히라카타시(枚方市)에 있는 백제사(百濟寺)이고, 그의 손녀가 환무천황의 후궁으로 들어가 견전친왕(犬田親王)을 낳았다고 전해진다.

6. 문학·출판, 음악, 무용

• 문학·출판

미즈노(水野明善)는 앞의 좌담회2에서, 중국 문화가 고대 일본 문화에 중대한 영향을 미쳤다는 것은 사실이지만, 중국과의 사절이 단절된 645년 이후의 백봉 시대에는 그것의 대부분을 한반도를 매개로 하여 이루어졌다고 말하였다. 당연히 거기에는 한국 독자의 영향이라는 것도 고려해야 한다는 것이다.

그런데 음악이나 미술에서는 이런 측면이 상식이지만 문학의 세계에서는 애매하게 남아 있고, 이를 전문적으로 연구한 사람도 없다는 것이 미즈노의 진단이다(우에다 외 p.309).

『만엽집(万葉集)』은 7세기 후반부터 8세기 후반까지 약 130년에 걸쳐 편찬된 현존하는 일본 최고(最古)의 가요집이다. 전 20권이고, 약 4,500수(首)의 노래가 수록되어 있다고 한다. 일본이 단테의 신곡보다 500년이나 빨랐다고 자랑하는 대(大)문집이다. 이 『만엽집』의 원류가 향가에 있다는 것을 일찍이 오구라 신뻬(小倉進平)와 쓰치다 쿄손(土田杏村)이 주장했다고 앞의 언어 부분에서 언급된 바 있다.

그런데 유감스럽게도 신라의 향가는 25수밖에 남아 있지 않다. 그런데 이런 소재만을 가지고 오구라(小倉進平)가 방대한 『향가 및 이두의 연구』라는 저서를 남겼다는 것은 위대한 선구적인 업적이라고 미즈노는 칭송하였다(우에다 외 p.333).

또한 그는 한반도 도래인이 대량 이주한 관동 지방의 동가(東歌) 중에는 화전민의 저항을 담은 가요가 있는데, 이 화전법은 고구려 방면으로부터 온 도래인에 의해 전해진 것이 명료하다고 말하였다. 그것은 가요의 작가 중에 도래인도 많았다는 것을 말해 준다는 것이다(우에다 외 p.322).

이렇게 도래인 계통이 문학 분야에 뛰어난 것을 김달수는 야마모토 켄키치(山本健吉, 1988년 사망)의 견해를 인용하여 말하고 있다. 즉 문학이라고 하는 것은 반체제적인 것이어서, 그런 입장에 서게 된 사람이 좋은 작품을 만든다는 것이다. 그 예가 카키모토 히토마로(柿本人麻呂)로서, 그는 궁정 시인이어서 체제 측 가인(歌人)이지만 도래 씨족인 와니(和爾)씨 출신이었기에 뛰어난 창작이 가능했다는 것이다. 러시아혁명 전후에 좋은 작품이 나왔던 것과 비슷하다고 야마모토는 말하였다(우에다 외 pp.336~337).

여기서 문학과도 밀접한 관련이 있는 인쇄·출판에 대해 살펴보겠다. 무구정광대타라니경(無垢淨光大陀羅尼經) 이야기부터 하지 않을 수 없다. 경주 불국사에 석가탑 안의 보물을 노리는 도둑이 들었는데, 그게 계기가 되어 발굴이 이루어졌다. 거기서 나온 금동 사리함과 은제 사리함 안에서 무구정광대타라니경이 발견된 것이다. 그때까지 세계 최고의 목판 인쇄물은 770년에 완성된 일본의 법륭사 백만탑타라니경이었다. 그런데 불국사 창건이 751년이므로 이 타라니경의 인쇄는 적어도 그 이전이라는 것이 되었다.

요시다(吉田光邦)의 좌담회2에서의 발언에 의하면, 일본의 타라니경은 이미 완성된 인쇄물이므로 그 이전 것이 있다 하여 이상하지 않고, 이

두 경전의 인쇄물은 활자가 옆으로 향하거나 불거져 나오는 것 등에서 매우 닮았다고 한다. 또 하야시야(林屋辰三郞)도 같은 좌담회2에서 석가탑 타라니경의 인쇄 내용에 700년 초입 중국 측천무후 시대의 문자가 들어가 있는 것도 시기상 맞다고 말하였다(우에다 외 pp.140~144).

이 석가탑 타라니경의 인쇄에 사용된 종이는 닥나무로 만든 저지(楮紙)라는 한지(韓紙)이고, 종이의 폭은 6.5cm이며 잇댄 총 길이가 7m에 가깝다고 김달수는 말하였다. 그리고 그는 고려팔만대장경에 대해서도 고려 시대 이전인 신라 시대부터 만들어진 것이라고 밝혔다. 신라의 애장왕 즉 서기 800년경에 첫 번째 것이 만들어졌다고 『세계인쇄사』에 나와 있다는 것이다. 일본은 그것이 갖고 싶어 종종 사절을 보내, 목판을 달라고 단식 투쟁까지 하였다고 한다. 그래서 그때 받아온 대장경의 목판 일부가 지금도 일본의 절 이곳저곳에 남아 있다는 것이다. 고려 대장경은 목판이 86,806매(枚)로서 이것을 책으로 하면 6,780권이 된다고 말해진다.

• 음악

고대 일본 문화에서 한반도의 독자적인 영향을 가장 확실하게 받은 것은 음악이라고 쓰치하시 유타카(土橋寬)는 앞의 좌담회2에서 말하였다. 이것은 영(令) 중에 당악(唐樂)과 함께 고려악, 신라악, 백제악 세 가지가 버젓이 제도로서 자리하는 것을 보면 알 수 있다는 것이다(우에다 외 p.322).

우에다는 한 걸음 더 나가 당악이라든가 삼국악이라고 부르는 것이 궁전 악무의 주류가 되었다고 말한다. 일본의 고대 악무에 중국이나 한국의 요소가 강하게 들어갔다는 것은 사실이고, 대불 개안 공양식에서도 이 악이 연주되었다는 것이다(김달수 외 p.317, p.320).

그런데 이런 삼국악은 귀족의 것이고, 민중 측에서는 산라쿠(散楽)가 들어와 후에 사루가쿠(猿楽)가 되었다고 김달수는 말하였다. 한국에는 없어진 한국의 것이 일본에는 많이 남아 있는 것이다(우에다 외 p.322, p.329).

한편 앞에서의 좌담회1에서 하야시야(林屋辰三郎)는 주목을 끄는 발언을 하였다. 바로 고려적(高麗笛)이다. 일본에 전래한 고려적은 당시 5음계가 보통인 것과 달리 7음계였다. 이것을 연구한 츠다(津田左右吉)는 『만선(滿鮮)역사지리연구』에서, 고구려 같은 곳에서 7음계가 존재했을 리 없다고 단정하고 고구려로부터의 직접 전래를 부정하였다는 것이다. 고구려가 문화적으로 백제, 신라보다 열등하였다는 선입관이 있었다고 말해진다.

그래서 중국제의 고려적이라는 독단적인 의견을 냄으로써 가장 중요한 고려적의 기원을 츠다가 오판하게 만들었다고 하야시야는 비판하였다(김달수 외 p.319).

또한 시바(司馬遼太郎)도 리듬 감각을 가지고 양 국가의 전통 음악을 예리하게 비교하였다. 일본인이 서양 음악을 수용하기까지 완전히 상실한 리듬의 감각을 한국인은 전통으로 유지하고 있다는 것이다. 한국에서 강렬한 리듬을 타고 군무를 추는 것을 보면, 만엽 시대의 우타가키(歌垣, 특정한 일시에 젊은 남녀가 모여서 구애의 노래를 부르는 습속)와 토카(踏歌, 발을 구르며 열을 지어 행진하면서 부르는 노래)를 현재 보는 것 같다고 하면서, 일본인은 언제 이런 것을 잃어버렸는지 궁금하다고 말하고 있다.

한국인은 재래 타악기인 장구나 꽹과리를 두드리면서 노래를 부르고 춤을 추는 전통을 계속해 왔는데, 일본은 사미센(三味線)과 같은 현악기와 피리가 중심이 되어 근세의 대중적인 가무음곡이 만들어졌기에 과거의 리듬을 잃어버렸다는 것이다. 그래서 시바는 고대 유동(流動)의 시대에 문화적 성격을 농후하게 공유하고 있었던 양 민족이 음곡(音曲) 감각이라는 점에서 이렇게 달라질 수 있는가 흥미롭다는 견해를 밝혔다(김달수 외 p.15).

• 무용

그리고 시바는 무용에 대하여도 핵심을 짚는다. 일본의 무로마치(室町)막부 이후의 무용은 허리를 움츠려서 무게 중심을 낮게 하는데, 한국의 전통 무용은 중심이 높고 어깨로 춤추기도 한다는 것이다. 하야시야가 그 차이를 踊과 舞에서 찾는다. 허리를 움츠리는 것은 선회하는 무의 요소이고, 용은 도약 쪽이므로 오히려 허리를 쭉 펴고 춤을 춘다는 것이다. 앞에서 말한 리듬 감각과 함께 연결시켜 보면 더 쉽게 수긍이 가는 재미있는 견해라고 생각된다(김달수 외 pp.316~317).

우에다(上田正昭)도 야마토마이(和舞)라는 무용에 대한 유익한 이야기를 같은 좌담회2에서 말하고 있다. 이 야마토마이는 4명의 무용수에다가 6~8명의 노래하는 사람과 반주로 이루어지는데, 백제계인 야마토(和)씨의 춤이라고 전해진다. 타카노 니이가사(高野新笠)라는 환무천황 모친의 계보인 和씨 집안의 춤인 것이다. 이 야마토마이(和舞)에 대한 최초의 기사는 775년에 가와치(河內)의 도래계 사람들에 의해 행해졌다고 나온다고 우에다는 말하였다. 이것이 점점 아즈마마이(東舞)에 대응하는 야마토(大和) 지방의 춤이 되었다는 것이다.

또한 우에다는 카구라(神樂)가 일본의 독특한 것으로 알려졌지만, 궁중의 미카구라(御神樂)에는 한반도의 문화가 들어가 있다고 말하였다. 궁내성에는 카라카미(韓神)가 모셔져 있는데, 이것은 제신(祭神)들의 명부라고 할 수 있는 『연희식』에도 명기되어 있다. 그 미카쿠라의 공연 종목에 카라카미라는 종목이 있고, 한국에서도 볼 수 있는 '신내림' 받는 것이 내용 중에 포함되어 있다(우에다 외 pp.75~76). 궁중의 중요한 전통적인 가무 속에 한국의 전통으로 보이는 것이 살아남아 있는 셈이다.

• 복장

고대 일본인의 의복은 5~7세기의 고분에 설치된 하니와(埴輪)로부터 알아볼 수 있다. 일종의 도기 인형인 이 하니와의 원류가 중국이나 한반도라고 하더라도, 분구(墳口) 위에 세우는 방법이나 형태는 일본의 독특한 것이라고 카미가이토는 기술하였다. 그런데 이런 하니와들의 복장이 『위지왜인전』에 나오는 3세기 왜인 의복과 관련된 기술 내용과는 아주 다르다는 문제가 생긴다.

『왜인전』에서의 의복은 단의(單依) 즉 하나로 된 것의 중앙에 구멍을 내고 머리를 집어넣고 입는 관두의(貫頭依)로서, 현재 동남아시아로부터 오세아니아 사람들이 입고 있는 의복 유형이라고 한다. 중국의 『한서』나 『후한서』 등의 사서를 보면 운남 지방과 해남도 등의, 소위 만족(蠻族)의 복장이 관두의였다. 왜인 남자의 의복은 허리를 두르는 요권(腰卷)과 같은 것, 또는 하나의 옷감을 한쪽 어깨에서 다른 쪽 허리로 두른 불교의 가사와 같은 것들이었다. 즉 3세기의 왜인의 복장은 중국 남부와 동남아시아 계통에 속했다고 카미가이토는 보았다.

그런데 고분의 하니와 복장은 북방 기마민족풍 그대로였다. 남자는 상의에다 바지를 입었고, 여자는 상의에다 치마를 입은 모양이었다. 남자 바지의 무릎 부분을 끈으로 묶고 있는 것이 승마 시의 편의를 위한 기마민족 복장의 특징이다. 즉 3세기에서 7세기로 가는 동안 왜인의 복장은 동남아시아계에서 북방 기마민족계로 변화한 것이 된다. 이런 현상은 말이 도입되면서 기마 풍습이 전국에 전파된 결과로 볼 수도 있고, 기마민족 정복설과 같은 인종 치환이 실제 일어났다는 주장의 근거가 될 수도 있다.

이렇게 의도적으로 기마민족의 복장을 도입한 예는 중국에도 있고, 일본도 메이지유신 때에 군복을 시작으로 양복이 점차 보급된 적이 있었다고 카미가이토는 기술하고 있다. 군복은 무기의 사용에 편리하기 위하여 가장 먼저 변화한다는 것이다(카미가이토 p.251).

그는 한 가지 더 재미있는 사례를 소개하였다. 육조(六朝) 시대에 남조에 조공한 여러 국가의 사자를 그린 『직공도권(職貢圖卷)』(539년 제작)에 의하면, 백제의 사자는 중국풍의 의복을 입고 있는 것에 비하여 왜의 사신은 요권에 맨발, 머리카락을 늘어뜨린 보기 흉한 차림으로 그려져 있다. 남조의 궁전에 이런 모습으로 나타나 웃음거리가 된 이미지를 그림으로 나타낸 것이다. 『일본서기』에 15대 응신천황(應神天皇) 때에 왜국이 반도 나아가 중국으로부터 봉제공을 구해 오는 데 열심이었다고 나오는데, 그 이유를 이 그림으로도 추측해 볼 수 있다고 카미가이토는 기술하였다(카미가이토 p.253).

7. 고대 일본 문화를 만든 도래인

• 일본의 성씨―우지, 카바네, 묘지

지금까지 한반도로부터 일본 열도의 언어와 문화에 미친 영향이 지대하였음을 확인해 보았지만, 이런 모든 것은 결국 도래인에 의한 것이었다. 그들의 계통이 어떠했는지 즉 씨성을 알아봄으로써 일본의 문화, 사회의 또 다른 측면을 파악할 수 있을 것으로 생각한다.

다만 그들이 넘어온 시대는 아직 씨성 제도가 한국이나 일본 모두 확립되지 않은 시기였기에 새로 만들어지거나 사정에 의해 변경되는 일이 잦았다. 그래서 일본의 역사에서 사람이나 가문의 이름을 구별하기가 상당한 사전 지식을 가지지 않고서는 매우 어렵게 되었다. 여기서는 일본의 인터넷 자료(위키피디아) 등에 나오는 내용을 요약하여 소개하겠다.

일반적으로는 일본에서 우지(氏)는 조정이 인정한 혈연 집단의 구별을 나타내고, 카바네(姓)는 조정과의 관계를 나타낸다고 말해진다. 그래서 고대 일본의 사료에 등장하는 씨는 원시사회에서 보편적으로 보이는 씨족과는 매우 다르다고 한다. 씨는 일본 고대국가에서 왕권 강화를 위한 정치적 조직으로서의 의미를 가진다는 것이다. 야마토(大和) 지방의 제 호족과 각 직업을 분장하는 반조(伴造, 토모노미야츠코)들이 이런 씨를 사용하면서, 씨신(氏神, 우지가미)을 정해 공동으로 봉사(奉祀)하였다고 전해진다.

그 씨들을 지방정권인 국명(国造)에 유래하는 씨(出雲氏, 吉備氏, 葛城氏 등), 원시 성(姓)에서 유래하는 씨(和邇氏, 蘇我氏 등), 조정 내의 직장(品部)에서 유래하는 씨(物部氏, 大伴氏 등), 천황이 내린 새로운 씨

(藤原氏, 源氏, 平氏, 豊臣氏 등), 기타 관호(官号)에 유래하는 씨, 황족에 유래하는 씨 등으로 구분해 볼 수 있다.

반면에 성은 야마토 왕조에서 유력한 씨족에게 그 씨의 위계·체재·성격을 나타내는 칭호로서 주어졌다고 한다. 통설로는 이 성도 씨의 확립과 함께 6세기 중반경에 성립되어, 천황으로부터 사성(賜姓)이 이루어졌다.

대표적인 고대의 성으로는 684년에 8개의 성 즉 상위로부터 야마토(真人), 아소미(朝臣), 스쿠네(宿禰), 이미키(忌寸), 미치노시(道師), 오미(臣), 무라지(連), 이나기(稲置)를 들 수 있다. 이 성 즉 카바네의 어원도 한국어에서 족(族)의 의미를 갖는 골(骨, 일본어 발음으로 호네) 자를 일본어식으로 읽은 것이라고도 말해진다.

한편 일본의 묘지(名字, 또는 苗字)는 귀족 또는 무사가 혈연 집단으로부터 분리하여 새로운 가족 집단을 구별하기 위해 지명을 사용해 자칭한 것으로서, 그것이 일반에게까지 통용된 것이다. 이 묘지는 중국에서 일본에 온 자(字)의 일종이었다고 한다. 공경 등은 일찍부터 저택이 있는 지명을 칭호로 사용하였는데, 이것이 공가(公家)나 무가(武家)의 묘지로 발전하였다는 것이다. 이런 묘지 즉 명자의 숫사는 10만 종에 이른다는 설이 있을 정도이다. 한국에서 양김(兩金) 즉 김대중과 김영삼 추종 세력을 동교동계, 상도동계로 불렀던 것을 연상케 하는 측면이 있다.

씨와 성과 명자가 구분되었던 예로서 도쿠가와 이에야스를 보면, '德川源朝臣家康'에서 德川는 명자, 源는 씨, 朝臣은 성, 家康가 휘(諱) 즉 본명(이름)이라고 기술되어 있다.

• 도래인의 시기·출신별 구분

그러면 지금부터는 도래인을 중심으로 그들이 일본에 미친 영향을 정리해 보겠다. 먼저 이들이 도래한 시기별로 어떠한 계기와 수단을 가지고 넘어왔는가, 그리고 한반도의 어느 지역 출신으로서 일본에서 활약한 영역은 무엇이었고 어떠한 평가를 받았는가에 관한 이야기이다.

시기별로는 태곳적부터 한반도로부터 일본 열도로의 도래가 있어 왔으나, 대규모 도래는 우에다에 의하면 4회 정도로 구분할 수 있다. 1회는 야요이 시대, 2회는 고분 시대의 5세기 전후, 3회는 5세기 후반에서 6세기 전반이고, 마지막은 백제와 고구려가 멸망한 7세기 후반이 되겠다(김달수 외 p.192).

그중에서 가장 대규모였던 것이 토자와 미츠노리(戶沢充則)는 야요이 시대의 도래라고 말하였다. 이들은 그 이전 사람들과는 아주 다른 생활양식과 사고방식을 가지고 온 이질적인 사람들이었다는 것이다. 즉 제2장 도작 부분에서 살펴본 바와 같이 그들은 수전경작을 기반으로 한 농경민이었고, 일본 열도에 최초로 국가를 탄생시켰다는 점에서 그 이전에 온 사람들과는 크게 달랐다고 말하였다. 이들은 급속하게 일본 열도에 퍼져 조몬인을 교체하면서 주인공이 되었는데, 그 과정에서 처참한 살육이 이루어졌던 것이 최근에 밝혀졌다고 토자와는 NHK 스페셜 '먼 여행5'에서 말하고 있다. 조몬인이 1만 년에 걸쳐 살던 일본 열도는 불과 수백 년 사이에 도래인의 것이 되고 말았다는 것이다.

그렇지만 그는 현대 일본인에게 조몬인의 유전자가 3할 정도 포함되어 있다는 인류학의 연구 결과를 토대로 하여, 도래인의 압도적인 우세 중에서도 토착 조몬인이 소수이지만 그 정도의 세력을 유지했던 것은 북미나 오스트레일리아의 선주민과 백인의 관계에서 보면 비교가 안 될 정도로 높은 잔존율이라는 견해를 보였다(나가하마, pp.99~101).

그래서 시바는 일본 문화의 원형은 일응 야요이 문화이고, 그렇다고 한다면 이것은 한반도계의 문화라고 말하였다. 우리는 야요이의 자손이 므로 한국인과는 형제보다도 더 가까운 그 이상의 동료라고 할 수 있다는 것이다(우에다 외 p.51).

그런데 제3장 천손 강림 신화 부분에서 천황가는 사가현 쪽으로 도착한 도작민 집단이 아니라, 그보다 후 시대인 기원 3세기 초두에 청동기와 철기를 가지고 동쪽인 후쿠오카현의 무나가타시 해안으로 도착한 것으로 본다는 카미가이토의 주장을 소개한 바 있다. 이 견해에 따르면 가장 강력한 영향을 남긴 도래의 물결은 도작민 때보다는 청동기와 철기 문화를 전파한 집단 때 즉 야요이 시대가 끝나가는 시기 정도였을 것으로 보인다.

그리고 이러한 야요이 시대와 뒤이은 고분 시대 동안에 한반도의 여러 지역 및 국가들로부터 도래인이 넘어오는데, 특히 백제가 멸망한 후 왕족을 비롯한 유민들이 대거 일본으로 이주한 영향이 컸다. 666년의 천지제(38대) 때에 백제로부터 온 도래자 2천 명을 관동 지역에 입식시켰다는 시바의 발언 하나만 보더라도 당시의 인구를 감안하면 대단한 규모라고 하지 않을 수 없다(우에다 외 p.50). 물론 고구려의 멸망으로 인한 고구려 유민들의 도래도 상당했을 것이다.

그래서 김달수는 일본어에서 백제를 한자 그대로 '햐쿠사이'라고 하지 않고 '쿠다라'라고 발음하는 것은 한국어의 '큰 나라', 쿠나라 즉 대국이라는 의미에서 온 것이라고 주장하는 한국 학자도 있다고 소개하고 있다(우에다 외 p.221). 백제의 문화를 흠모했다는 것이겠지만 그만큼 백제 출신이 많았다는 이야기가 되겠다.

이런 도래인들은 각자 출신별로 일본에서 살아가는 행태가 서로 다른 특징을 나타내 보였다고 말해진다. 이들은 일본에서도 고구려계, 백제계, 신라계로 나누어져, 서로 연합하거나 멀어지거나 하였다고 전해진다. 특히 백촌강 전투 전후로 일본 안에서 백제계와 신라계 간의 항쟁이 있었고, 이때 고구려는 어느 편도 들지 않았다고 시바는 말한다.

우에다도 같은 좌담회1에서 신라계가 호족적 요소가 강했지만, 고구려계는 학문이나 기술 면에서 활약하였고, 백제계는 사관 등 관료적 색채가 짙었다고 말하였다. 따라서 고구려 계통의 씨족들은 정치적인 무대에 그다지 나오려고 하지 않았고, 유적은 물론 전승에서도 나오는 게 적었다고 전한다(김달수 외 p.241).

이와 같이 한반도 도래인들이 여러 방면에서 활약을 하지만 특히 이들의 독무대는 외교 분야였다. 무라이 야스히코(村井康彦, 1930년 출생)에 의하면, 헤이안 시대 중기까지 쓰루가 있는 에치젠(越前) 주변의 수령, 국사는 다른 지역에 비해 도래인을 임명하는 경향이 있었다. 이것은 발해나 신라에서 오는 사람들을 대응하기 위해서였다는 것이다. 견당사나 견수사의 일행 중에도 한반도계 도래인들이 참가하였는데, 무라이의 말로는 최초의 사신단은 그 전부가 도래인이었다고 한다. 도래인이 당시의 유일한 인테리이었던 것이다(우에다 외 p.72).

• 도래인 지역

그러면 이제부터는 그러한 도래인들이 많이 정착한 지역을 정리해 보겠다. 이들이 일본 열도 전역으로 퍼졌다고 말할 수 있지만, 대세를 이룬 곳은 북규슈와 시모노세키가 있는 야마구치현, 고대 일본의 수도권인 킨키(近畿) 지역, 그리고 현재의 도쿄 주변인 관동 지방이 되겠다. 제1장 인종 편에서 사이토 나루야(齋藤成也)가 일본을 도래인이 뻗어나간 중심축과 그 주변부로 구분하여 분석한 내용을 소개하였는데, 그런 중심축에 해당하는 지역이다.

먼저 북규슈 지역부터 살펴보겠다. 그중에서도 도작과 금속기가 전해진 주 출입 항구는 카라츠(唐津)였고, 그래서 도래인들이 활동한 무대는 처음에는 사가현(佐賀縣)의 사가평야였다. 그러다가 점차 동쪽 방향인 후쿠오카현(福岡縣)으로 확산되어 갔다고 보면 되겠다.

시바 료타로 등과 『일본 속의 조선 문화』라는 잡지를 오랫동안 발간해 온 정조문도 앞의 좌담회1에서 "후쿠오카시의 중앙부인 하카타(博多)는 신라와의 교역으로 번영하였다. 신라의 수도인 경주를 매우 닮았다. 주변에 신라식 산성이 만들어지고, 길거리 배치 등이 닮았다. 그곳에 외교의 일선 기관이 있었기에 신라인의 왕래도 빈번했다. 그래서 도기뿐만 아니라 신라의 불구나 일용 잡기가 규슈의 여기저기에서 나온다고 해서 이상하지 않다."라고 말하고 있다(김달수 외 p.153).

그런데 이 카라츠시와 후쿠오카시 지역에서는 도래 계통의 유물은 많이 나오지만, 도래인으로 유명한 씨나 씨족에 대해서는 별로 알려진 것이 없다고 한다. 이 씨라는 관념이 나라 시대에 들어서야 중시된 점도 있겠지만, 후대 도공의 경우처럼 강제적으로 변경되거나 중국식으로 스스로 바꾼 것 아닌가 생각된다.

다음은 지금의 시모노세키(下関)가 속한 야마구치현(山口縣)이다. 이곳은 일본 혼슈(本州)의 대 한반도 출입 관문으로서 도이가하마(土井ヶ浜) 유적으로부터 신장이 조몬인보다 큰 도래인 유골이 집단으로 발견된 곳이기도 하다. 또한 신라계로 추정되는 이츠츠히코의 시모노세키 왕국이 야마토 왕조와 패권을 겨눈 지역이라는 것도 이미 언급된 바 있다. 따라서 이곳은 단순한 교류 창구에 그치지 않고 한반도 도래인의 후손들이 오히려 다수를 점해 번성한 지역으로 보인다.

그런 근거로는 앞에서 언급한 것처럼, 이 지역의 호족인 오오우치(大內)씨가 우리는 조선에서 왔다고 으스대었고, 강항의 『간양록』에 백제의 왕자가 왜국에 가서 오오우치(大內)씨의 조상이 되었다고 기록된 것을 들 수 있다. 일본의 인터넷 자료(위키피디아)에도 백제 성왕의 제3왕자의 후예라고 칭하고, 최성기에는 시모노세키 일대는 물론 북규슈와 동해 일본 연안의 6개 소국가들을 실효 지배했다고 나온다.

이러한 탓에 이 지역 사람들은 다른 일반 일본인들에 비해 좀 특이한 성격을 갖는다고 시바는 분석하였다. 즉 과거의 쵸슈번(長州蕃)인 이곳의 사람들은 논리적이고 관념적이라고 알려졌는데, 자신의 행동을 정할 때 관념에 따라 정한다는 것이다. 이에 비해 규슈 남단의 사쓰마(薩摩)인은 더 현실적이고, 관념적이지 않다고 한다. 그는 이런 쵸슈형과 같은 지역 집단이 일본의 다른 곳에는 없다고 하면서, 이런 쵸슈형이 과거 한국과의 교류가 많은 탓에 생긴 것으로 보았다. 그러면서 시바는 이런 그의 추론을 근현대의 한국인에게까지 연결시켜서 언급하였다. 즉 한국인들이 아시아 사람들 가운데 철학적 사고력을 가진 인도인과 어깨를 견줄 만큼 정치적 논리 면에서 로지컬한 머리를 가졌다고 보면서도, 한국의 비극은 오히려 여기에 있지 않았는가 생각된다는 것이다(우에다 외 p.82).

그 다음으로는 킨키(近畿) 지역이다. 이 킨키는 고대 일본 통일왕국의 수도권을 나타내는 지역 명칭으로 가장 넓은 개념이다. 오늘날의 오사카부·교토부·효고현(兵庫県)·나라현(奈良県)·와카야마현(和歌山県)·미에현(三重県)·시가현(滋賀県)의 2부 5현에 해당한다. 과거 율령국가시대의 기나이(畿内)와 그 근린 지역으로 구성되었다고 말할 수 있다. 여기서 畿는 수도(都)를 의미한다.

기나이(畿内)는 현재의 나라현 전역, 교토부의 남부, 오사카부의 대부분, 효고현의 남동부에 해당하는 지역으로서, 과거에는 야마토국(大和国), 야마시로국(山城国), 가와치국(河内国), 이즈미국(和泉国), 셋츠국(摂津国)의 5국으로 구성되어 있었다.

보통 말하는 협의의 아스카(飛鳥)는 야마토아스카(大和飛鳥)이다. 아스카촌은 원래 飛鳥村으로 타카이치군(高市郡)에 속해 있었으나 1956년 합병으로 발음은 같으나 한자가 다른 明日香村이 되었다. 현재의 일본의 인터넷 자료 등에는 "중앙집권 율령국가의 탄생지로서 아스카 시대의 궁전이나 사적이 많이 발굴되고 있어서 '일본인의 마음의 고향'으로도 소개된다."라고 나오고 있다.

우에다(上田正昭)에 의하면 4, 5세기경에 야마토아스카는 공백이었다고 전해진다. 거기에 새로운 세력이 들어온 것이다. 그래서 타카이치군(高市郡)은 이마키노코오리(今來郡, 今來漢郡)라고도 불렸다. 새로 도래한 백제계 아야(漢)씨를 주축으로 하여 아스카가 개척된 후, 6세기 후반부터 7세기에 크게 부상하여 야마토 통일 왕권의 소재지가 되었다는 것이다. 그러면서 그는 『속일본기』에 타카이치군의 8, 9할이 귀화인이라는 기록이 나온다는 이노우에 미쓰사다(井上光貞, 1983년 사망)의 발언을 소개하고 있다(김달수 외 p.78, p.90).

한편 4세기 말부터 5세기에 일본의 유력한 거점이 현재 오사카부의 동부 지역인 가와치국(河内國)이었다는 설이 있다. 그것은 천황릉의 대부분이 이 가와치에 있기 때문인데, 고분이라는 것은 원칙적으로 본관지에 만든다는 것이다. 야마토와 함께 공존하면서 주도권 경쟁을 하였고, 이 가와치가 더 오래되었다고 말해지기도 한다.

우에다는 이 가와치국의 아스카베군(安宿郡) 중에서 현재의 오사카부 하비키노시(羽曳野市) 동부 주변이 가와치아스카(河內飛鳥)로서 '가까운 아스카'이고, 야마토 왕조가 자리한 현재의 나라현 타카이치군(高市郡) 아스카촌(飛鳥村)이 야마토아스카(大和飛鳥)로서 '먼 아스카'라고 말하였다(김달수 외 p.110, p.139).

한편 김달수는 아스카(飛鳥)의 어원을 카와치국의 安宿郡에서 찾고 있다. 한반도의 도래인이 '안도 정주한 토지'라는 뜻으로서, 한국어 안숙 → 안수쿠 → 아스카가 되었다는 것이다. 백제의 안숙공이라는 사람이 이곳에 살았다거나, 백제계 도래인의 족장이 아스카였다고도 말해진다고 한다. 이 가와치는 후나(船)씨, 하타(秦)씨, 후지이(葛井)씨 등의 씨사(氏社)와 고분이 있어, 한반도 도래계 유적의 보고라는 말을 듣는다. 또한 고대의 대호족 모노베(物部)씨 세력의 본거지 중 하나였다고 김달수는 말하였다(김달수 외 pp.74~75).

우에다도 『일본서기』와 『신찬성씨록』에 나오는 백제의 콘키왕(混伎王)의 자녀가 5명이었는데 그 일족과 도래자들이 이 가와치 지방의 호족 내지 기술자로서 유력한 개척자였다고 말하고 있다(김달수 외 p.119). 참고로 이 콘키 즉 곤지(昆支)는 일본과 한국의 인터넷 자료에 의하면 461년에 일본에 파견된 이후 약 15년간 머물면서 간사이(關西) 지방 가와치(河內) 등을 개척하다가, 475년 고구려가 침입하여 개로왕이 죽고 문주왕이 도읍을 한성에서 웅진으로 천도하자 귀국하였다. 그가 일본에서 낳은 아들이 무령왕이라고 하는데, 곤지가 나중에 일본에서 26대 계체천황(繼体天皇)이 되었다는 주장도 있다고 한다. 사후 그의 위패를 모신 아스카베신사(飛鳥戸神社)가 세워졌고, 곤지는 이 아스카베 마을의 수호신이자 조상신으로 숭배되고 있다고 한다.

다음은 킨키의 고대 중심축의 하나였고 마침내 400년간 수도였던 교토 지역이다. 하야시야는 이 교토 분지 전체가 고대에는 한반도 도래인의 집단적 거주지와 같았다고 말하였다. 그는 지금의 교토 즉 야마시로국(山城國)의 개발 역사를 말할 때 습지를 개척한 한반도 도래인들의 공적을 빼고는 말할 수 없을 정도라고 단언하였다(우에다 외 p.133). 시바도 이 교토 분지의 남서부 지역인 카즈라기(葛城) 사람들은 확실히 후루키(古來) 즉 일찍 도래한 한반도계 사람들이었다고 말하고 있다(김달수 외 p.102).

그리고 한반도 도래인을 말할 때 가장 중요한 지역 중의 하나가 오우미(近江)이다. 이 오우미는 교토 동쪽의 비와호(琵琶湖)를 둘러싼 지역으로 현대의 시가현(滋賀県)의 대부분에 해당한다. 킨키(近畿)의 범위에는 들어가나 기나이(畿內)에는 포함되지 않는다. 그래서 '기나이로부터 가까운 지역'이라는 의미를 가지고 있다. 비와호는 시가현 면적의 6분의 1을 차지하는 큰 호수로서 수자원, 관광자원으로서의 존재가치가 매우 크고, 야마토 왕조에서 동해 일본 연안 항구인 쓰루가(敦賀)로 이어지는 수운 교역의 중계지 역할을 하였다고 말해진다. 지금도 호수 내의 어항이 20개소나 된다. 육상 교통도 동해도·동산도·북륙도가 합류하는 요충지여서, "오우미를 얻는 자가 천하를 제압한다."라는 말이 있을 정도로 정권의 향방을 결정하는 전란의 중심 무대였다고 말해진다.

이 오우미가 한 때 일본의 수도가 된 적이 있다. 38대인 천지천황(天智天皇)이 백촌강 전투에서 패배하자 당과 신라의 연합국에 공격을 당할 것이라는 위기감에 수도를 동쪽인 오우미로 옮기고 여러 성을 쌓아 엄한 대비를 하였다는 것이다. 동시에 많은 한반도 도래인들을 받아들였다고 우에다는 말하였다(우에다 외 p.227).

그래서 이 오우미에는 특히 백제계 도래인이 많았는데, 나라(奈良)에 있던 한반도계와의 사이에 상당한 대립 관계였다고 김달수는 말하고 있다(우에다 외 p.229, p.300).

한편 이 오우미는 이보다 훨씬 앞선 시기부터 저명한 도래계 호족 와니(和珥)씨, 미오(三尾)씨, 오키나가(息長)씨의 기반이었다. 이 세 씨에 대해서는 뒤에 따로 기술하겠지만, 모두 천황가와 혼인 관계를 맺은 명족이고 오우미에서 제철이 시작하는 데 선구적인 역할을 하였다고 전해진다.

그리고 마지막으로 도쿄 주변 즉 관동 지방이다. 이 지역은 한반도 도래계가 대세를 이루었다고 말할 정도는 아니지만 현재 일본의 수도권인 만큼 그들의 활약상과 그 흔적에 대해서는 알아두는 것이 의미가 있다고 생각한다.

앞에서 언급한 바와 같이 백제 멸망 후인 666년 천지제(38대) 때에 백제로부터의 도래자 2천 명을 관동 지역에 입식시켰다고 전해지지만, 이 관동은 고구려와 연관이 깊은 곳이다. 도쿄도의 코마에시(狛江市)에는 5세기경부터 이미 고구려 도래인이 살고 있었다고 전해지고, 고구려가 멸망한 후인 716년에는 고구려인 1,799명을 모아서 코마군(高麗郡)을 두었다고 『속일본기』에 기록되어 있다. 코마군은 과거의 무사시국(武蔵国)에 있던 군으로 현재의 사이타마현(埼玉県)의 히다카시(日高市)와 인근 5시에 걸쳐 있었다.

여기서 고구려인 약광(若光)이 등장한다. 그는 고구려의 마지막 왕인 보장왕의 아들이라고 하지만 분명하지는 않고, 『일본서기』의 기록에 의

하면 고구려 사신으로 일본에 왔다가 고구려가 망하자 귀국하지 못하고 일본에 정착하였다고 김달수는 말하고 있다. 그는 고려왕이라는 성을 받았고 코마군(高麗郡)이 설치될 때에 수장에 해당하는 대령에 임명되었다. 그의 후손들이 高麗, 駒井, 井上, 新, 神田, 新井, 和田, 吉川, 大野, 金子 등의 씨로 분파되었다고 전해진다(김달수 외 p.186).

한편 신라계도 이 관동 지방에 들어왔다. 45대 성무천황(聖武天皇, 쇼무덴노, 재위 724~749년) 시대에 신라인을 무사시국에 입식시켰다고 나온다. 시바는 관동(坂東)평야에 관개수로를 만든 사람들이 그들이라고 보고 있다. 이들이 마침내 중앙정부의 계열에 들어가 겐(源)씨나 타이라(平)씨라는 집단이 되었다는 것이다. 일본 무사의 하나의 전형이라고 불리는 관동무사가 실은 한반도와 밀접한 관련이 있었다는 것이 된다(우에다 외 p.50). 그는 신라라는 단어가 골격이 헌출하여 강하다는 어감으로 일본의 여러 명칭이나 이름 중에 쓰였다고 하면서, 이런 이미지가 관동무사로 이어진다고 평했다(우에다 외 p.90).

물론 백제나 고구려 계통도 동쪽으로 가서 개척하고 함께 행동하면서 관동무사의 일원이 되었다고 김달수는 보았다. 이들이 아이누 계통과 혼혈하여 이즈(伊豆)의 수선사 주변을 개척한 집단인 호조(北条)씨가 되었고, 이들이 또 수백 년이 지나 발흥하여 교토 사람들을 지배하게 된 것이 가마쿠라막부(鎌倉幕府)라고 말할 수 있다는 것이다(우에다 외 p.86).

• 와니씨, 오키나가씨, 미오씨

지금부터는 대표적인 도래계 씨성을 개별적으로 이야기해 보겠다. 천황을 제치고 직접 정권을 좌지우지한 모노베(物部)씨, 소가(蘇我)씨, 후지와라(藤原)씨가 도래계로 추정된다는 것은 이미 여러 번 언급되었으므로 생략하도록 하겠다. 그래서 우선 영향력이 막강했던 오우미의 호족 세력 와니씨, 오키나가씨, 미오씨에 대하여 살펴보기로 한다.

카미가이토에 의하면, 15대 응신천황(應神天皇)의 황태자 우지 와키이라츠코(菟道稚郎子)의 모친은 도래계인 와니(和珥)씨 출신이다. 이 와니라고 하는 말 즉 훈독이 외래를 뜻하는 뉘앙스를 포함하고 있다고 한다. 마치 코베나 요코하마라고 하는 지명이 외국인을 연상하는 것과 같이 고대인에게 와니(和珥)라고 하는 지명은 외국으로부터 온 사람들이 넘어오는 장소의 의미가 있었다는 것이다. 당시 일본에서 한반도로부터 최초 도달하는 입구인 대마도 최북단의 항구가 와니진(和珥津)이었다. 왕인박사의 왕인을 와니라고 훈을 달고 있는 것으로 보아, 황태자 모친의 출신 씨족들이 왕인박사와 가까운 관계였음이 틀림없다고 카미가이토는 보았다. 고대 이 와니씨의 본거지는 오우미국(近江國)과 비와호 서안 일대에 분포하였다는 것이다(카미가이토 p.265).

그리고 오우미(近江)에 있는 사카타군(坂田郡)이 신공황후를 배출한 오키나가(息長)씨의 본거지였다. 이 지역에 있는 히나데(日撫)신사의 전승에 의하면 제신들이 반도로부터의 도래인 아치노오미(阿知使主)의 후예라고 한다. '使主'는 도래인 중의 대표 또는 연장자라는 의미를 갖는다. 이 아치노오미는 『일본서기』에 의하면 응신천황(應神天皇) 때에 일본에 넘어온 인물로서 그 자손들인 아야(漢)씨는 도래계 씨족 중에 가장 큰 세력을 갖게 된다(카미가이토 p.264).

미오(三尾, 水尾라고도 씀)씨도 에치젠(越前)에서 오우미(近江)로 진출한 한반도계 도래 씨족으로 보인다. 진출의 동기는 역시 철, 즉 비파호

서쪽의 자철광 산지와 관련이 있다고 오카야는 보았다. 지금도 많은 제철 유적이 이곳에 남아 있다는 것이다.

제철이나 채철(採鐵)의 기술은 적어도 어느 시기까지는 도래인의 것이었다. 그래서 미오씨나 와니씨도 도래계 씨족으로 보는데, 이렇게 생각게 하는 실마리 중의 하나가 미오신사(水尾神社) 근처에 있는 카모이나리산(鴨稻荷山) 고분의 부장물이 금동제 관, 금동제 환두대도, 금제 귀걸이, 금동제 마구 등 신라계라는 것이다. 이 능의 피장자를 미오씨의 수장으로 보는 것이 일반적이다. 이 미오씨 일족은 이처럼 반도로부터 북규슈를 거치지 않고 직접 이곳으로 넘어온 철과 관련된 사람들일 수 있다는 것이 오카야의 견해이다.

여기서 그는, 만약 미오씨가 도래계 씨족이라면 26대 계체천황(繼體天皇)도 도래인일 수 있다는 추론을 더하고 있다. 이 계체천황은 수수께끼의 천황이라고 말해지는데, 기기 모두 응신천황(應神天皇)의 5대손으로 기록하고 있으나 부친 이외 중간의 계보가 전혀 기술되지 않았다. 무열천황(武烈天皇)의 사후에 후사가 없어서 기나이로부터 멀리 떨어진 에치젠(越前) 삼국으로부터 모셔왔다는 것도, 야마토로 들어오는 데 20년이 걸렸다는 것도 모두 이상하다. 무열을 마지막으로 그때까지의 황통이 단절되고, 계체로부터 새로운 왕조가 시작됐다고 생각하는 학자들이 한둘이 아니라고 오카야는 기술하였다. 계체의 모친이 미오씨 출신이고 그의 후비(后妃) 중에도 미오씨가 많다. 그런데 이런 미오씨의 이름이 어느 시기부터 정사(正史)에서 완전히 사라졌다는 것이다(오카야 pp.13~18).

결국 미오씨와 오키나가씨는 모두 도래씨족으로, 한쪽은 비와호의 동안, 한쪽은 서안을 근거지로 하고 북륙 지방과 깊은 관계라는 공통성을 갖고 있었다고 오카야는 보았다(오카야 p.30).

• 아야씨와 하타씨

다음은 한반도계 도래인을 말할 때 빠질 수 없는 성씨인 아야(漢)씨와 하타(秦)씨에 대해서 알아보도록 하겠다. 고대 일본에서 큰 세력과 영향력을 가졌다는 것은 공통이지만 그 출신이나 행태는 매우 달랐다고 전해진다.

우에다의 언급처럼 도래인을 대표하는 씨족 중에 아야(漢)씨는 백제계로서 관료 코스를 간 사람이 많았다. 특히 사관인 후히토(史) 계통에 이들이 많았는데, 이들이 『일본서기』 편찬할 때 참여하였기에 백제삼서 즉 『백제기』, 『백제본기』, 『백제신찬』과 같은 백제 측의 자료들이 많은 참고가 되었다고 한다. 거기에 나오는 고구려 측의 전승도 이러한 백제 출신들을 통로로 하여 쓰여졌다(김달수 외 p.349). 이들은 한반도에서 가져온 기술 나아가 정치 지식으로 소가(蘇我)씨의 정계 진출을 백업하였다(우에다 외 p.117). 나아가 소가노우마코(蘇我馬子)의 사주로 32대 숭준천황(崇峻天皇)을 살해하는 데 앞장서는 등 권력 투쟁에도 적극적으로 참여하였지만 소가씨의 실권과 함께 빨리 힘을 잃고 말았다.

이러한 아야씨에 비하여 신라계인 하타(秦)씨는 도래계의 호족이면서도 화려한 정치 무대에 나오는 것은 비교적 적었다. 중앙보다는 지방에 토착하여 파이오니아, 개척 집단으로서 개간에 힘을 쏟아 실질적으로 어느 시기에는 일본 최대의 대지주였다고 우에다는 말하였다. 쇼토쿠태자의 여러 궁전 건립의 스폰서 역할을 하였지만, 돈은 내더라도 말은 하지 않는다는 원칙을 지켜 오랫동안 번성하였다(우에다 외 p.295). 이 '하타' 는 한국어의 '바다' 를 뜻한다. 바다를 건너왔다는 것인데, 나중

제4장 언어·문화 편 337

에 그 의미를 없애려고 중국의 진시황의 후예라는 것으로 위장하기 위해 秦이라는 한자를 사용한 것이다.

• 도래인의 규모와 종언

이상과 같이 언급한 내용만을 보더라도 한반도로부터의 도래인과 그 후손의 규모는 대단했을 것으로 생각되지만, 전체 도래계의 규모를 파악할 수 있는 특별한 방법은 없다고 볼 수 있다. 다만 815년에 완성된 『신찬성씨록』에 '제번(諸蕃)'으로 기록된 도래계 씨의 수가 전체의 3분의 1에 가까운 326씨라는 것을 가지고 우에다는, 수도권 주변의 제한된 지역에서도 이렇게 많은 씨족들이 기록된 것으로 보아 얼마나 도래인과 그 후손이 많았는가를 알 수 있다고 말하였다(김달수 외 p.183).

이노우에 히데오(井上秀雄, 2008년 사망)에 의하면, 황족과 같은 고위층에서 보면 이런 이마키(今來)의 도래인들이 하층 귀족이었을지 몰라도 천민 계층까지 되는 사례는 없었다고 말한다. 최소 양민이었다는 것이다(우에다 외 p.130). 도래인 중에 비교적 일찍 토착화한 것이 지신(国津神)을 믿는 집단이고, 이들과는 벌써 언어도 통하지 않을 정도로 시간이 흐른 뒤에 천신(天津神)을 믿는 사람들이 왔다. 그렇지만 '같은 고향 사람들'이라는 의식이 저류에 줄곧 있었다는 것이다.

그렇지만 헤이안 시대에 들어와 한국적 요소는 점점 없어지는 방향으로 나갔다. 사실 9세기에 새로 도일한 신라인을 압박하자 이들이 반란을 일으키려 한 사태도 일어났고, 일종의 조선 문화 경시라고 하는 경향도 나타났다. 이런 시기에 도래계들이 자기의 출신을 중국으로 바꾸는 시도가 일어난다. 자신들이 중국의 진이나 한의 황제 자손이라고 하는 등 중국 왕조에 조상을 구하는 일종의 중화사상에 젖어 버린 것이라고 우에다는 말하였다(김달수 외 p.288). 또한 도래인의 자손이 성을 일본적인 성으로 바꾸는 경향도 이 시기에 나타났다. 그 무렵이 도래인 역사의 최후로 김달수는 보았다(우에다 외 p.86).

〈최종 마무리〉

제4장 언어·문화 편에서는, 알타이어족 내에서도 한국어나 일본어는 모두 독특한 언어이면서도 가장 닮은 언어인 것을 확인해 보았다. 문법은 거의 같지만 공통 어휘는 적은, 그러나 어법이나 어형 등은 거의 유사한 것을 알 수 있었다. 그동안 서구의 어휘 비교방법에 의존하거나 현대어끼리만 비교하는 과오가 있었지만, 고대어를 보면 거의 같아서 양국 사이에 통역이 필요 없을 정도였다. 고대 일본 문헌은 고대 한국어를 통해야 비로소 이해할 수 있는 경우도 많았다.

신사나 불교, 유교, 문학 작품과 같은 정신문화도 한반도에 그 기원을 두고 있었고, 미술과 음악, 무용, 건축, 공예 등 예술 전반에 걸쳐서 도래인과 그 후손들이 국보급의 문화 유산을 남기고 있음을 살펴보았다.

이러한 문화의 주역이 된 도래인들은 천황가는 물론이고 실질적인 집권자 또는 지방 호족 세력을 형성하여 도기나 철의 생산, 도시 개발 등에서 새로운 기술을 도입하는 창구로서 지대한 역할을 하였음도 부정할 수 없는 역사적 사실이었다.

그런 도래인들이 조선 경시 풍조에 굴하여 성을 바꾸고 역사 뒤로 숨었다. 그러나 일본의 과거 수도권을 비롯한 도처에 도래인들의 흔적이 숱하게 남았음을 몇 개의 사례만으로도 충분히 알아볼 수 있었다. 이를 발굴하여 보존하는 일이야말로 현대 우리들이 해야 할 과업이라는 것을 재인식하는 시간이었다.

지금까지 4장의 분야로 나누어 일본 문헌 속의 한일 고대사를 살펴보고, 한국과 일본은 공유하는 부분이 아주 많은 관계임을 재확인할 수 있었다. 반면에 한반도와 일본 열도에 통일 국가가 수립되면서 상반된 길을 걸었고, 또한 역시 기록 왜곡과 분쟁 시기를 거치면서 서로와의 거리가 더 멀어지게 됐다는 것도 알 수 있었다.

그렇지만 현대를 사는 우리들은 그런 공통점과 상이점을 모두 이해하고 받아들일 필요가 있다고 생각한다. 양국 국민 모두 개인 차원에서는 서로 좋은 인상을 가지고 있지만, 집단이나 국가 차원이 되면 문제가 복잡해지는 것이 현실이다. 특히 양국 관계를 정치적으로 이용하려는 시도가 문제이다.

일본의 경우는 국운 상승기에 등장하는 국수적 일본 중심주의와 요즘과 같은 하강기에서의 지나친 폐쇄주의를 경계할 필요가 있다고 본다. 대표적인 것이 혐한파의 '일본을 떠나라' 라는 구호이다.

한국의 경우는 문화를 가르쳤다는 지나친 우월감, 침략을 당했다는 피해의식이 남아 있다. 더구나 위안부나 강제 징용 피해자 배상 문제가 아직도 완전한 해결을 보지 못하고 있다. 그런 탓으로 일본에 유학한 사람을 모두 친일파라거나, 한국인의 천만 명이 토착 왜구라는 식의 주장마저 등장하고 있다.

이 졸저가 그런 뿌리 깊은 감정을 해소하기에는 턱없이 부족함은 물론이다. 다만 한일 고대사와 관련하여 일본 내의 통설은 어디까지나 "일본인의 주류는 한반도 도래인이고, 일본 열도에는 이들의 유적과 유물로 가득 차 있으며, 신화나 사서상의 기록도 양국의 밀접한 관계사로 대부분 채워져 있다."라는 것이었다. 언어도 DNA도 가장 닮았고, 일본의 국보 1호 등 고대 최고 수준의 문화도 한반도로부터의 도래인에 의하여 이루어졌음은 숨기려고 해도 숨길 수 없는 사실(史實)이었다. 이런 진실을 양 국민들이 확인하고, 그렇게 닮았던 사람들이 오늘날 어떤 관계로 살아야 하는지를 다시 한 번 생각해 보는 시간이 될 수 있기를 바랄 뿐이다.

필자도 천(天)이 해(海)와 일본어 발음이 '아마'로 같아서 바다를 건너온 도래계 신(神)이나 조상의 이름 앞에 이 천을 붙였다고 하기에, 천황을 '바다를 건너온 왕'으로 해석하는 추론을 이번 저술을 통해서 세워볼 수 있었다. 야스쿠니(靖国)신사와 같은 경우도, 신사의 기능 가운데 조상이나 공헌자를 기리는 목적 외에 원령(怨靈)의 해코지를 막기 위한 진혼(鎭魂)도 포함되어 있다는 것을 연관하여 반추해 보는 시간도 가졌다. 생각의 여유가 더 생겼다고 말할 수 있겠다.

다만 한 가지 염려스러운 것은, 일본인으로서는 용감하게 한국에 우호적인 견해를 내었던 학자들이 고령이거나 이미 사망하였다는 현실이다. 책의 표지에 그분들의 사진을 올리고, 내용 중에 그런 분들의 출생 또는 사망 연도를 구태여 계속 기술한 것도 독자들이 이런 안타까운 상황을 실감하여 주시기를 바라는 마음에서였다. 그런 분들을 대신해서 한일 고대사의 진실을 밝힐 용감한 후진들이 계속 이어지기를 고대해 본다.
또한 이 책 중의 여러 부분에서 필자가 잘못 이해하고 있는 내용이 많을 것으로 생각한다. 앞으로 기회가 있다면 더 보강할 것이지만, 이런 부분이야말로 전문가들이 더 연구해 교정해 주시기를 바라 마지않는다.

참고문헌 및 표지 인물명

斎藤成也, 『核DNA解析でたどる日本人の源流』, 東京:河出書房新社, 2017

長浜浩明, 『日本人ルーツの謎を解くー縄文人は日本人と韓国人の 祖先だった!』, 東京:展転社, 2010

梅原猛, 『葬られた王朝ー古代出雲の謎を解く』, 東京:新潮文庫, 2012

金達壽・上田正昭・司馬庄太郎編, 『古代日本と朝鮮』, 東京:中公文庫, 1982

上田正昭・司馬庄太郎・金達壽編, 『日本の朝鮮文化』, 東京:中公文庫, 1982

司馬庄太郎・上田正昭・金達壽編, 『日本の渡来・文化』, 東京:中公文庫, 1982

上垣外憲一, 『倭人と韓人ー記紀からよむ古代交流史』, 東京:講談社, 2003

岡谷公二, 『神社の起源と古代朝鮮』, 東京:平凡社, 2013

宇治谷孟, 『日本書紀 上, 下ー全現代語訳』, 東京:講談社, 1988

中村啓信, 『新版古事記ー現代語訳付き』, 東京:株式会社KADOKAWA, 2009

金思燁, 『古代朝鮮語と日本語』, 東京:明石書店, 1998

金思燁, 『記紀萬葉の朝鮮語』, 東京:明石書店, 1998

畑井弘, 『物部の伝承』, 東京:講談社, 2008

畑井弘, 『天皇と鍛冶王の伝承ー大和朝廷の虚構』, 東京:現代思潮社, 1982

夫馬進(신로사 외 옮김), 『朝鮮燕行使と朝鮮通信使』, 서울:성균관대학교출판부, 2019

黛弘道 외 6인, 『要解 日本の歴史 新訂版』, 清水書院, 1990

長田夏樹, 『邪馬台国の言語』, 東京:學生社, 1979

長田夏樹, 『原始日本語研究ー日本語系統論への試み』, 神戸:神戸學術出版, 1972

森浩一, 『古代史おさらい帖』, 東京:筑摩書房, 2007

津田左右吉, 『古事記及び日本書紀の研究ー建国の事情と万世一系の思想』, 동경:毎日ワンズ, 2018

姜吉云, 『倭の正体―見える謎と見えない事実』, 東京:三五館, 2010
藤堂明保·竹田晃·影山輝國, 『倭人傳―中国正史に描かれた日本』, 東京:講談社, 강담사, 2010
李炳銑, 『任那国と対馬』, 東京:東洋書院, 1989
鳥越憲三郎, 『古代朝鮮と倭族―神話解読と現地踏査』, 東京:中公新書, 1992
中尾宏, 『朝鮮通信使―江戸日本の誠信外交』, 東京:岩波親書, 2007
김부식(이강래 옮김), 『삼국사기 I, II』, 한길사, 1998
조현설, 『동아시아 건국 신화의 역사와 논리』, 문학과지성사, 2003
정광, 『동아시아 여러 문자와 한글―한글 창제의 비밀을 밝히다』, 지식산업사, 2019

표지 인물명

①	②	③	④
⑤	⑥		
⑦	⑧		
⑨	⑩		
⑪	⑫	⑬	⑭

① 司馬遼太郎
② 梅原猛
③ 金達壽
④ 谷川徹三
⑤ 土橋寬
⑥ 源豊宗
⑦ 大野晋
⑧ 山本健吉
⑨ 金関丈夫
⑩ 山內清男
⑪ 埴原和郎
⑫ 山本七平
⑬ 湯川秀樹
⑭ 上田正昭

(사진 출처: 야후재팬 등)

일본 문헌 속의 한일 고대사

발행 l 2024년 2월 15일
지은이 l 최종만
펴낸이 l 김명덕
펴낸곳 l 한강출판사
홈페이지 l www.mhspace.co.kr
등록 l 1988년 1월 15일(제8-39호)
주소 l 서울시 종로구 인사동11길 16, 303호(대형빌딩)
전화 02-735-4257, 734-4283   팩스 02-739-4285

값 20,000원

ISBN 978-89-5794-552-0 03910

※저자와의 협약에 의해 인지는 생략합니다.
※이 책의 저작권은 저자와 본 출판사에 있습니다.